Farbige Seiten und Materialien

Manche Materialien oder auch ganze Seiten haben eine besondere Farbe.

Methoden

Bei dem orangefarbenen Material steht die Methode im Vordergrund. Das bedeutet, es ist besonders wichtig zu verstehen, wie du arbeiten sollst.

Wir bereiten einen Kurzvortrag vor und präsentieren ihn

Um das Thema „Landwirtschaft in der gemäßigten Zone" zu bearbeiten, bietet sich die Methode des Kurzvortrags an. Ein Vortrag ist immer etwas Persönliches. Er erzeugt meist Lampenfieber und Spannung beim Vortragenden.

Beim Kurzvortrag

Aktiv

Beim hellgrünen Material kannst du aktiv sein. Vielleicht sollst du z. B. etwas zeichnen, ein Experiment durchführen oder etwas spielen.

Versuch zur Beleuchtung der Erde

Du benötigst: Taschenlampe, Globus, Maßband

Durchführung

1. Richte die Lampe auf den Äquator. ...

Darstellung des Versuchs

Extra

Das dunkelgrüne Material hat Inhalte, die du bearbeiten kannst, wenn du schnell gearbeitet hast, oder wenn diese dich besonders interessieren.

Bewegungsmessungen mit GPS

Heute kann man mithilfe des GPS (Global Positioning System) selbst kleinste Plattenbewegungen messen. Einzelne Messpunkte erfassen in regelmäßigen Abständen Daten.

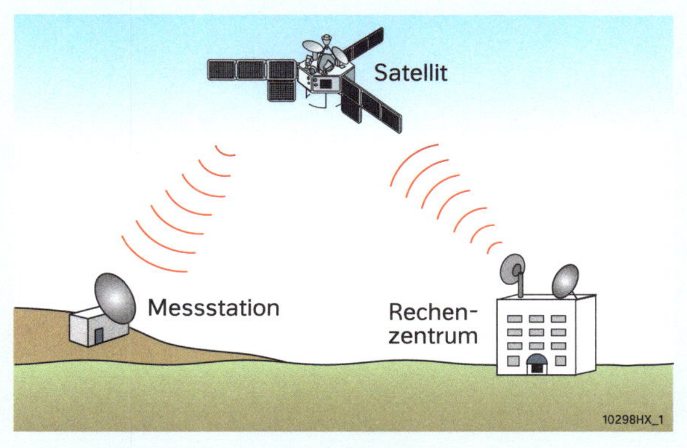

Messung und Übertragung von Erdbebenwellen

Wiederholen

Am Ende eines Kapitels gibt es die Wiederholen-Seiten. Hier kannst du selbst überprüfen, ob du den wichtigsten Lernstoff beherrschst.

Arktis und Antarktis

Kannst du schon

– Merkmale der Antarktis und der Arktis benennen und richtig zuordnen? (S. 142/143)

Zeig, was du kannst

1 Ordne die Begriffe der Antarktis bzw. der Arktis richtig zu:

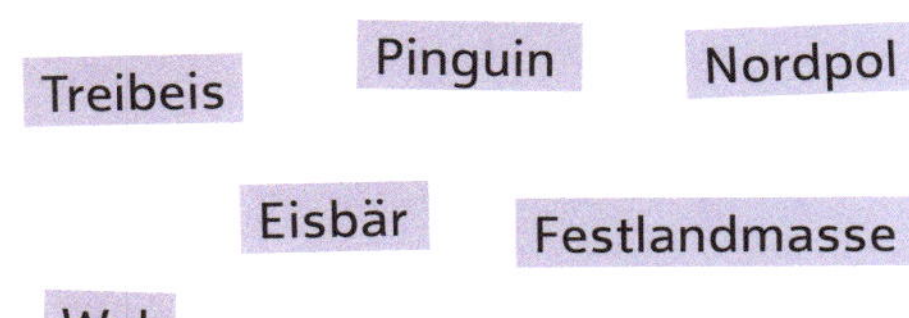

westermann

Seydlitz

GEOGRAPHIE

2

Differenzierende Ausgabe
Baden-Württemberg

Autorinnen und Autoren:

Jürgen Alber
Andreas Langbein
Hartmut Meier
Birgit Neuer
Brigitte Ochsenwadel
Johannes Ruckenbrod
Hans-Jürgen Schutzbach

unter Mitwirkung der
Verlagsredaktion

Mit Beiträgen von:

Marcus Bösch, Lars Degener, Bernd Dieffenbacher, Joachim Dietz,
Patricia Dreizler, Andreas Eberth, Katharina Eckinger, Stephanie Fürstenberg,
Sigrun Hallermann, Susanne Krug, Ralf Lübbe, Harald Mertins, Stefan Müller,
Katrin Pammer, Helmut Platten, Andreas Schatz, Marianne Schmidt,
Julia Schreiegg, Susanne Schubert, Gerhard Sutor, Josef Thalmeier,
Jürgen Wetzel

Ernst von Seydlitz-Kurzbach lebte von 1784 bis 1849. Mit der Herausgabe des Lehrbuches „Leitfaden der Geographie" im Jahre 1824 begründete er das traditionsreiche Unterrichtswerk **Seydlitz**.

Druck A[1] / Jahr 2024
Alle Drucke der Serie A sind im Unterricht parallel verwendbar.

Redaktion: Bernd Junge, Sebastian Lemke
Layout: Gerald Riemann LIO Design GmbH
Druck und Bindung: Westermann Druck GmbH, Georg-Westermann-Allee 66, 38104 Braunschweig

ISBN 978-3-14-**113332**-5

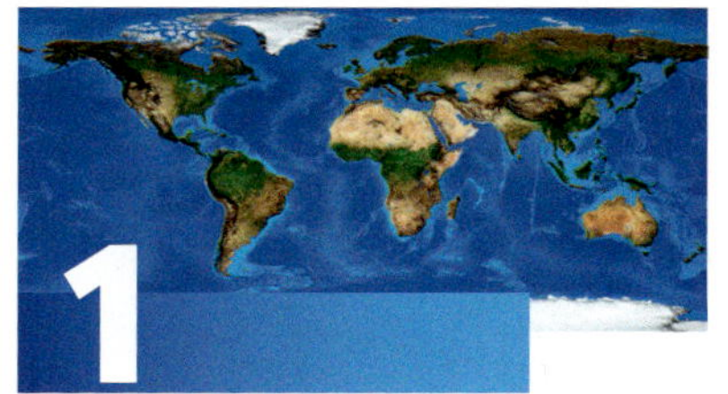

Anhang

1

Klima- und Vegetationszonen der Erde

M1 Ansicht der Erde von oben

In diesem Kapitel lernst du ...
... warum die Erde verschiedene Klimazonen hat. In diesen hat sich eine unterschiedliche Vegetation entwickelt, die
besondere Merkmale aufweist.
Vor allem für die landwirtschaftliche
Nutzung durch den Menschen hat das
Konsequenzen. Die nachfolgenden
Kapitel werden sich mit diesem Thema
auseinandersetzen.

Auf der Erde ist es unterschiedlich warm

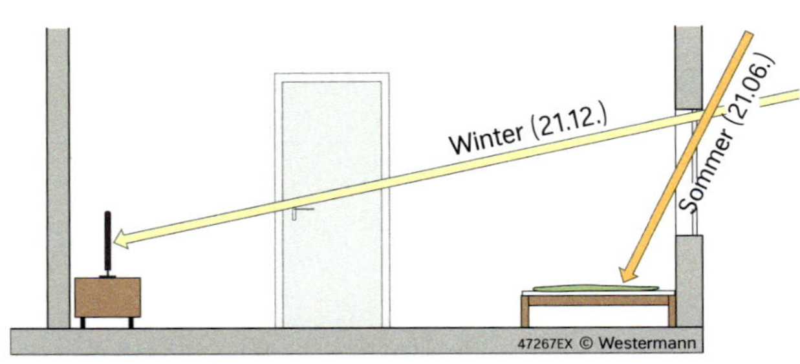

M1 Einfallswinkel der Sonne im Sommer und im Winter

Die Menge der Sonnenstrahlen, die die Erde erreicht, ist überall gleich groß. Da die Erde eine Kugel ist, verändert sich aber der Winkel, in dem die Sonnenstrahlen auf die Erdoberfläche auftreffen. Dadurch ändert sich auch die Größe der bestrahlten Fläche. In der Nähe des Äquators, z. B. in Zentralafrika, ist der Einfallswinkel steil, die bestrahlte Fläche daher relativ klein. Die Bestrahlung ist infolgedessen intensiv. Es wird dort sehr warm.

Dagegen ist der Einfallswinkel im Bereich der Pole sehr flach. Eine gleich große Strahlenmenge der Sonne verteilt sich auf eine viel größere Fläche. Diese Gebiete werden also nicht so stark aufgeheizt.

Dazwischen liegt ein Bereich, der nur mittelstark bestrahlt wird. Hier liegt z. B. Deutschland. Der Einstrahlungswinkel verändert sich mit den Jahreszeiten.

Durch die verschiedenen *Beleuchtungszonen* bilden sich drei große *Temperaturzonen*: die kalte Zone, die gemäßigte Zone und die warme Zone (M3).

Warum gibt es Jahreszeiten?

Während die warme Zone innerhalb eines Jahres annähernd gleichmäßig bestrahlt wird, gibt es in der kalten und in der gemäßigten Zone unterschiedliche Beleuchtungsverhältnisse.

Ursache dafür ist die *Schrägstellung der Erdachse* (23,5°). Beim Umlauf der Erde um die Sonne bleibt dieser Neigungswinkel immer gleich (M4). Dadurch ist im Jahresverlauf mal die Nordhalbkugel und mal die Südhalbkugel der Erde der Sonne mehr zugewandt.

Diese Veränderung im Jahresverlauf bewirkt, dass die Einfallswinkel der Sonnenstrahlen unterschiedlich sind. In den Zonen nördlich und südlich der Wendekreise entstehen so deutlich wahrnehmbare *Jahreszeiten*.

Der Sonnenhöchststand (Zenit) wird auf der Nordhalbkugel am 21. Juni (Nord-Sommeranfang), auf der Südhalbkugel am 21. Dezember (Süd-Sommeranfang) erreicht (M2).

M2 Gang der Sonne in Deutschland im Sommer und im Winter

Versuch zur Beleuchtung der Erde

Du benötigst: Taschenlampe, Globus, Maßband

Durchführung

1. Richte die Lampe auf den Äquator. Miss mit dem Maßband den Durchmesser des Lichtkegels.
2. Bewege die Lampe nun in Richtung Nordpol. Wie verändert sich der Lichtkegel?
3. Richte die Lampe auf den nördlichen Polarkreis. Miss erneut den Lichtkegel.
4. Vergleiche die Messungen vom Äquator mit der vom nördlichen Polarkreis.

Achtung: Die Entfernung der Taschenlampe zum Globus muss gleich bleiben. Halte die Lampe waagerecht!

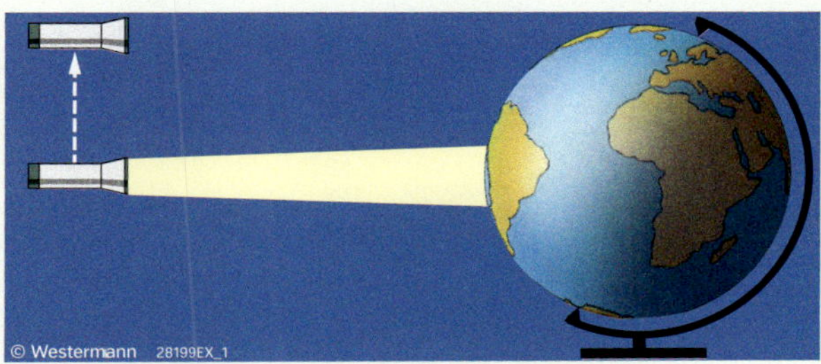

M5 Darstellung des Versuchs

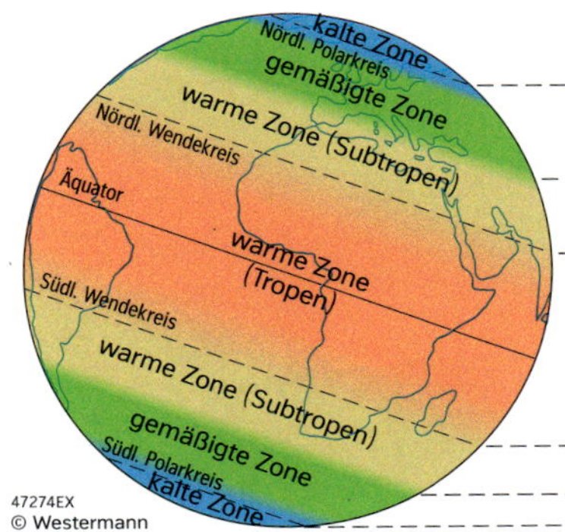

flacher Einfall der Sonnenstrahlen, stets niedrige Temperaturen (um oder unter 0 °C)

flacher bis schräger Einfall der Sonnenstrahlen, niedrige bis mittlere Temperaturen (abhängig von der Jahreszeit, um 8 °C)

schräger Einfall der Sonnenstrahlen, mittlere bis hohe Temperaturen (abhängig von der Jahreszeit, um 18 °C)

steiler oder senkrechter Einfall der Sonnenstrahlen, stets hohe Temperaturen (um 25 °C)

M3 Beleuchtungsverhältnisse auf der Erde (Temperaturzonen)

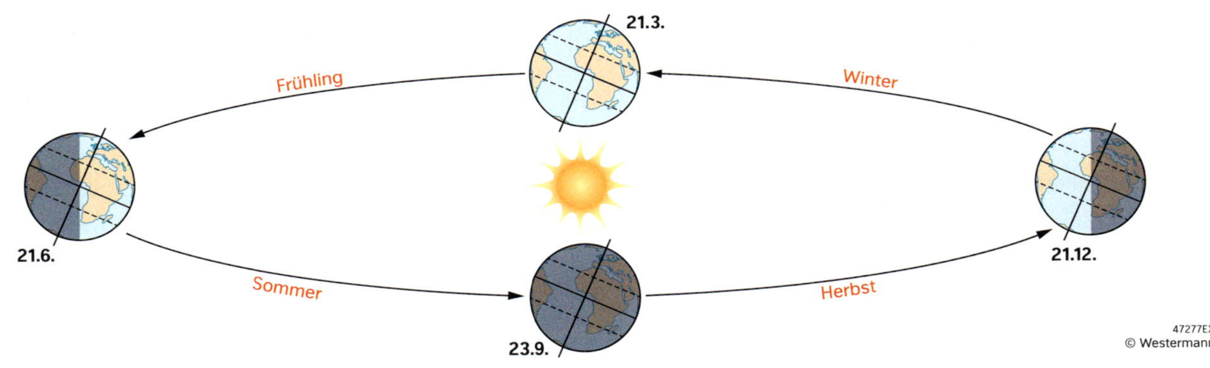

M4 Jährlicher Umlauf der Erde um die Sonne

Aufgaben

1. Nenne Merkmale der drei verschiedenen Temperaturzonen der Erde (M3).
2. Notiere die Temperaturzonen, in denen folgende Städte liegen (Atlas): Chicago, Kairo, Lagos, Peking, Sydney, Manaus, Murmansk.
3. Erkläre die unterschiedlichen Temperaturen in der Arktis, in Deutschland und in Nigeria.
4. Erkläre die Ursachen für die Entstehung der Jahreszeiten.
5. Erläutere die Beleuchtungssituation auf der Erde im Juni und Dezember (M4).
6. Überprüfe die Aussage: „Wenn die Erdachse senkrecht zur Erdumlaufbahn stünde, gäbe es keine Jahreszeiten." ↗ S. 160

Film

WES-113332-009

Klima und Vegetation gehören zusammen

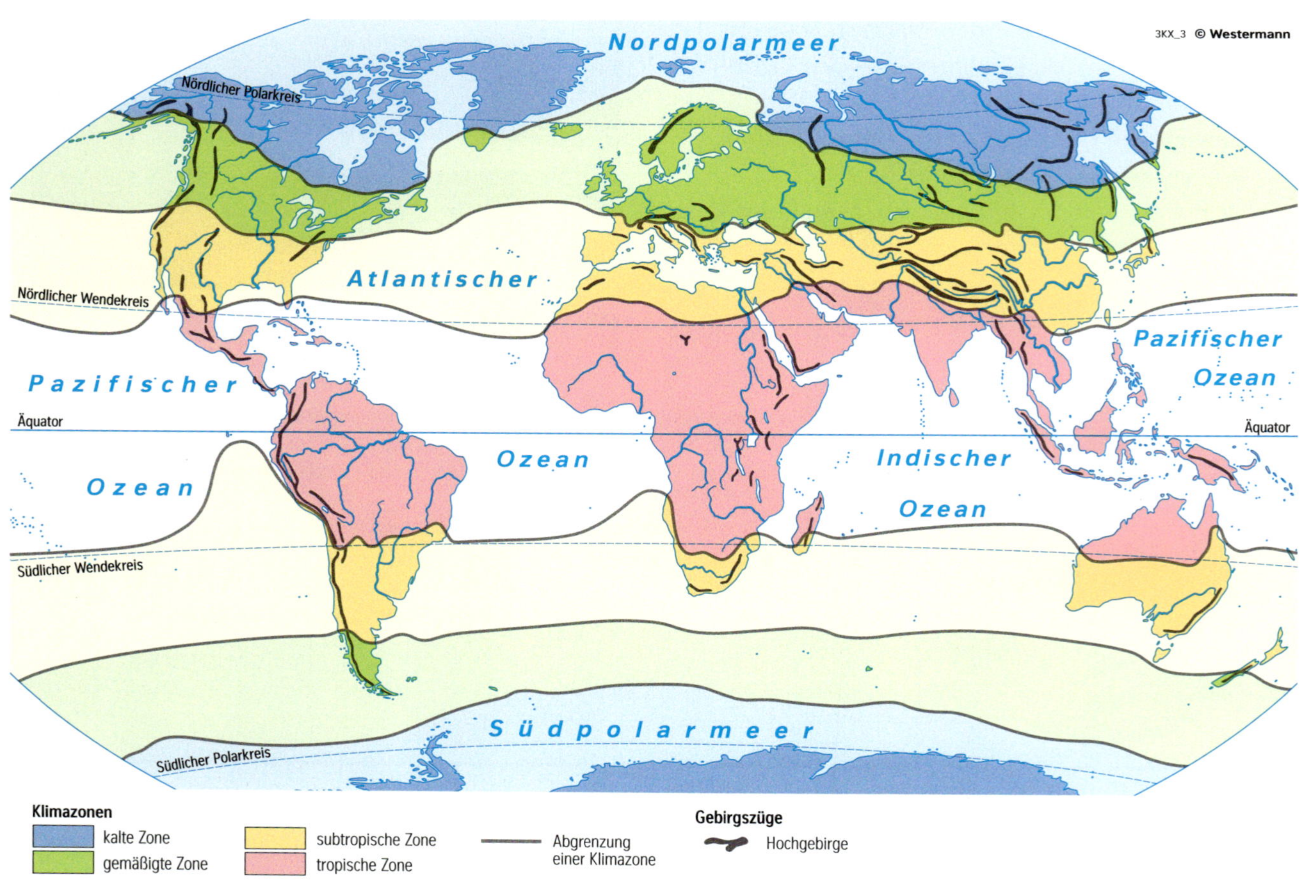

M1 Die Klimazonen der Erde

Die vier großen Klimazonen

Die verschiedenen Temperaturzonen der Erde sind die Ursache dafür, dass es auf der Erde nicht überall dasselbe Klima gibt. Darüber hinaus sind die Niederschlagsmenge sowie die Niederschlagsverteilung wesentliche Merkmale des Klimas.

Die Gebiete mit ähnlichen Klimamerkmalen werden zu vier großen *Klimazonen* zusammengefasst:

– *(polare) kalte Zone*,

– *gemäßigte Zone*,

– *subtropische Zone*,

– *tropische Zone*.

Die Klimazonen verlaufen wie die Temperaturzonen annähernd parallel zu den Breitenkreisen.

Es gibt aber auch Faktoren, die dazu führen, dass das Klima einer Region abweicht: Höhenlage, Lage zu Gebirgen, Entfernung zum Meer, nahe Meeresströmung.

Das Klima bestimmt die Vegetation

Das Klima beeinflusst die Entwicklung der Vegetation eines Gebietes, denn zum Wachstum benötigen die Pflanzen vor allem Licht, Wärme und Feuchtigkeit.

Ist dies alles in ausreichendem Maße vorhanden, kann sich eine üppige Vegetation entwickeln; so beispielsweise in den Regenwäldern der tropischen Zone.

In der kalten Zone finden wir dagegen Pflanzen, die auch bei niedrigen Temperaturen wachsen können, zum Beispiel Moose und Flechten.

Die Pflanzen haben sich überall auf der Erde den jeweiligen Klimabedingungen angepasst.

Der Zusammenhang wird in der zonalen Gliederung deutlich: Die Klimazonen und die *Vegetationszonen* haben einen fast gleichen, gürtelartigen Verlauf.

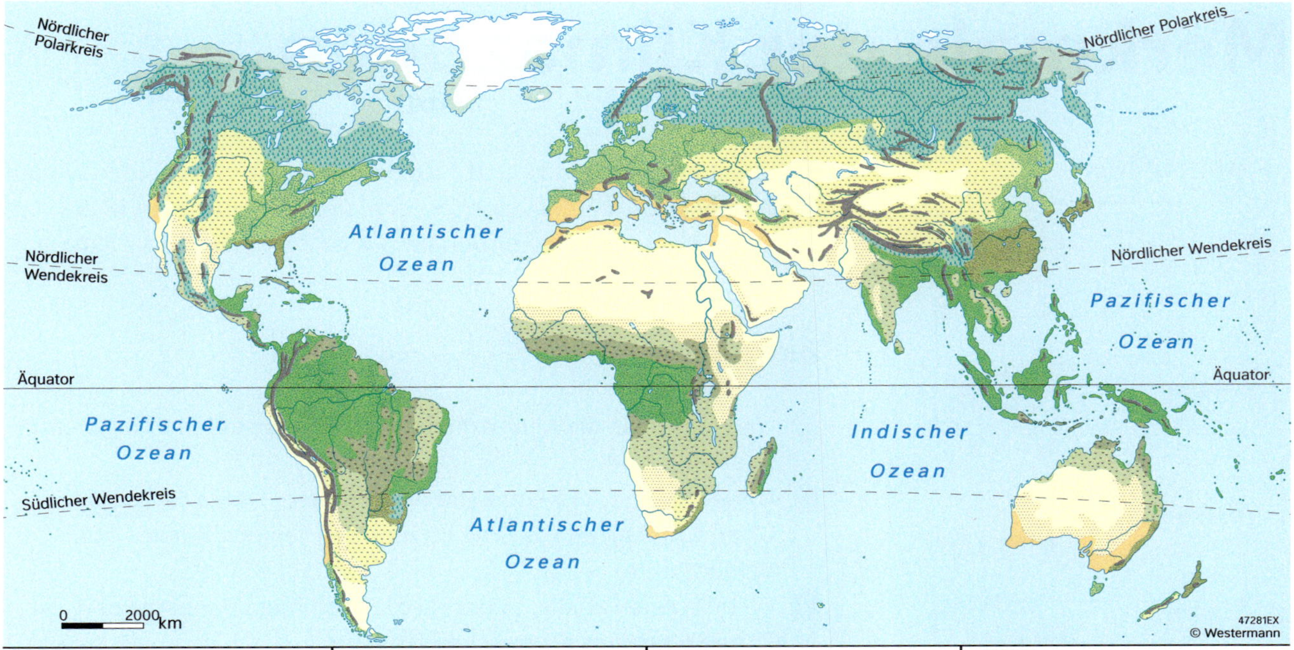

Eiswüste keine Vegetation	**sommergrüner Laub- und Mischwald** 6–7 Monate Laubabwurf, Eichen, Buchen, Fichten, Kiefern	**subtropischer Feuchtwald** immergrün, teilweise Nadelhözer, weniger artenreich als tropischer Regenwald	**Trockensavanne, Trockenwald** hohes Gras, Bäume
Tundra fast baumlos, Flechten, Sträucher, Gräser, Moose	**Steppe, Hochgebirgsgrasland** baumarme Graslandschaft, Kräuter, Büsche	**Halbwüste, Wüste** vereinzelt Büsche und Dornsträucher	**Feuchtsavanne** hohes Gras, Wälder
borealer Nadelwald (Taiga), Gebirgswald Nadelwälder, wenig Laubbäume	**Hartlaubvegetation (Mittelmeervegetation)** Stein- und Korkeichen, Ölbäume, Pinien, Zedern	**Dornsavanne** niedriges Gras, Sträucher, vereinzelt Bäume	**tropischer Regenwald, Monsunwald** immergrün, großer Artenreichtum, schnelles Wachstum **Hochgebirgsvegetation**

M2 Die Vegetationszonen der Erde

M3 Landschaften in verschiedenen Klima- und Vegetationszonen

Aufgaben

1 Ordne die Bilder A bis D (M3) den Klima- bzw. den Vegetationszonen zu. Begründe deine Entscheidung.

2 Notiere zu jedem Kontinent die dort vertretenen Klima- und Vegetationszonen (M1, M2). Lege dazu eine Tabelle an.

3 Beschreibe die Veränderung der Vegetation vom Nordpol bis zum Äquator.

4 Notiere die Klimazonen, in denen es folgende Vegetation gibt: Hartlaubvegetation, borealer Nadelwald, Feuchtsavanne, Laub- und Mischwald.

5 Erkläre, warum die Klimazonen nicht genau parallel zueinander verlaufen. ↗ S. 160

6 Gestalte Plakate zu jeder der vier Klimazonen, auf denen deren Hauptmerkmale veranschaulicht werden. ↗ S. 160

Film

WES-113332-011

Merkmale der Klimazonen

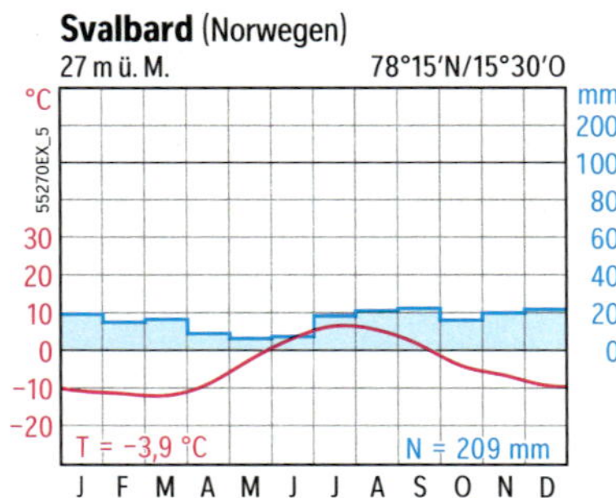

Svalbard (Norwegen)
27 m ü. M.   78°15'N/15°30'O
T = −3,9 °C   N = 209 mm

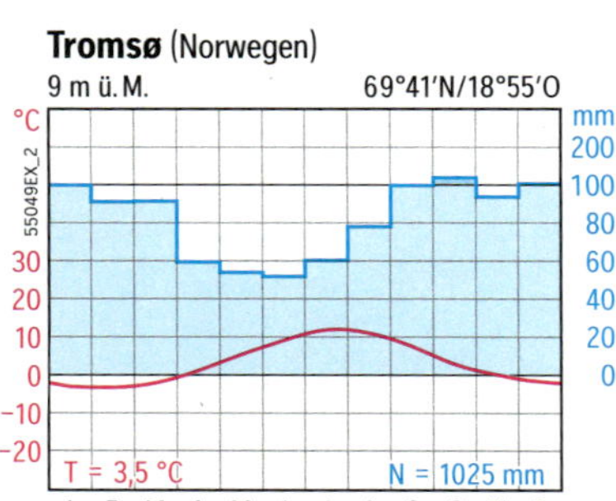

Tromsø (Norwegen)
9 m ü. M.   69°41'N/18°55'O
T = 3,5 °C   N = 1025 mm

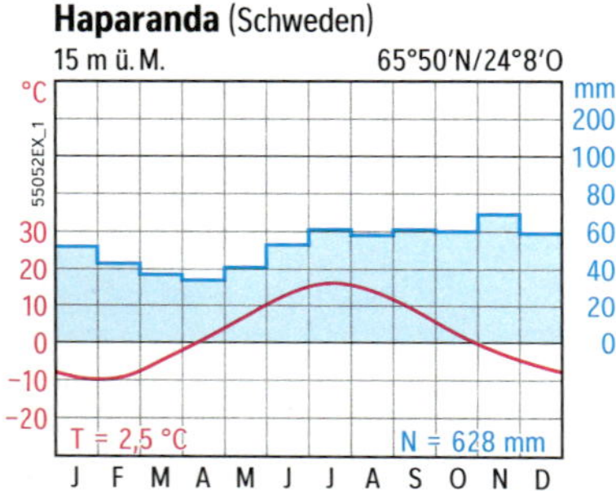

Haparanda (Schweden)
15 m ü. M.   65°50'N/24°8'O
T = 2,5 °C   N = 628 mm

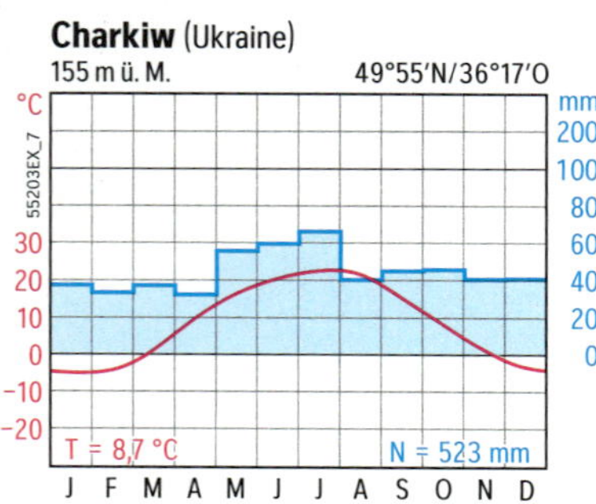

Charkiw (Ukraine)
155 m ü. M.   49°55'N/36°17'O
T = 8,7 °C   N = 523 mm

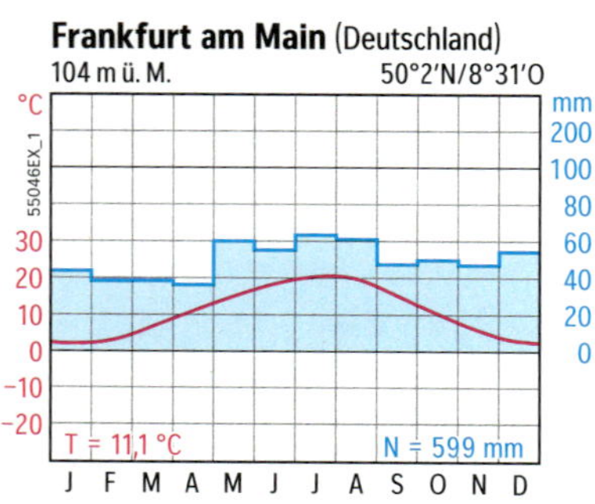

Frankfurt am Main (Deutschland)
104 m ü. M.   50°2'N/8°31'O
T = 11,1 °C   N = 599 mm

Wie du auf den Seiten 10 und 11 gelernt hast, unterscheiden wir auf der Erde vier große Klimazonen. Jede dieser Klimazonen bietet ihre ganz eigenen Voraussetzungen für die landwirtschaftliche Nutzung.

Aufgaben

1. Nenne jeweils die Klimazonen, die in den einzelnen Kontinenten zu finden sind.
2. Notiere aus jeder Klimazone fünf Staaten. Nutze dafür die Übersichtskarten der Erde im hinteren Teil des Buches oder deinen Atlas.
3. Erstelle eine Tabelle, in der du die Merkmale der einzelnen Zonen einträgst. Unterscheide nach Klima, Pflanzenwachstum und Landwirtschaft. Zeige dabei anhand der Klimadiagramme typische Merkmale der jeweiligen Klimazone auf.
4. Vergleiche die landwirtschaftliche Nutzung in den verschiedenen Klimazonen. Begründe die Unterschiede.

kalte Zone (0 °C)

Die Wachstumszeit der Pflanzen in der kalten Zone schwankt zwischen 0 und 100 Tagen pro Jahr. Die Niederschläge sind meist gering. Landwirtschaft ist aufgrund der Kälte nur am Rand zur gemäßigten Zone möglich. Traditionell leben die Menschen in der kalten Zone von Fischfang, der Jagd, der Rentierzucht und der Holzwirtschaft.

gemäßigte Zone (8 °C)

In der gemäßigten Zone gibt es ausgeprägte Jahreszeiten. Die Temperaturschwankungen können innerhalb eines Jahres recht hoch sein. Niederschläge gibt es über das ganze Jahr verteilt. Wo es ausreichend regnet, sind die Bedingungen für die Landwirtschaft sehr gut. Die Wachstumszeit liegt meist über 170 Tage pro Jahr. In der gemäßigten Zone werden Getreide, Kartoffeln und verschiedene Obst- und Gemüsesorten angebaut.

Legende:
• • • • • •   Grenze Klimazone
———   Grenze Vegetationszone
kalte Zone   Klimazone
Tundra   Vegetationszone

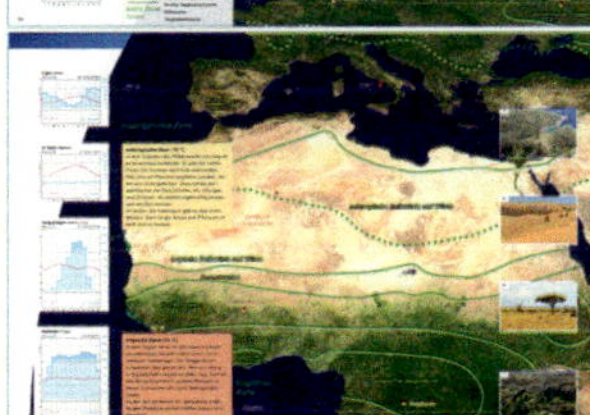

Partnerarbeit

Wenn ihr zwei Erdkundebücher nehmt und diese untereinanderlegt, erhaltet ihr einen Gesamtüberblick über die Landschaftszonen der Erde vom Nordpol bis zum Äquator. Würde man dieses Prinzip auf der Südhalbkugel fortsetzen, so erhielte man eine spiegelbildliche Anordnung der einzelnen Zonen, wobei der Äquator die Spiegelachse bildet.

Vegetationszonen können sich auch über die Grenzen von Klimazonen erstrecken. So ist z. B. der boreale Nadelwald in der kalten und gemäßigten Zone verbreitet.

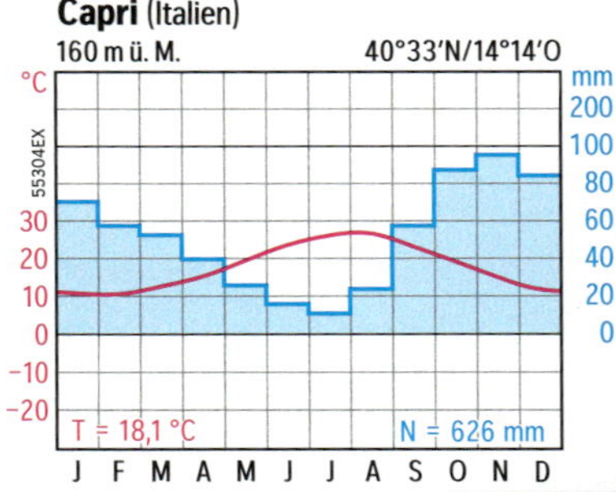

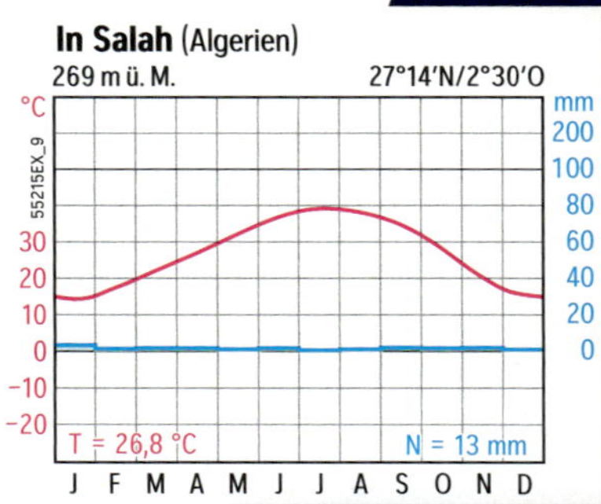

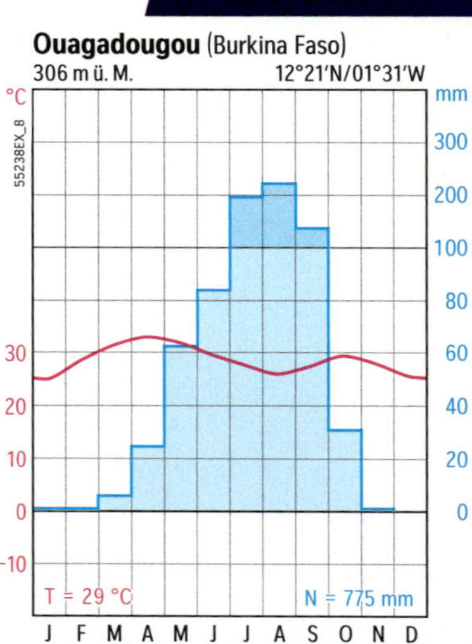

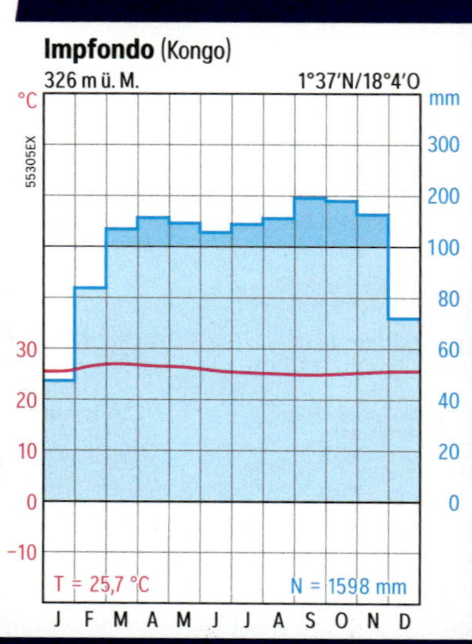

subtropische Zone (18 °C)

In den Gebieten des Mittelmeerklimas regnet es besonders im Winter. Es gibt nur selten Frost. Die Sommer sind heiß und trocken. Hier können Pflanzen angebaut werden, die bei uns nicht gedeihen. Dazu zählen beispielsweise die Zitrusfrüchte, wie Orangen und Zitronen, die jedoch regelmäßig bewässert werden müssen.

Im Süden der Subtropen gibt es aber auch Wüsten. Dort ist der Anbau von Pflanzen zu heiß und zu trocken.

tropische Zone (25 °C)

In den Tropen ist es im Jahresdurchschnitt am wärmsten. Es gibt selten Frost (nur in extremer Höhenlage). Die Temperaturen schwanken das ganze Jahr über nur wenig. In Äquatornähe regnet es jeden Tag. Dort ist das Klima feuchtheiß, sodass Pflanzen in dieser Klimazone sehr gute Bedingungen finden.

Zu den bekanntesten der ganzjährig angebauten Produkte zählen Kaffee, Kakao und Bananen.

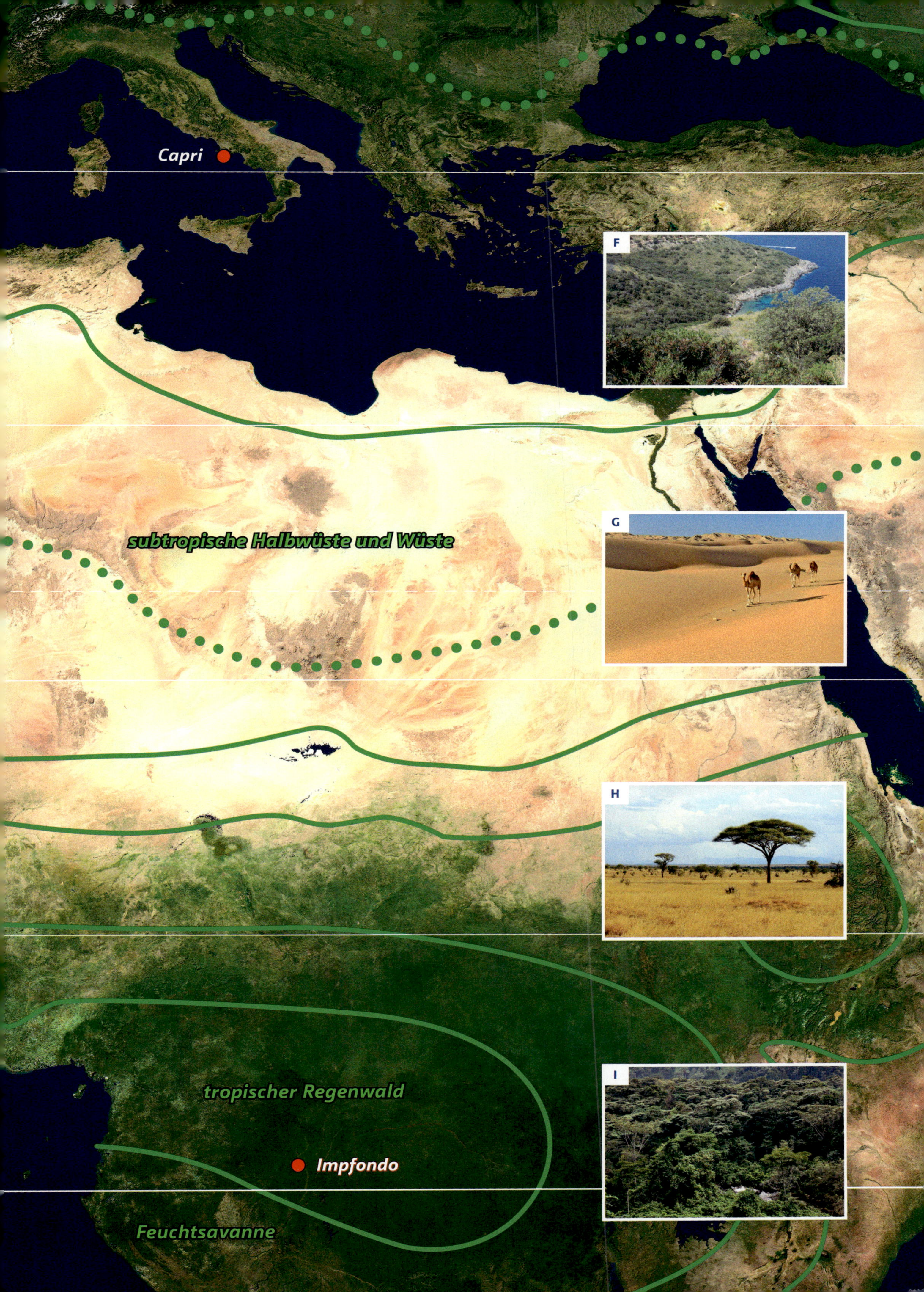

Capri
F
subtropische Halbwüste und Wüste
G
H
tropischer Regenwald
Impfondo
I
Feuchtsavanne

Tour zum tropischen Schnee

Der Kilimandscharo in Tansania ist mit 5895 Metern das höchste Gebirge Afrikas. Seinen höchsten Gipfel, den Uhuru Peak, bedeckt ein Gletscher. Wanderer, die diesen Gipfel besteigen, durchqueren die verschiedenen *Höhenstufen der Vegetation*. Das ähnelt einer Wanderung vom Äquator bis zum Nord- oder Südpol.

M1 Die Vegetation am Kilimandscharo

Jens erzählt:

Für den etwa 70 Kilometer langen Weg bis zum Gipfel und zurück benötigten wir sechs Tage. Dabei überwanden wir etwa 4035 Höhenmeter.

1. Wir begannen am Marangu-Tor in 1860 m Höhe. Hier stehen so hohe Laubbäume, dass ihre Spitzen nicht zu sehen sind. Wir wanderten den ganzen Tag durch das faszinierende Grün des tropischen Berg- oder Nebelwaldes. Moosflechten hingen von den Zweigen herunter, die Luft war feucht und die Wege schlammig. Das war sehr anstrengend. Unser erstes Nachtlager war in der Mandara-Hütte in 2682 m Höhe.

2. Am nächsten Morgen ging es weiter den Berg hinauf. Der Wald endete bald. Wir wanderten durch ein Hochmoor mit hohem Gras, vorbei an einzelnen Büschen und blühenden Pflanzen. Ziel war die Horombo-Hütte in 3719 m Höhe, oberhalb der Wolkengrenze. Nach der Durchquerung der Wolken, was wie Nebel erschien, erblickten wir den Uhuru Peak. Hiobsbotschaft in der Hütte: Wanderer, die vor uns dort waren, hatten den immer laufenden Wasserhahn zugedreht. Jetzt war die Wasserleitung zugefroren …

3. Nach dem Verlassen der Horombo-Hütte am nächsten Tag wanderten wir durch eine Felslandschaft. Es gab keine Vegetation mehr und die Luft wurde immer dünner, also auch sauerstoffärmer. Als wir am Abend die Kibo-Hütte in 4694 m Höhe erreichten, hatten einige von unserer Gruppe wegen des Sauerstoffmangels heftige Kopfschmerzen.

4. Der letzte Aufstieg zum Uhuru Peak war der härteste. Um Mitternacht ging es bei −18 °C los. 1000 m steiler Anstieg durch loses Geröll. Aber der fantastische Sonnenaufgang am Kraterrand entschädigte für die Strapazen. Wir gingen am Kraterrand an einigen Gletschern vorbei und erreichten um 7 Uhr den schneebedeckten Gipfel.

M2 Aufstieg auf den Kilimandscharo – ein Erlebnisbericht

schule.diercke.de | 100852-100-03

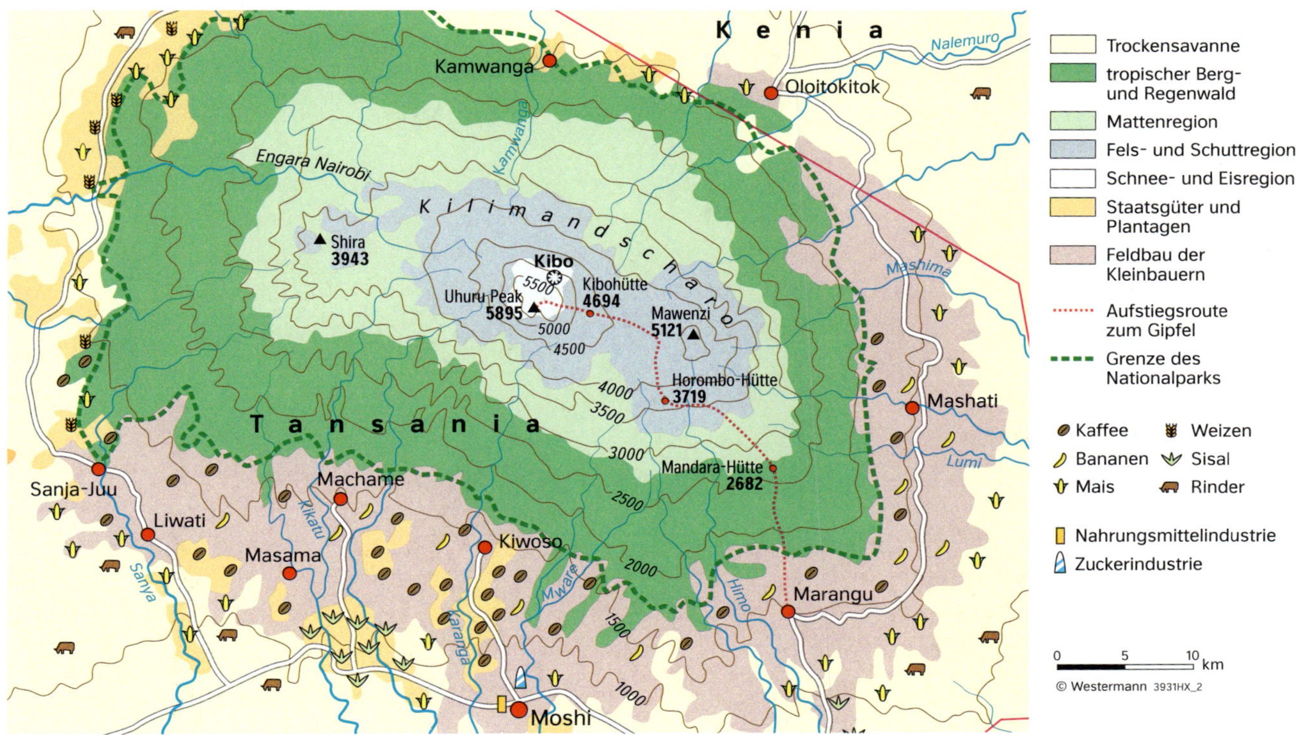

M3 Die Höhenstufen der Vegetation und die Landnutzung am Kilimandscharo-Massiv

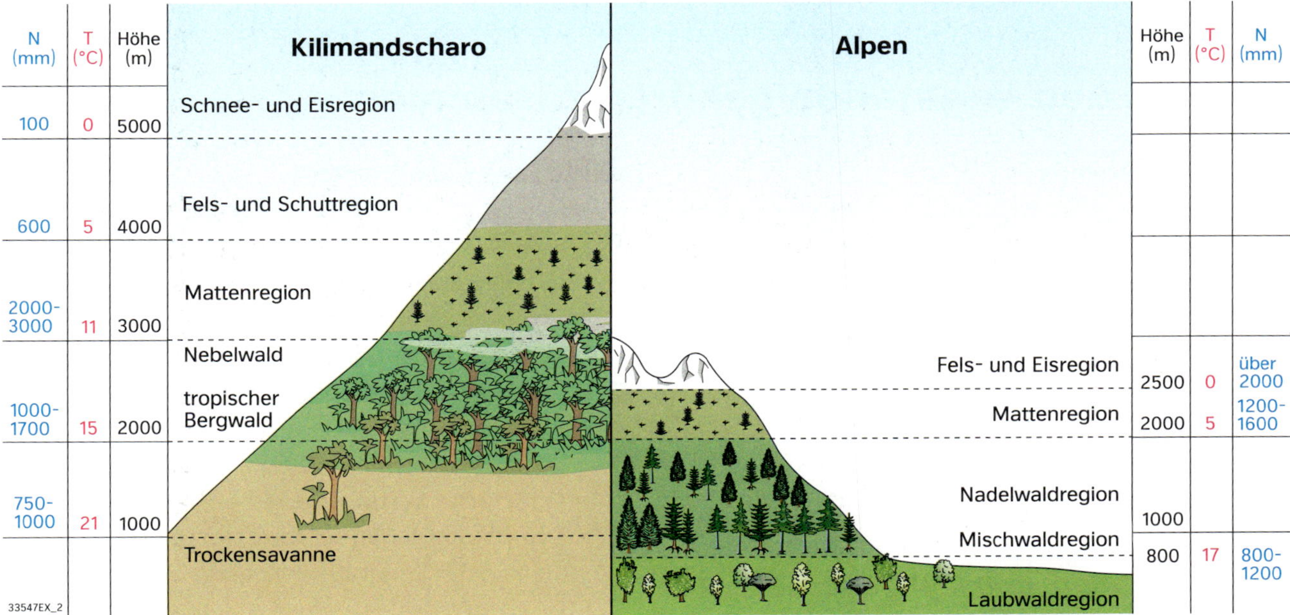

M4 Die Höhenstufen am Kilimandscharo und an der Zugspitze in den Alpen im Vergleich

Aufgaben

1 Beschreibe die Wanderroute anhand der Hütten, die im Erlebnisbericht genannt werden (M2 und Karte M3).

2 Ordne die Bilder in M1 den Textabschnitten in M2 sowie den Höhenstufen (M3, M4) zu.

3 Notiere in einer Tabelle typische Merkmale der Höhenstufen am Kilimandscharo (M2, M3).

4 Vergleiche die Höhenstufen der Vegetation in den Alpen und am Kilimandscharo (M4). ↗ S. 160

5 Erkläre die Landnutzung am Kilimandscharo und begründe, warum diese plötzlich aufhört (M3).

Film
WES-113332-017

Jahreszeiten

Kannst du schon

– die verschiedenen Daten (21.3., 21.6., 23.9., 21.12.) den Erdpositionen zur Sonne im Jahreslauf zuordnen? (S. 9)

– die Jahreszeiten auf der Nord- bzw. auf der Südhalbkugel benennen und erklären? (S. 9)

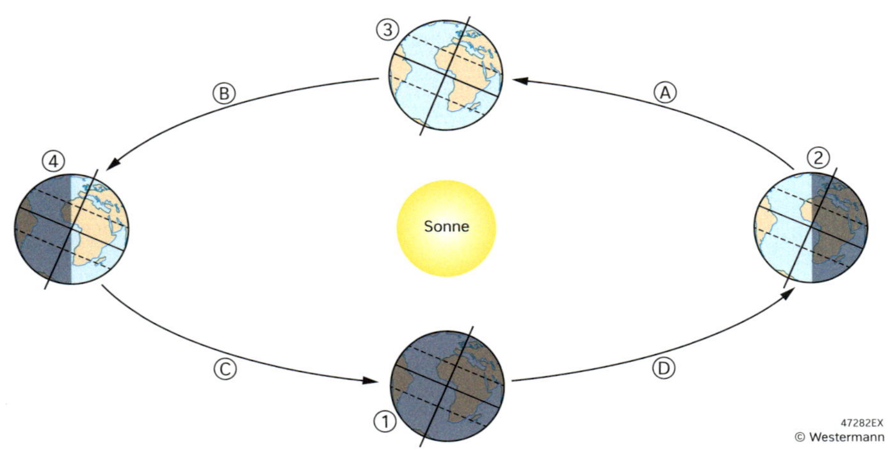

M1

Zeig, was du kannst

1 Erkläre die Entstehung unterschiedlicher Beleuchtungs- und Temperaturzonen.

2 Erkläre die Entstehung der verschiedenen Jahreszeiten.

Klima und Vegetation gehören zusammen

Kannst du schon

– die vier großen Klimazonen benennen und unterscheiden? (S. 10)

– die Entstehung der verschiedenen Vegetationszonen erklären? (S. 10/11)

Wüste Savannen Eiswüste

borealer Nadelwald kalte Zone

tropische Zone subtropische Zone

tropischer Regenwald gemäßigte Zone

Laub- und Mischwald Tundra

Zeig, was du kannst

3 Vom Nordpol bis zum Südpol erstrecken sich verschiedene Klima- und Vegetationszonen. Ordne sie in der richtigen Reihenfolge von Nord nach Süd. Unterscheide Klimazonen von Vegetationszonen (Tabelle).

4 Begründe mit den Faktoren, die für die Entstehung der Vegetation verantwortlich sind (Licht, Wärme, Feuchtigkeit), die Zuordnung der Fotos A –D (M2) zu den Klima- und Vegetationszonen.

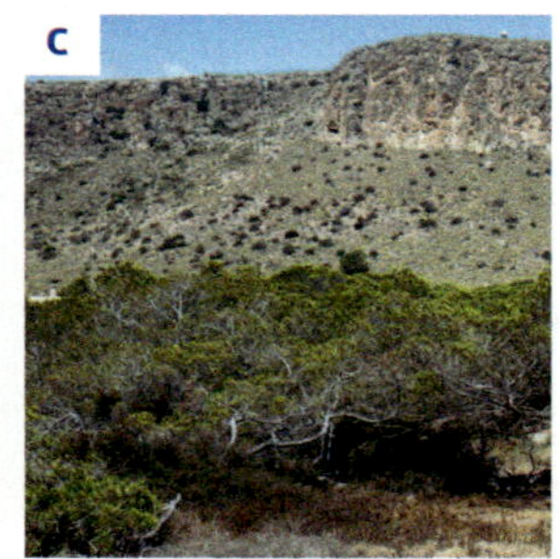
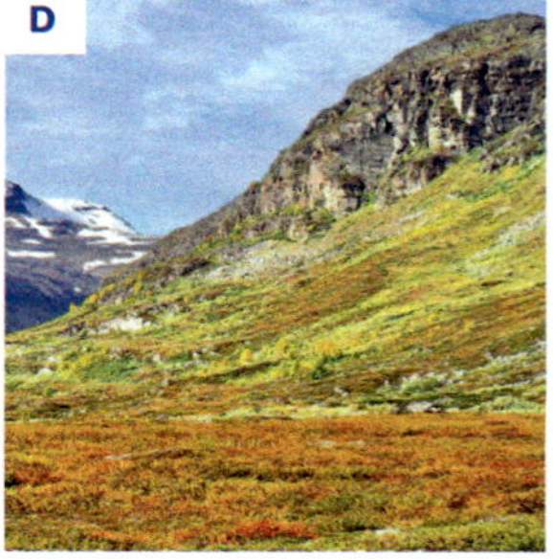

M2 Landschaften in verschiedenen Klima- und Vegetationszonen

Merkmale von Klimazonen

Kannst du schon

– die wichtigsten Merkmale der vier großen
  Klimazonen benennen und unterscheiden?
  (S. 12 – 15)

Zeig, was du kannst

5 Betrachte die Fotos A – C (M3). Ordne die
  Lebensräume einer Klimazone zu.

6 Beschreibe, welche Auswirkungen das Klima
  auf die Lebensweise der Menschen hat.

7 Ordne die Satzanfänge 1 – 10 (M4) den
  passenden Satzenden zu. Schreibe die
  Sätze in dein Heft.

A

B

C

M3 Unterschiedliche Klimazonen – unterschiedliche Lebensräume

Satzanfänge	Satzenden
1. Die Sonne liefert uns ...	**T** ... um den Nordpol und den Südpol.
2. Beim Zenitstand ...	**T** ... die Schrägstellung der Erdachse und den Umlauf der Erde um die Sonne.
3. Ein Klimadiagramm ist ...	**V** ... Licht und Wärme.
4. Die Vegetationszeit (die Zeit des Pflanzenwachstums) hängt ab von ...	**A** ... drei große Temperaturzonen.
5. Jahreszeiten entstehen durch ...	**N** ... in der Nähe des Äquators.
6. Durch die verschiedenen Beleuchtungsverhältnisse bilden sich ...	**E** ... fallen die Sonnenstrahlen senkrecht ein.
7. Die kalte Zone liegt ...	**E** ... Wärme, Licht und Feuchtigkeit.
8. Die gemäßigte Zone liegt ...	**G** ... die zeichnerische Darstellung von Klimawerten.
9. Die subtropische Zone liegt ...	**I** ... zwischen der kalten Zone und den Subtropen.
10. Die tropische Zone liegt ...	**O** ... zwischen den Tropen und der gemäßigten Zone.

47298EX © Westermann

M4 Welche Satzteile gehören zusammen?

Fachbegriffe

– Beleuchtungszone, gemäßigte Zone, Höhenstufen der Vegetation, Jahreszeiten, kalte Zone, Klimazone,
  Schrägstellung der Erdachse, subtropische Zone, Temperaturzone, tropische Zone, Vegetationszone

2

Im tropischen Regenwald

M1 Amazonas-Regenwald und gerodete Flächen für Weideland

In diesem Kapitel lernst du …
… die Verbreitung und den Aufbau des tropischen Regenwaldes kennen.
Du kannst das Ökosystem erklären und begegnest indigenen Menschen dieser Vegetationszone. Die Beschäftigung mit den Gefahren für den Regenwald ermöglicht dir, auch deine Rolle bei Gefährdung und Rettung dieses einzigartigen Naturraums zu überdenken.

Der tropische Regenwald – ein besonderer Wald

Der tropische Regenwald

Am 15. November 1876 erreichten Stanley und seine Männer die Mauer des Kongo-Urwaldes. Eine lähmende Stille umfing sie. Es ging nur langsam vorwärts. Tau tropfte von den wirren Bündeln armdicker Schlingpflanzen und aus den unsichtbaren Kronen der Bäume herab. Jedes Blatt schien Tränen zu vergießen. In der erstickenden Luft brach der Schweiß aus allen Poren. Dampf stieg aus der Erde. Wie eine graue Wolkenschicht schwebte er zwischen den Stämmen über den Köpfen der dahinschleichenden Karawane. Nachts erfüllten Halbaffen die öden Baumhallen mit ihrem Geschrei. Tagsüber sah man bis zu 15 cm lange Tausendfüßler sowie Millionenheere von Ameisen und Käfern über die Pfade kriechen ...

Quelle: Schiffers, Heinrich: Wilder Erdteil Afrika. Das Abenteuer der großen Forschungsreisen. Frankfurt: Athenäum Verlag 1962

M1 Ein Reisebericht

Der Stockwerkbau

Aus dem Weltall sieht man den *tropischen Regenwald* wie einen grünen Gürtel entlang des Äquators. Im feuchtwarmen Klima hat sich die artenreichste Lebensgemeinschaft der Erde entwickelt. Auf wenigen Quadratkilometern wachsen hier mehr Pflanzenarten als in ganz Europa. Aufgebaut ist der tropische Regenwald im *Stockwerkbau*, das heißt ähnlich wie ein Gebäude mit mehreren Stockwerken (M3):

Im Untergeschoss ist es nahezu dunkel. Hier wachsen nur Pflanzen, die mit wenig Licht auskommen. Das Zwischengeschoss bilden 20 bis 40 Meter hohe Pflanzen. In ihm leben die meisten Tiere. Das geschlossene Blätterdach im sonnigen Obergeschoss wird von einzelnen Baumriesen überragt, die bis zu 70 m hoch werden.

Ein Tag im tropischen Regenwald

In den tropischen Regenwäldern sind die durchschnittlichen Temperaturen das ganze Jahr über gleich hoch. Das Wetter ändert sich zwar regelmäßig im Laufe eines Tages, aber es gibt keine Jahreszeiten wie bei uns. Alle Tage, ob im Juli oder Dezember, ähneln sich in ihrem Wetterablauf (M4).

Der Temperaturunterschied zwischen Tag und Nacht kann im tropischen Regenwald jedoch bis zu 10 °C betragen. Er ist wesentlich höher als die Schwankungen bei der Jahrestemperatur. Das Klima im tropischen Regenwald wird daher auch als *Tageszeitenklima* bezeichnet.

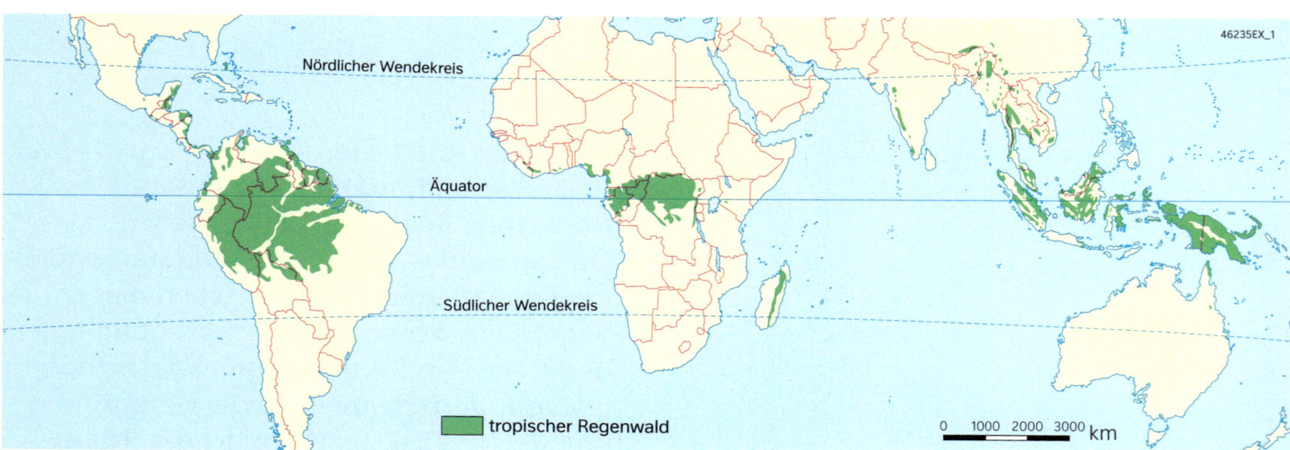

M2 Die Verbreitung des tropischen Regenwaldes

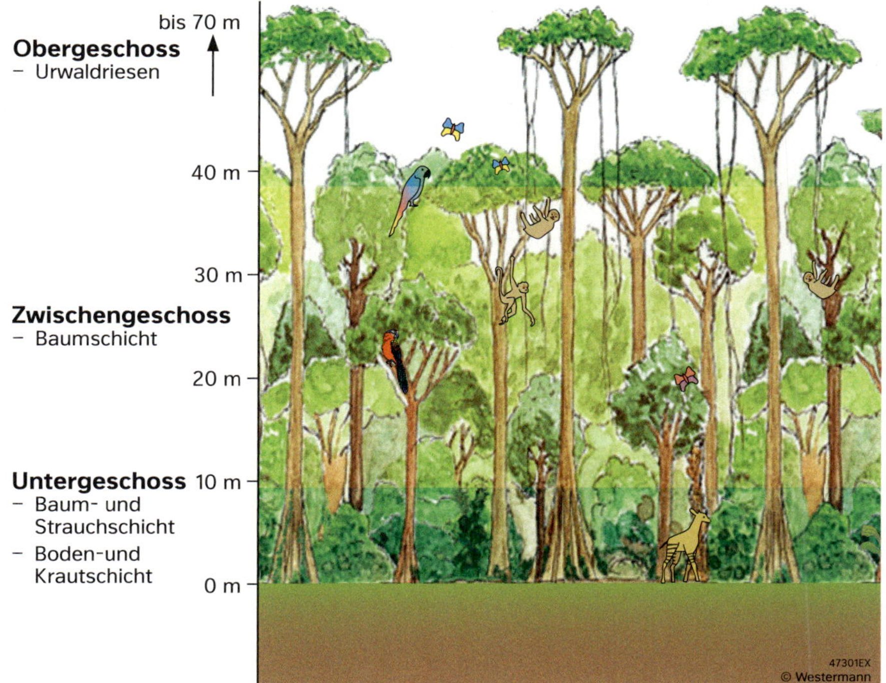

M3 Stockwerkbau des tropischen Regenwaldes

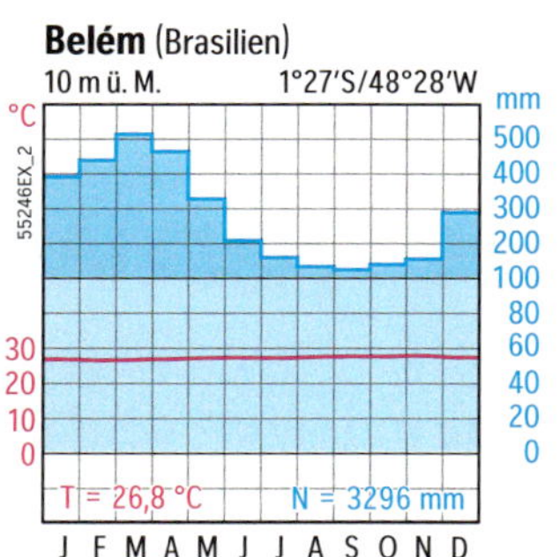

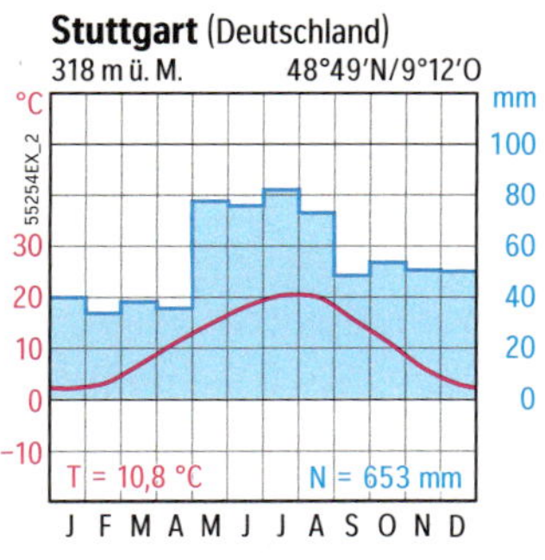

M5 Klimadiagramme von Belém und Stuttgart

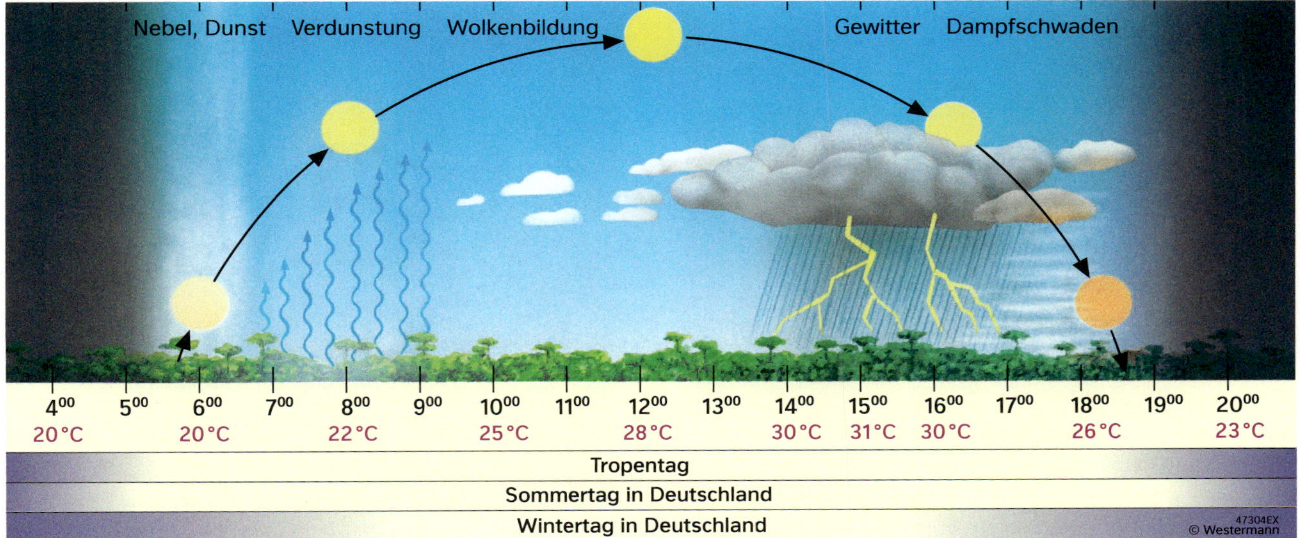

M4 Tagesablauf und Tageslänge im tropischen Regenwald (Tageslänge im Vergleich zu Deutschland)

Aufgaben

1. Nenne Länder, die Anteil am tropischen Regenwald haben (Atlas, vgl. M2). ↗ S. 160
2. Vergleiche Merkmale des tropischen Regenwaldes mit den Merkmalen der Wälder bei uns.
3. Suche Iquitos im Atlas. Auf welchem Kontinent und in welchem Staat liegt die Stadt?
4. Verfasse einen Reisebericht, in dem du einen Tagesablauf in den Tropen beschreibst (M4). Beginne wie folgt:

„Obwohl wir bereits seit zwei Wochen in Iquitos sind, bereitet uns das feuchtheiße Klima immer noch große Probleme. Bereits am Vormittag … "

5. Werte die Klimadiagramme von Belém und Stuttgart aus und vergleiche sie miteinander (M5). ↗ S. 160
6. Erkläre, warum das Klima bei uns auch Jahreszeitenklima genannt wird.
7. Erläutere die Aussage: „Der tropische Regenwald ist immergrün."

Film

WES-113332-023

Lebensgemeinschaft tropischer Regenwald

Artenvielfalt und Pflanzenwachstum

Typisch für den tropischen Regenwald sind die nebeneinander vorkommenden Entwicklungsstadien der Bäume. So können Blüte, Blattwachstum, Frucht und Blattfall zeitgleich beobachtet werden. Aufgrund der fehlenden Jahreszeiten bilden die Bäume keine Jahresringe.

Einige Bäume besitzen zudem Brettwurzeln, die die Standfestigkeit der flachwurzelnden Bäume unterstützen (M1 A). Spezialisten wie die Würgefeige bilden dagegen Luftwurzeln, die von einer Astgabel eines Baumes nach unten wachsen. Erreichen diese den Boden, wächst mit der Zeit ein Wurzelskelett um den Baum (M1 B). Anschließend bildet sich eine mächtige Krone aus, sodass der Wirtsbaum an Lichtmangel eingeht.

M1 Brettwurzeln (A) und Würgefeige (B)

Mineralstoffkreislauf

Die Pflanzen im tropischen Regenwald wachsen das ganze Jahr. Trotzdem ist der Boden nicht fruchtbar, sondern arm an Nährstoffen. Die Versorgung der Pflanzen mit Nährstoffen erfolgt fast ausschließlich aus ihrer eigenen Streuschicht. Diese oberste Bodenschicht entsteht aus den herabfallenden Blättern, abgestorbenen Ästen und Stämmen. Durch die hohe Wärme und Feuchtigkeit wird diese Streuschicht schnell von Kleinstlebewesen und Pilzen zersetzt und in Humus umgewandelt. Die dabei entstehenden Nährstoffe werden von den wachsenden Pflanzen sofort wieder aufgenommen, ohne dass sie tief in den Boden sickern – ein geschlossener *Mineralstoffkreislauf* (= Nährstoffkreislauf) entsteht und es gehen so gut wie keine Nährstoffe verloren (M4 A).

„Waschküche" tropischer Regenwald

Der tropische Regenwald hat alles, was für ein üppiges Pflanzenwachstum nötig ist: Kohlenstoffdioxid (aus der Luft), Wärme, Licht und vor allem Wasser. Die jährlichen Niederschlagsmengen liegen zwischen 1500 und 4000 mm – manchmal sogar darüber. Nur rund ein Viertel des Niederschlags versickert im Boden oder fließt durch Flüsse ab. Der größte Teil wird von den Wurzeln und den großen Blättern direkt aufgenommen, in den Stämmen der Bäume nach oben transportiert und über die Spaltöffnungen der Blätter wieder an die Luft abgegeben. Über den Baumwipfeln kondensiert der aufsteigende Wasserdampf zu Wolken, die über dem Wald auch wieder abregnen. Der Regenwald unterhält so seinen eigenen *Wasserkreislauf* (M3).

M2 In der „Waschküche"

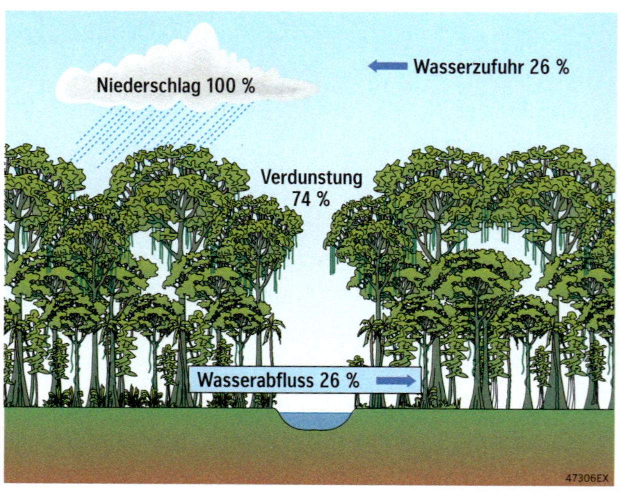

M3 Der Wald macht sich seinen Regen selbst.

Ein empfindliches Ökosystem

Durch die Anpassung der Tiere und Pflanzen an die Nährstoffarmut konnte die Artenvielfalt in den Tropen entstehen. Das *Ökosystem* ist in Gefahr, wenn in den Mineralstoffkreislauf eingegriffen wird und dieser z. B. durch Abholzung unterbrochen wird. Die Wurzeln der Bäume erreichen das mineralstoffreiche Ausgangsgestein nicht, da die Böden durch hohe Temperaturen und ständige Feuchtigkeit bis in eine Tiefe von 20 Metern zersetzt und verwittert sind. Fehlt nun die schützende Vegetation, versickert das Regenwasser in diese Böden oder fließt oberirdisch in Bächen und Flüssen ab. Die wenigen im Boden enthaltenen Nährstoffe werden mit ausgewaschen (M4 B).

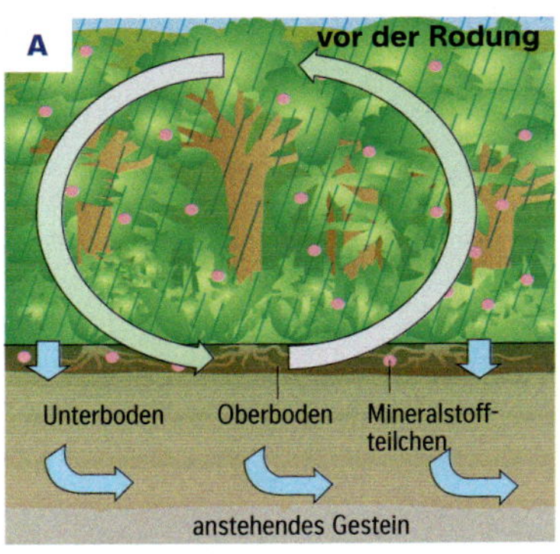

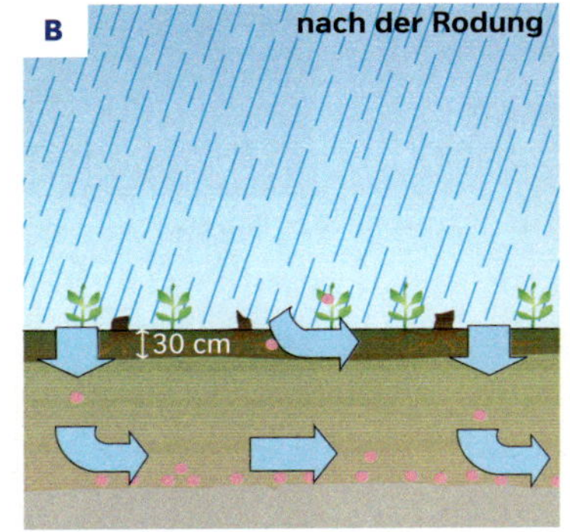

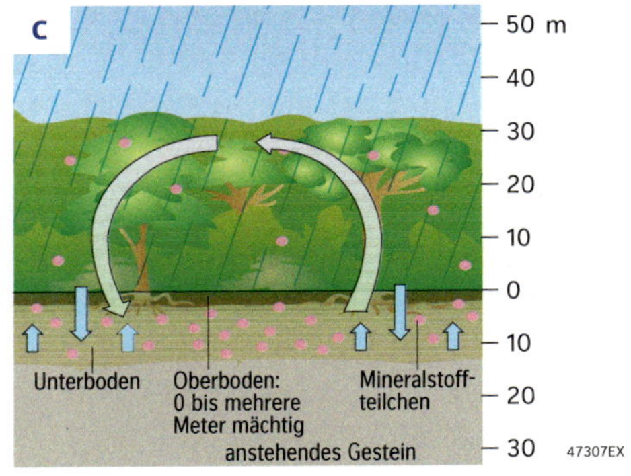

M4 Nährstoffkreislauf in den Tropen (A, B) und in den gemäßigten Breiten (C)

Klima
– kältester Monat > 18 °C
– hohe Jahresniederschläge > 2000 mm
– 12 Monate humid
– Temperaturschwankungen im Jahr ca. 2 °C
– Tageszeitenklima

Wasser
– hohe Niederschlagsmenge, die täglich in Form von heftigen Regengüssen fällt
– Wasser kann kaum gespeichert werden, d. h., es fließt oberirdisch ab
– hohe Verdunstung wegen hoher Temperaturen
– eigener Wasserkreislauf

Boden
– nur geringe Humusdecke
– keine Nähstoffspeicherung möglich
– Pilzgeflecht im Boden, das die Nährstoffe wieder direkt den Pflanzen zuführt
– tiefgründig verwitterter Boden

Vegetation
– ganzjährig grün (= immergrün)
– Pflanzen, die blühen, stehen neben Pflanzen, die Früchte tragen oder gerade ihr Laub abwerfen
– Stockwerkbau
– abhängig vom Nähstoffkreislauf

M5 Wechselwirkungen im tropischen Regenwald

Aufgaben

1 Erkläre, wie die Spezialisten im tropischen Regenwald überleben. Denke dabei an die Höhe der Pflanzen, deren Wurzeln, das Licht ...

2 Fertige Skizzen der Kreisläufe in den Tropen an und beschreibe sie in eigenen Worten.

3 Erläutere: „Der Regenwald macht sein eigenes Klima." (M3)

4 Vergleiche die Nährstoffkreisläufe im tropischen Regenwald, im gerodeten tropischen Regenwald und in dem Wald bei uns in Europa miteinander (M4).

5 „Der tropische Regenwald – ein empfindliches Ökosystem". Erläutere mögliche Folgen der Rodung. Wer ist davon betroffen? ↗ S. 161

Leben im Einklang mit der Natur

Maturema erzählt:

M4 Shapono von oben (A) und innen (B)

Ich lebe mit meinen Eltern, Geschwistern und vielen Verwandten in einer großen Dorfgemeinschaft. Wir wohnen in einem Gemeinschaftshaus, Shapono genannt. Das runde oder ovale Haus kann bis zu sechs Meter hoch und sieben Meter breit sein. Zum Innenhof ist das Haus offen. Wir haben auch keine Trennwände zu unseren Nachbarn. Jede Familie hat jedoch eine eigene Feuerstelle, um die wir dann die Hängematten als Schlafstelle aufbauen. Alles, was wir benötigen, liefert uns der Regenwald. Es ist wichtig, dass alle zusammen helfen, damit wir alle notwendigen Dinge zum Überleben haben.

M1 Yanomami-Mädchen (im Foto mit typischem Schmuck)

Im tropischen Regenwald leben zahlreiche Naturvölker, die ihre Lebensweise den Naturbedingungen angepasst haben. Man nennt sie *Indigene*. Das Naturvolk der Yanomami siedelt im Grenzgebiet von Brasilien und Venezuela (M2). Etwa 10 000 Yanomami leben auf einer Fläche, die ungefähr der Größe Österreichs entspricht, weit verstreut in Dorfgemeinschaften von 50 bis ca. 200 Menschen.

Die Yanomami sind *Selbstversorger*. Sie gehen auf die Jagd, sammeln Nüsse und Früchte und pflanzen auf gerodeten Flächen, die rings um das Dorf angelegt werden, z. B. Yamswurzeln, Bananen und Maniok an. In einem Umkreis von 30 Kilometern gehen sie auf Jagd oder fischen. Sie suchen den Urwald nach Honig und Früchten ab und finden dort Pflanzen, die sie als Medizin zum Heilen ihrer Krankheiten nutzen.

Nach ungefähr zehn Jahren verlassen sie ihre Siedlung, da die Erträge der Felder stark abnehmen – der Boden ist ausgelaugt und hat keine Nährstoffe mehr. Schließlich erobert sich der Wald die Felder und Siedlungen zurück: Die Pflanzungen werden von Blattschneiderameisen vernichtet und das Gemeinschaftshaus von Termiten zerfressen.

Durch kleinflächige *Brandrodung* oder Abholzung schaffen sie sich Platz für ein neues Dorf und neue Anbauflächen. Diese Wirtschaftsweise bezeichnet man als *Wanderfeldbau* (M3).

M2 Siedlungsgebiete der Yanomami

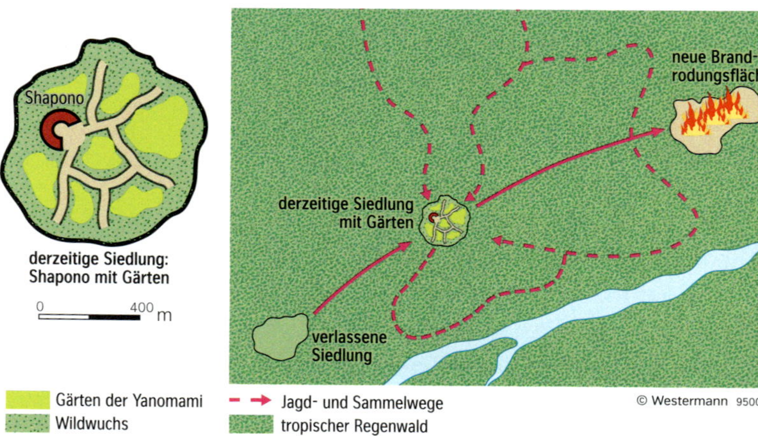

M3 Wanderfeldbau der Yanomami

Die Yanomami in Gefahr

Die Lebensweise der Yanomami ist einfach, aber optimal an die Bedingungen im Regenwald angepasst. Deshalb sind sie von dessen Erhaltung abhängig. Doch ihre Umwelt ist bedroht, die Zukunft dieser Waldmenschen daher ungewiss: Goldsucher und Siedler dringen in ihren Lebensraum vor und zerstören ihn. Bewaffnete Konflikte und eingeschleppte Krankheiten (Masern, Grippe) sorgten bereits für die Ausrottung ganzer Dorfgemeinschaften.

Noch immer suchen Garimpeiros, so werden die Goldsucher in Brasilien genannt, ihr Glück im Gebiet der Yanomami. Von ihnen gehen zahlreiche Gefahren aus. Denn die Yanomami verfügen über keinen Schutz gegen die eingeschleppten Krankheiten. Die Schamanen (Medizinmänner der Yanomami) können die Krankheiten nicht heilen. Auch gegen Schusswunden sind sie machtlos, wenn die Goldsucher die Dörfer angreifen.

Giftiges Quecksilber wird zum Binden des Goldes verwendet und verseucht dabei die Flüsse und den Boden. Die Tiere, die die Yanomami jagen, werden durch Flugzeuglärm vertrieben oder von den Garimpeiros selbst gejagt.

Neben Gold befinden sich im Gebiet der Yanomami noch weitere begehrte Rohstoffe, wie Zinn und Uran. Neue Konflikte sind also vorprogrammiert.

Unterstützung für die Yanomami

M5 Rüdiger Nehbergs Protestfahrt über den Atlantik

Das Land der Yanomami ist gesetzlich geschützt. Landrechte und die Ausübung ihrer Lebensweise sind garantiert. Doch die Wirklichkeit sieht oft anders aus. Um auf sich und ihre Rechte aufmerksam zu machen, benötigen die Yanomami Unterstützer. Einer von ihnen war Rüdiger Nehberg, ein Abenteurer, der sich viele Jahren für die Yanomami einsetzte und die Organisation TARGET-Rüdiger Nehberg gründete.

Im Jahr 2000 segelte er 2000 Seemeilen auf einem 17 Meter langen Baumstamm innerhalb von 43 Tagen nach Brasilien (M5). Mit dieser Aktion wollte Rüdiger Nehberg auf die Situation der Indigenen im Amazonasgebiet aufmerksam machen. Ziel der Organisation ist es, die Rechte der Indigenen zu schützen, um ihnen weiterhin ein unabhängiges Leben im tropischen Regenwald zu ermöglichen.

  🎬 **Film**

WES-113332-027

M6 Illegaler Goldabbau im Gebiet der Yanomami

Aufgaben

1 Suche mithilfe von M2 das Gebiet der Yanomami im Atlas. Nenne den Kontinent, auf dem das Gebiet liegt.

2 Beschreibe die Lebensweise der Yanomami.

3 Erkläre mithilfe des Textes und M3 die Begriffe Brandrodung und Wanderfeldbau.

4 Erkläre den Satz: „Die Yanomami gehen schonend mit der Natur um." ↗ S. 161

5 Etwa 10 000 Yanomami leben auf einem Gebiet, das so groß ist wie Österreich. Informiere dich, wie viele Einwohner Österreich hat. Könnte der Regenwald auch so viele Yanomami versorgen?

6 Erläutere Probleme, die sich für die Yanomami ergeben, wenn Eindringlinge in ihren Lebensraum vorstoßen.

7 Informiere dich im Internet über die Arbeit der Organisation TARGET-Rüdiger Nehberg (siehe Extra-Kasten).

Der tropische Regenwald – weltweit in Gefahr

Unmittelbare Ursachen für die Zerstörung des Regenwaldes

Die Regenwälder gehören zu den wertvollsten Naturreserven auf unserem Planeten. In Millionen von Jahren entwickelte sich hier eine erstaunliche Vielfalt an Lebensformen. Der tropische Regenwald erfüllt aus diesen Gründen eine Vielzahl an Funktionen (vgl. M2).

Doch seit Jahrzehnten nimmt seine Fläche immer mehr ab. Durch großflächige Brandrodung wird im Tropenwald Land für die anschließende Nutzung durch Plantagen- und Viehwirtschaft gewonnen. Ölpalmen werden für die Produktion z. B. von Bio-Energie angebaut. Plantagenprodukte wie Bananen und Soja wachsen fast ausschließlich für den Export. Die Schaffung von Weideflächen, um Rindfleisch für den Weltmarkt zu produzieren, trägt einen großen Teil zur Zerstörung bei.

Viele Menschen versuchen auch als Goldschürfer ihr Glück, sie verbrauchen große Flächen und verschmutzen den Untergrund mit Schwermetallen, die sie beim Herauswaschen des Goldes einsetzen.

Mit dem Abbau von Rohstoffen ist der Bau von Verkehrswegen und riesigen Industrieanlagen verbunden. Der große Energiebedarf dieser Anlagen wird von Wasserkraftwerken gedeckt. Dazu werden immer größere Staudämme gebaut, die großflächige Stauseen entstehen lassen. Deren Überschwemmungsgebiete gefährden den Lebensraum indigener Völker sowie bedrohter Tier- und Pflanzenarten.

Der Holzeinschlag für den Export von Tropenhölzern und zur Gewinnung von Bau- und Brennmaterial vernichtet jährlich weltweit Millionen Hektar Tropenwald; allein im Jahr 2023 waren es rund 3,74 Millionen Hektar. Das entspricht mehr als der Fläche von Baden-Württemberg (3,57 Mio. ha).

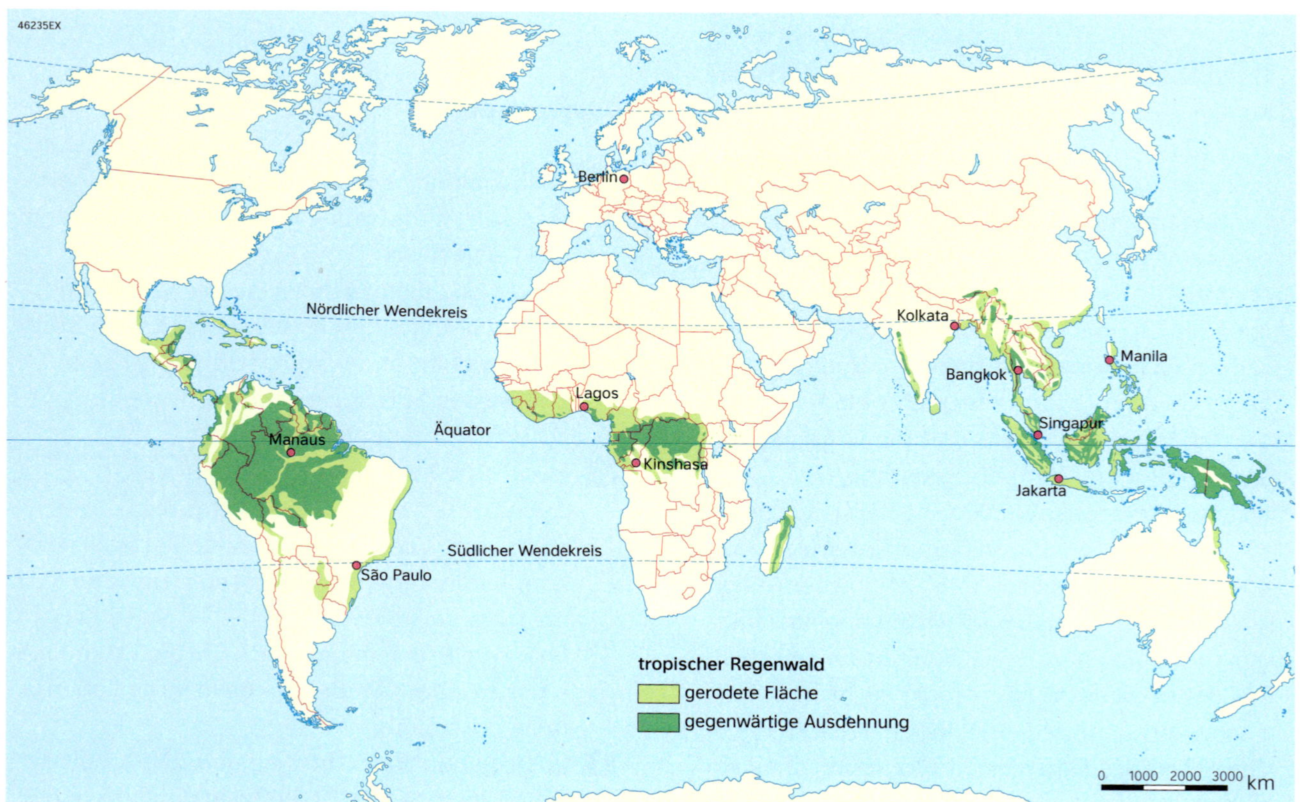

M1 Die Verbreitung des tropischen Regenwaldes und seine Zerstörung

... liefert exotische **Nahrungs- und Genussmittel** (z. B.: tropische Früchte, Kakao, Kaffee, Gewürze ...).

... liefert Wirkstoffe für lebenswichtige **Arzneimittel** (z. B.: zur Bekämpfung von Malaria, Aids, Diabetes oder Krebs).

... liefert Inhaltsstoffe für **Kosmetika** (z. B.: Öle und exotische Früchte, die als Grundstoff für Körper- und Gesichtscremes dienen).

... beherbergt die Mehrzahl aller weltweit an Land vorkommenden **Tier- und Pflanzenarten.**

... hält das globale **Klima** im Gleichgewicht.

... liefert **Rohstoffe** (z. B.: Kautschuk zur Gummierzeugung, Öl, Harze, Fasern).

25273EX_1
© Westermann

M2 „Schatztruhe" tropischer Regenwald

M3 Die „Schatztruhe" in Gefahr

Aufgaben

1 „Der tropische Regenwald – eine Schatztruhe der Natur." Begründe diese Aussage (M2).

2 Beschreibe die Zerstörung des tropischen Regenwaldes und finde Gründe dafür (M1, M3).

3 Nenne Folgen der Plünderungen der „Schatz-truhe" Regenwald.

4 „Der tropische Regenwald braucht uns in Deutschland nicht zu interessieren!" Nimm Stellung zu dieser Aussage.

■ Film

WES-113332-029

Zerstörung des Regenwaldes

Landlose Bauern brennen Regenwald nieder

Brasilien 20 Kilometer westlich von Iguaçu haben landlose Bauern illegal 25 Hektar Regenwald gerodet, um Felder anzulegen. Sie seien dazu gezwungen gewesen, um ihr Überleben zu sichern, berichteten sie unserem Reporter. Ein Rodungsverbot hilft daher wenig. Vielmehr muss die wirtschaftliche Situation der dort lebenden Menschen verbessert werden ...

Tropenholz wieder im Trend

Tansania Durch die steigende Nachfrage werden immer mehr Bäume für die Möbelproduktion geschlagen. Vermehrt kommt es zu illegalem Holzeinschlag. Vor allem Mahagoni und Teak sind beliebt, da diese Hölzer langsam verwittern. Umweltorganisationen verlangen, dass die Holzhändler auf ein Umwelt-Siegel achten, das einen umweltverträglichen Abbau garantiert ...

M1 Berichte aus der Zeitung

M2 Holzgewinnung im Regenwald

Entwaldung in den inneren Tropen

Der Regenwald Amazoniens umfasst rund 40 Prozent der Fläche Südamerikas. Es ist die weltweit größte zusammenhängende Regenwaldfläche. Jährlich werden große Teile des Tropenwaldes abgeholzt. Dieser Raubbau an der Natur gefährdet den Lebensraum der Ureinwohner, die Artenvielfalt von Pflanzen und Tieren und beschleunigt den weltweiten Klimawandel.

Die wichtigsten Verursacher der Zerstörung sind die Gewinnung von Land für Anbauflächen (z. B. Plantagen für Ölpflanzen zur Erzeugung von Bio-Treibstoffen) und vor allem der Holzeinschlag für den Export von Tropenhölzern, für Baumaterial und die Verwendung als Energieträger.

Obwohl 1992 in Rio de Janeiro die Regierungen von 178 Staaten Maßnahmen zum Schutz des tropischen Regenwaldes vereinbart hatten, wurden seitdem rund 230 Millionen Hektar Wald zerstört. Dies entspricht mehr als der sechsfachen Fläche Deutschlands.

Folgen der Abholzung

Folgen für die Umwelt: Die Rodung der tropischen Wälder kann zur unumkehrbaren Zerstörung des Ökosystems Regenwald führen (vgl. S. 24/25). Dass neuer Wald wachsen kann, wird nahezu unmöglich, da die Erosion den ungeschützten Boden wegschwemmt. So entstehen Savannen statt Regenwälder. Auch bei sorgfältig aufgeforsteten Flächen dauert es mindestens hundert Jahre, bis sich wieder ein gesunder Wald entwickelt hat.

Wirtschaftliche Folgen: Raubbau bedeutet eine Verschwendung natürlicher Rohstoffe. Dauert die Abholzung an, werden seltene Naturheilstoffe, aber auch Harze, Honig und Naturseide nicht erwirtschaftet und gehen für immer verloren.

Soziale Folgen: Die Menschen in den Tropen sind vom tropischen Regenwald als Wirtschaftsraum abhängig. Ihnen wird ihre Lebensgrundlage entzogen: Nahrungsmittel, Bau- und Brennmaterial sowie ihr Wohnraum gehen verloren. Das zwingt sie, ihre Lebensweise zu ändern oder aufzugeben.

Globale Folgen: Der Regenwald gilt als globale Klimaanlage. Die Bäume nehmen das Treibhausgas Kohlenstoffdioxid (CO_2) aus der Atmosphäre auf. Werden die Wälder gerodet, entsteht eine doppelte Belastung durch CO_2: durch die großen Brände und das Ausbleiben der Kohlenstoffaufnahme durch die Pflanzen.

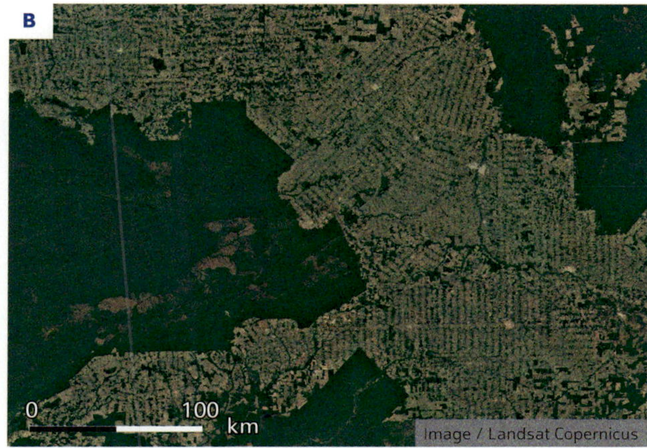

M3 Satellitenbilder zur Zerstörung in Rondônia/Brasilien: 1984 (A) und 2020 (B)

M4 Karikatur

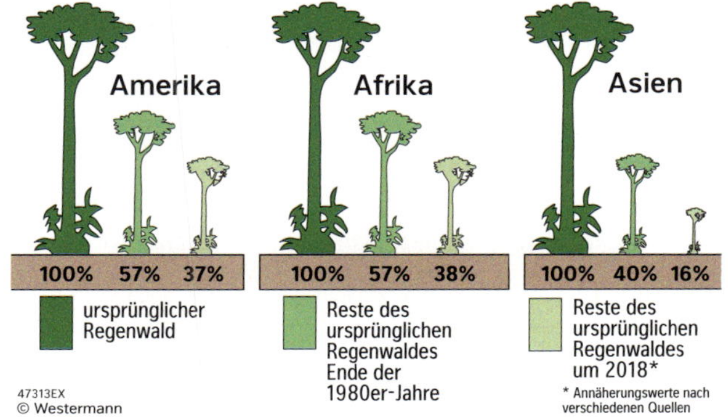

M5 Entwicklung der Regenwaldfläche

Extra

Der selektive Holzeinschlag

Um bestimmte Holzarten zu finden, müssen die Holzfäller immer weiter in den Wald eindringen. Dazu werden mit schweren Maschinen breite Schneisen für das Erschließen und den Abtransport angelegt. Nur wenige Bäume sind als sogenannte Edelhölzer nutzbar (z. B. Mahagoni). Pro Hektar werden deshalb nur ein bis drei Bäume gefällt. Doch der Fall eines einzigen Baumriesen löst eine Kettenreaktion aus: Rund 40 Prozent der Nachbarbäume werden stark beschädigt oder mitgerissen. Weitere Bäume werden zerstört, wenn riesige Bulldozer die Stämme aus den Wäldern holen.

M6 Ein Baumriese fällt …

Aufgaben

1. Vergleiche die Satellitenbilder M3 A und B. Beschreibe die Veränderungen.
2. Nenne die Ursachen der flächenhaften Rodung des Regenwaldes.
3. Erkläre das relativ hohe Ausmaß der Zerstörung durch den selektiven Holzeinschlag.
4. Stelle die Folgen der Abholzung als Mindmap übersichtlich dar. ↗ S. 161
5. Diskutiert, inwieweit ihr an der Zerstörung des Regenwaldes beteiligt seid.

Plantagen – Anbau für den Weltmarkt

M1 Palmölplantage mit Fabrikanlage in Südostasien

Die *Plantagenwirtschaft* wurde durch die Europäer eingeführt. Sie stellt eine sehr effektive Art des Anbaus von Zucker, Kakao, Ölpalmen, Bananen und Kautschuk dar, ist jedoch ökologisch problematisch. Die Pflanzen vermindern zwar die Bodenerosion, die *Monokulturen* sind jedoch sehr anfällig für Schädlingsbefall. Dieser kann häufig nur durch einen hohen Einsatz von Schädlingsbekämpfungsmitteln verhindert werden. Außerdem wird nur durch Düngemittel eine gute Ernte garantiert. Am Beispiel des Ölpalmenanbaus sollen diese Zusammenhänge dargestellt werden.

Ölpalmenanbau in den Tropen

Die Ölpalme ist mit einem Ertrag von vier bis sechs Tonnen pro Hektar und Jahr die ertragreichste Ölpflanze. Sie gewinnt immer mehr an Bedeutung, da die weltweite Nachfrage von Palmöl immer weiter steigt. Für den Anbau von Ölpalmen wird der Regenwald daher massiv gerodet. Auf den hochproduktiven *Plantagen* werden unter Einsatz billiger Arbeitskräfte Produkte für den Weltmarkt produziert (Cash Crops). Die Plantagen sind im Besitz ausländischer Firmen und kaum auf die Bedürfnisse der einheimischen Bevölkerung ausgerichtet. So fließen die Gewinne der *globalen Warenströme* überwiegend ins Ausland.

Fallbeispiel Südostasien

Mit Indonesien, Malaysia und Thailand liegen die drei weltweit führenden Erzeugerländer von Palmöl in Südostasien. Allein in Indonesien wurden im Jahr 2023 Ölpalmen auf einer Anbaufläche von 13 800 km² angebaut und über 45 Mio. Tonnen Palmöl geerntet. Sumatra, auf das heute drei Viertel aller Ölpalmen entfallen, soll zum Industriezentrum der Palmölerzeugung ausgebaut werden – mit Ölmühlen, Raffinerien, Kraftstofffabriken (Bio-Diesel) und Häfen. In Malaysia wurden im Jahr 2023 rund 19 Mio. Tonnen Palmöl geerntet, in Thailand über 3 Mio. Tonnen.

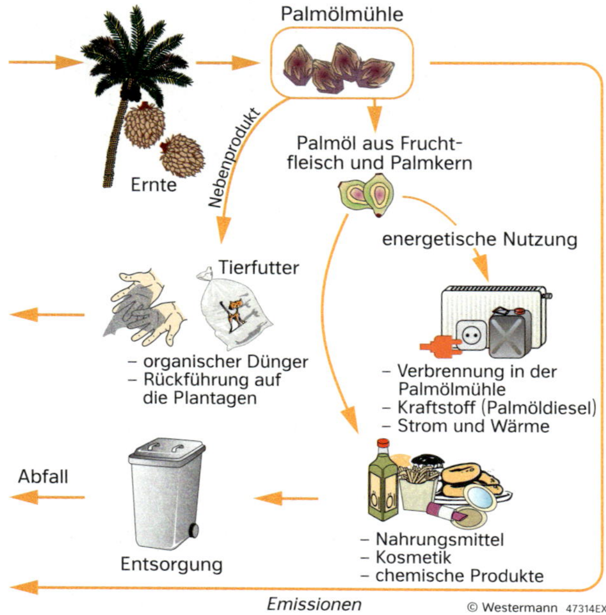

M2 Produktkette Palmöl

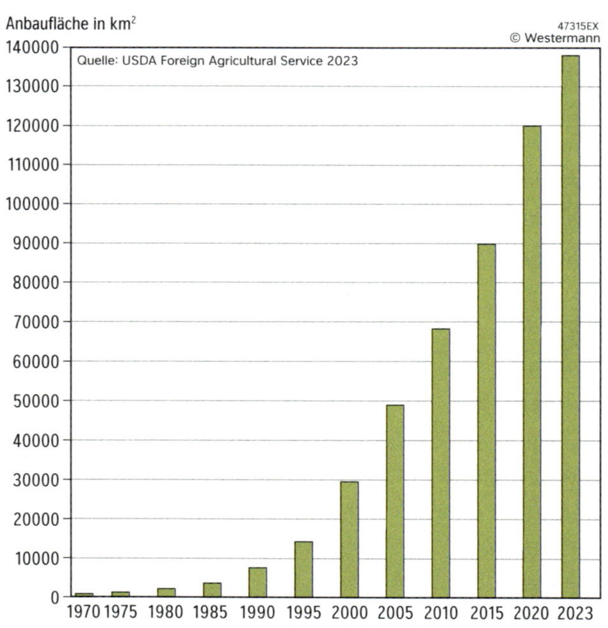

M3 Anbaufläche für Ölpalmen in Indonesien

Juan erzählt:

Vor zwei Jahren bin ich aus den Philippinen nach Indonesien ausgewandert, weil ich wusste, dass ich dort Arbeit finde. Hier auf der Palmölplantage kann ich arbeiten, wenn auch nur für wenig Lohn. Viele Einheimische sind in die Städte abgewandert, da sie im Tourismus mehr verdienen. Allerdings kann ich mir von dem bisschen Geld keine eigene Wohnung leisten. Mit fünf anderen Arbeitern teile ich mir eine Hütte in der Nähe der Plantage. Die Arbeitsbedingungen sind hart. Das Ernten der Früchte in diesem schwülwarmen Klima ist ein Knochenjob. Eine Krankenversicherung oder Urlaub gibt es nicht. Also versuche ich, so weiterzumachen. Letztes Jahr wollten wir zwar eine Gewerkschaft gründen und für bessere Bedingungen kämpfen, aber der Plantagenbesitzer drohte, uns in die Philippinen zurückzuschicken. Dort sind die Zukunftsaussichten noch schlechter.

M4 Ein Plantagenarbeiter

Amil erzählt:

Natürlich weiß ich, dass die Arbeitsbedingungen auf der Plantage nicht die besten sind, aber ich muss auf die Wirtschaftlichkeit meines Unternehmens achten. Die Preise auf dem Weltmarkt decken kaum meine Betriebskosten. Große Maschinen müssen angeschafft, die ausgelaugten Böden gedüngt und die Pflanzen gegen Schädlinge gespritzt werden. Das alles kostet sehr viel Geld. Obwohl wir einer der größten Arbeitgeber in diesem Gebiet sind, müssen wir die Löhne niedrig halten.
Ein weiteres Problem für uns ist die zunehmende Anzahl an Umweltschutzgesetzen. Mittlerweile gibt es verschiedene Auflagen, sodass wir nicht mehr so viel düngen und spritzen dürfen, weil das Grundwasser und die Flüsse darunter leiden. Dadurch verringert sich unser Ertrag und wir müssen die Produktionsfläche immer weiter vergrößern.

M6 Ein Plantagenmanager

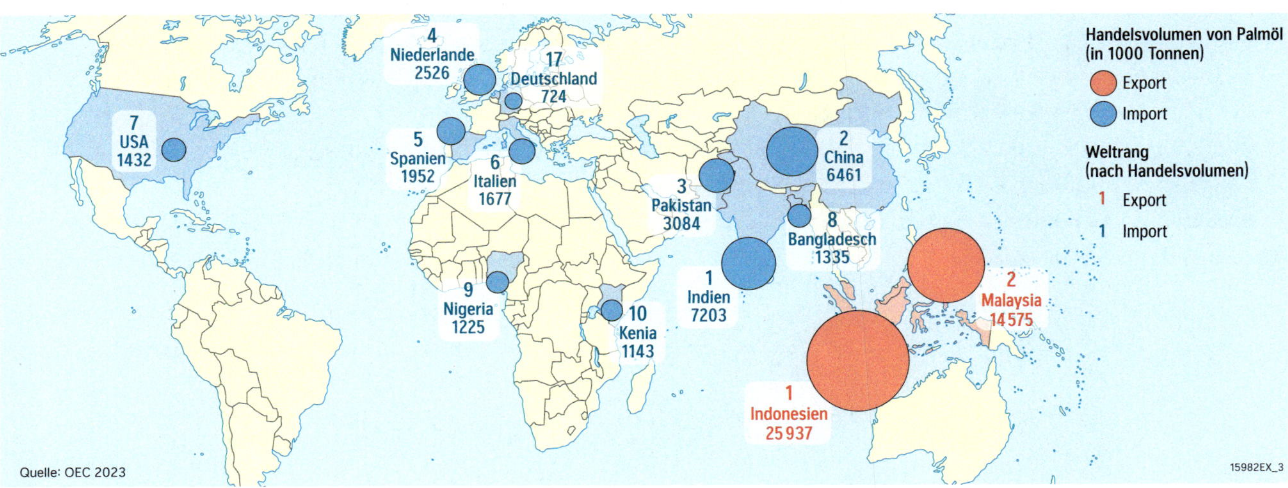

M5 Welthandel (Export/Import) von Palmöl 2020

Aufgaben

1. Erkläre den Begriff Plantagenwirtschaft und nenne typische Anbaugebiete und -pflanzen.
2. Nenne Produkte, in denen Palmöl enthalten ist und finde welche aus deinem Alltag. ↗ S. 161
3. Diskutiert die Besitzverhältnisse in Südostasien. Nutzt dazu die Berichte M4 und M6 und hinterfragt unsere Rolle als Verbraucherinnen und Verbraucher.
4. Recherchiere im Internet die Bedeutung des Ölpalmenanbaus für die malaysische Landwirtschaft. Versuche auch, die zeitliche Entwicklung anschaulich darzustellen.

Film

WES-113332-033

Woher kommt unsere Schokolade?

Miro erzählt:

Ich bin zwölf Jahre alt und arbeite auf einer Kakaoplantage. Jeden Morgen werde ich um kurz nach 6:00 Uhr mit einem Jeep zu Hause abgeholt und auf die Plantage gebracht. Dort muss ich dann den ganzen Tag Kakaofrüchte aufsammeln, die ältere Kinder zuvor von den Bäumen abgeschlagen haben. Obwohl wir unter den Bäumen im Schatten arbeiten, ist es heiß und schwül und ich werde schnell müde, doch Pausen dürfen wir nur zu bestimmten Zeiten machen. Die aufgesammelten Früchte schleppen wir in Säcken zu einem Sammelplatz. Sie sind so schwer, dass ich sie kaum tragen kann. Dort werden die Früchte geöffnet, um die Bohnen herauszulösen, aus denen später Schokolade hergestellt wird. Die Arbeit ist sehr anstrengend, doch meine vier Geschwister und ich müssen mithelfen, damit meine Familie genügend Geld zum Leben hat. Eigentlich würde ich lieber auf eine Schule gehen, um Lesen und Schreiben zu lernen. Mein größter Wunsch ist es, einen Beruf zu erlernen. Schließlich soll es meine Familie später einmal besser haben.

M1 Von der Arbeit auf einer Kakaoplantage in Kamerun

M2 Schmeckt die Schokolade allen?

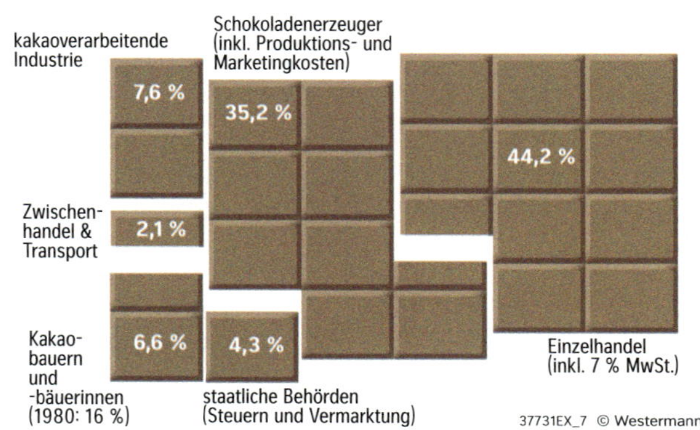

M4 Verteilung der Verkaufserlöse an einer Tafel Schokolade

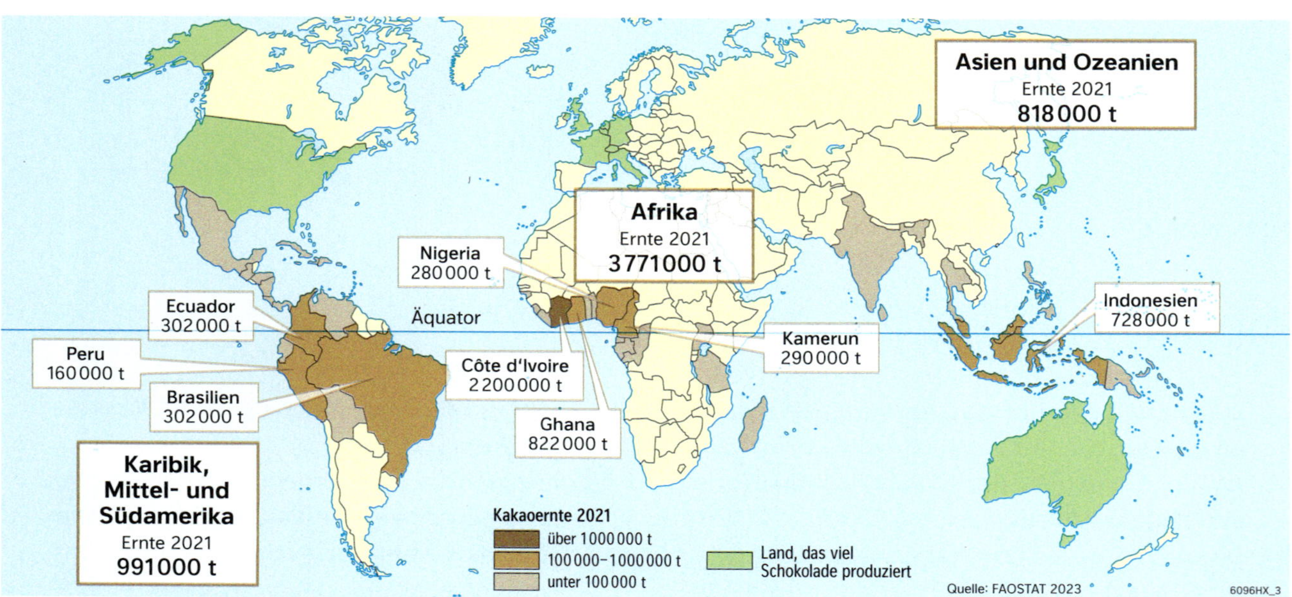

M3 Erntemengen wichtiger Anbauländer von Kakaobohnen (2021)

b Ein Kakaobaum benötigt Temperaturen von etwa 26 °C und Niederschläge von 1500 mm bis 2000 mm im Jahr. Für den Anbau kommen deshalb nur tropische Gebiete beiderseits des Äquators infrage. Da der Kakaobaum keine direkte Sonneneinstrahlung verträgt, wird er zwischen anderen Pflanzen, zum Beispiel Bananen, gepflanzt, die ihn beschatten.

e Es gibt zwei Ernten im Jahr, die erste reicht von Oktober bis Januar, die zweite (die Nebenernte) ist in den Monaten Juni und Juli. Die direkt am Stamm wachsenden Früchte werden mit Äxten oder Macheten abgeschlagen. Da die Ernte nur vom Boden aus erfolgen kann, werden die meist 15 m hohen Bäume auf 5 m gestutzt.

1 

4 

2 

3 

f Nach der Ernte werden die Kakaofrüchte auf einen Sammelplatz gebracht und geöffnet. Eine Frucht enthält 25 – 50 Samenkerne, eingebettet in ein weißes, weiches Fruchtfleisch. Dieses Fruchtfleisch wird beim Herausnehmen der Kerne weitgehend entfernt.

a Um das restliche Fruchtfleisch zu entfernen, werden die Kakaobohnen auf Bananenblätter gelegt und zugedeckt. Durch die dabei entstehende Wärme beginnt das Fruchtfleisch zu gären. Man nennt diesen Vorgang auch Fermentierung. Die Bohnen erhalten dabei ihre braune Farbe; es bilden sich die ersten Ansätze des Kakaoaromas.

c Nach dem Fermentieren werden die Bohnen gewaschen, auf Trockenböden ausgebreitet und in der Sonne schonend getrocknet. Dabei bildet sich das Aroma weiter aus.

6 

5 

d Nun wird die Qualität der Kakaobohnen bestimmt, bevor die Kakaobohnen in Jutesäcke verpackt und in den Ausfuhrhäfen auf Schiffe verladen werden. Abnehmer des Rohkakaos sind die Schokoladenhersteller.

M5 Vom Kakaobaum zum Rohkakao

Aufgaben

1 Vergleiche Miros Alltag mit deinem hinsichtlich Familie, Freizeit, Schule und Zukunft. Diskutiert eure Ergebnisse und bewertet Unterschiede.

2 Hast du selbst schon für einen Lohn gearbeitet? Berichte von deinen Erfahrungen und über die Verwendung des verdienten Geldes.

3 Werte M4 aus. Erkläre die Verteilung der Verkaufserlöse. Überprüfe sie auf Gerechtigkeit.

4 Vom Kakaobaum zum Rohkakao: Bringe die Texte a – f in die richtige Reihenfolge und ordne danach die entsprechenden Fotos 1 – 6 zu (M5).

5 Finde Möglichkeiten, wie den Produzenten geholfen werden könnte, und benenne konkrete Maßnahmen vor Ort und bei uns.

Fairer Handel – faire Preise: ein Schulprojekt

Erster Schritt

Vorbereitung

Auf der Website www.fairtrade-deutschland.de sind vielfältige Informationen über *Fairen Handel* und Fairtrade-Produkte zu finden. Bearbeite mithilfe der Website die folgenden Aufgaben:

1. Erstelle eine ABC-Liste mit Fairtrade-Produkten, die in Supermärkten oder Weltläden angeboten werden.
2. Erläutere die Kriterien des Fairen Handels (vgl. dazu auch M4, S. 34).
3. Informiert euch über die verschiedenen Fairtrade-Siegel.
4. Informiert euch über die Herkunftsländer und Produktionsbedingungen der jeweiligen Fairtrade-Produkte.

M1 Fairtrade-Produkte

Nun habt ihr euch bereits in das Thema eingearbeitet und könnt überlegen, in welche Richtung euer Projekt gehen soll. Wollt ihr in eurer Schule über Fairtrade-Produkte informieren und evtl. sogar welche verkaufen? In Zusammenarbeit zum Beispiel mit einem Weltladen in eurer Nähe oder in Eigenregie sollte dies möglich sein. Befinden sich unter euch kreative Schülerinnen und Schüler, die Werbung für Fairtrade-Produkte entwerfen können? Interessant wäre vielleicht auch eine Umfrage über den Bekanntheits- und Beliebtheitsgrad von Fairtrade-Produkten. Sicher habt ihr noch viele weitere Ideen.

Besprecht eure Überlegungen und Ideen in der Klasse und entscheidet gemeinsam, wer welches Projekt umsetzen möchte. Bildet Gruppen und beginnt mit der Feinplanung.

Zweiter Schritt

Durchführung

Legt gemeinsam eure Ziele fest und fixiert diese. Das hilft euch, das Ziel nicht aus den Augen zu verlieren. Verteilt die Aufgaben nach Interessen und Fähigkeiten. Dokumentiert eure Arbeit. Dazu ist auch ein kurzes Interview mit euch selbst sinnvoll. Beantwortet Fragen wie z. B. Was erwarte ich persönlich von dem Projekt? Was möchte ich erreichen? Welche Stärken kann ich einbringen? Habe ich Bedenken? Das Interview könnt ihr schriftlich festhalten oder mit eurem Smartphone aufnehmen. Während der Durchführungsphase muss die Projektleiterin oder der Projektleiter darauf achten, dass sich die Teams regelmäßig treffen und austauschen. So können sich alle Beteiligten einen Überblick über den Stand der Dinge verschaffen und organisatorische oder inhaltliche Probleme neu festlegen. Außerdem werden an dieser Stelle gemeinsam die nächsten Schritte geplant und die Ziele bestätigt oder geändert. Solche Fixpunkte sind notwendig, damit euer Projekt ein Erfolg werden kann.

M2 Verkauf fair gehandelter Produkte als Schulprojekt

Dritter Schritt

Präsentation

Überlegt gemeinsam, wie ihr die Ergebnisse eures Projekts präsentieren möchtet. Dazu bieten sich Stellwände in der Schule an, aber auch ein Artikel auf der Homepage eurer Schule wäre denkbar. Oder ihr erstellt eine PowerPoint-Präsentation und haltet Vorträge für Parallelklassen, Eltern oder Interessierte. Ihr werdet sicher eine Variante finden, die gut zu euch passt.

Vierter Schritt

Reflexion

Überlegt zunächst für euch selbst, wie das Projekt gelaufen ist.
– Habt ihr eure Ziele erreicht?
– Konntet ihr euch gut einbringen?
– Wie lief die Arbeit in den Gruppen?
– Was hätte besser laufen können?

Dabei ist es sinnvoll, eure Erwartungen zu Beginn des Projektes noch einmal in Augenschein zu nehmen und zu prüfen, inwiefern sich diese bestätigt haben. Anschließend solltet ihr euch in euren Gruppen austauschen und eure Arbeit gemeinsam reflektieren. Mithilfe einer Reflexionszielscheibe (M3), bei der jeder (verdeckt) Klebepunkte in die einzelnen Bereiche klebt, kann zum Beispiel ein Eindruck zum Verlauf oder Erfolg des Projektes gewonnen werden. Je näher der Punkt in der Mitte platziert ist, desto positiver wird der Bereich gewertet. Das entstandene Bild wird anschließend gemeinsam besprochen:
– Wo gibt es Übereinstimmungen oder Unterschiede?
– Was ist gut verlaufen, was muss in zukünftigen Projekten verbessert werden?

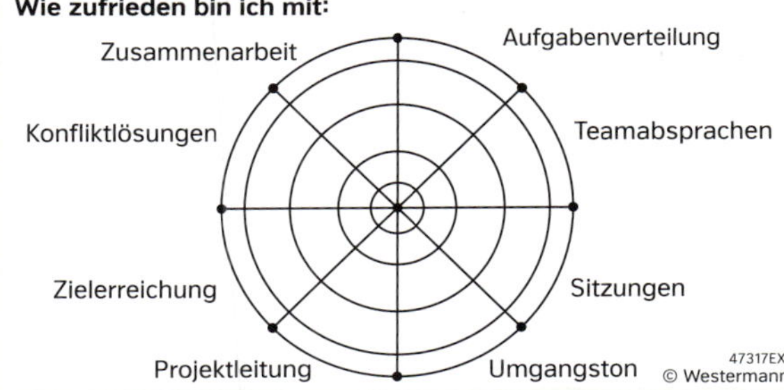

M3 Reflexionszielscheibe

Aktiv

Wir werden eine Fairtrade-Schule

Seit 2012 können sich Schulen um den Titel „Fairtrade-School" bewerben. Die Kampagne bietet den Schülerinnen und Schülerin die Möglichkeit, über ihr Verhalten als *Konsumenten* und die Rolle der *Produzenten* nachzudenken, sich für Fairen Handel und nachhaltigen Konsum einzusetzen und ihr Engagement sichtbar zu machen.

Um mit dazuzugehören, müsst ihr
– ein Fairtrade-Schulteam gründen, das die Aktionen organisiert,
– einen Fairtrade-Kompass erstellen, mit dem die Ziele und Aktivitäten festgehalten werden,
– an eurer Schule fair gehandelte Produkte verkaufen und verzehren,
– Fairen Handel im Unterricht thematisieren,
– Schulaktionen zum Fairen Handel durchführen.

M4 Logo der Kampagne „Fairtrade Schools"

Weitere Infos gibt es im Internet auf der Seite von www.fairtrade-schools.de von Fairtrade Deutschland e.V.

Tropische Produkte bei uns in der Küche

Um die Aufforderung: „Geh doch hin, wo der Pfeffer wächst!" zu befolgen, müsste man in die Nähe des Äquators, also in die Tropen, reisen.

Wenn wir Pfeffer jedoch zum Würzen unserer Speisen verwenden, reicht ein Gang in unsere Küche. Pfeffer ist das wichtigste und zugleich älteste bekannte Gewürz der Welt. Es wird aus dem Pfefferkorn, der Frucht des Pfefferstrauches, hergestellt. Pfefferkörner werden unreif und grün geerntet. Getrocknet liefern sie schwarzen Pfeffer. Um weißen Pfeffer zu erhalten, werden rote, reife Körner in Wasser eingeweicht und von der äußeren Hülle befreit.

M2 Pfeffer

A
Dieses Gewürz stammt von einem Baum, der auf Sri Lanka beheimatet ist. Von jungen Zweigen dieses Baumes wird die Rinde abgeschält und verarbeitet. Bei der Verarbeitung rollen sich die Rindenstücke zu Stangen auf und können bereits zum Würzen verwendet werden. Werden die Stangen gemahlen, erhält man ein feines Pulver. Dieses wird zum Verfeinern zahlreicher Süßspeisen verwendet. Die Hauptanbaugebiete des Gewürzes befinden sich heute in Südostasien und Brasilien.

1

2

B
Dieses Gewürz gibt einem bekannten mexikanischen Gericht nicht nur seinen Namen, sondern auch seine beißende Schärfe. Spanier brachten die getrockneten Früchte aus Südamerika nach Europa, weshalb sie zunächst als „Spanischer Pfeffer" bezeichnet wurden. Der Strauch ist recht anspruchslos und wächst heute daher in allen warmen Gebieten der Erde.

C
Bei diesem Gewürz handelt es sich um die Frucht einer Orchidee, weshalb sie auch „Königin der Gewürze" genannt wird. Umgangssprachlich wird sie fälschlicherweise oft als Schote bezeichnet. Bereits die Völker der Azteken und Maya verwendeten dieses Gewürz, die Spanier brachten es schließlich nach Europa. Mit dem Gewürz, das heute vor allem auf Madagaskar und Indonesien angebaut wird, verfeinert man z. B. Süßspeisen.

3

M1 Eine Auswahl tropischer Gewürze

Aufgaben

1 Welche tropischen Gewürze sind gesucht? Was gehört zusammen? Ordne den Fotos 1 – 3 die entsprechenden Texte A – C zu (M1).

2 Recherchiere zu weiteren tropischen Produkten. Umschreibe diese ähnlich wie in den Texten M1 und lass deine Mitschülerinnen und Mitschüler die Produkte erraten. ↗ S. 161

Der tropische Regenwald bei uns

Obwohl die Welt der Tropen uns meist exotisch und unerreichbar erscheint, finden wir viele Produkte des Regenwaldes in unseren Geschäften. Aus vielen Lebensbereichen unseres Alltags sind sie nicht mehr wegzudenken. Lebensmittel, Medizin und Kosmetik, Zimmerpflanzen, Holzprodukte, Haustiere und vieles mehr aus den Tropen bereichern wie selbstverständlich unser Leben.

Die folgenden Beispiele geben dir Hinweise für eine Erkundung:

M1 Verkaufsstand mit tropischen Früchten

Beispiel 1

Holzhandlung

Erkundige dich bei einem Händler, welche tropischen Hölzer bei uns verkauft werden, wofür sie verwendet werden und welche besonderen Eigenschaften sie haben. Untersuche, ob in deiner Umgebung Tropenhölzer zu finden sind.

Beispiel 2

Apotheke

Medizin und Kosmetik enthalten häufig Wirkstoffe aus den Tropen. Informiere dich über Produkte aus dem Regenwald. Frage nach der Wirkung. Überlege anschließend, welche Mittel du selbst schon verwendet hast.

Beispiel 3

Pflanzengeschäft

Es ist überraschend, wie viele Pflanzen aus den Tropen in unseren Wohnungen zu finden sind. Frage in einem Fachgeschäft nach Pflanzen, die ursprünglich aus den Tropen kommen. Werden sie von dort eingeführt oder hier gezüchtet?

Beispiel 4

Zoohandlung

Viele Menschen haben ihre Freude an Aquarien oder Terrarien und halten darin Lebewesen, die eigentlich in den Tropen beheimatet sind. Überlege, wo in deiner Umgebung Lebewesen aus den Tropen leben.

Beispiel 5

Supermarkt

Informiere dich über Produkte aus den Tropen. Untersuche Angebote für Gemüse, Obst, aber auch Konserven, Getränke und Gewürze auf ihre Herkunft. Erstelle eine Liste. Welche Produkte konsumierst du selbst?

Checkliste für die Erkundungen:

– Artikel / Name:
– Preis:
– Herkunft:
– Hilft bei? (bezogen auf Medizin- / Kosmetikprodukte)
– Selbst schon gekauft / gebraucht / gesehen?
– Sonstiges:

M2 Checkliste

Aufgaben

1. Untersuche einzelne Produkte (Beispiele 1–5) genauer. Verwende auch die Checkliste (M2).
2. Stelle die Vielfalt der Alltagsprodukte aus den tropischen Regenwäldern auf einer Wandzeitung dar und präsentiere dein Ergebnis.
3. Beantworte folgende Fragen:
   a) Welchen Nutzen haben wir von der Vielfalt des Regenwaldes?
   b) Hat unser Konsumverhalten Auswirkungen auf die Regenwälder und deren Bedrohung?

Rettet den Regenwald!

M1 Karikatur

M2 Von einem Kongress zur Aufforstung des Regenwaldes

M3 Ökotourismus – Regenwaldexkursion

Mögliche Rettungsmaßnahmen für den Regenwald

Inzwischen gibt es vielfältige Maßnahmen zur Rettung des Regenwaldes. Es geht dabei nicht nur darum, bestehende Waldflächen zu erhalten, sondern auch, gerodete Flächen wieder aufzuforsten. *Nachhaltigkeit* gilt dabei als Leitprinzip des Handelns:

Eine behutsame und nachhaltige Nutzung des Regenwaldes ist z. B. die Einrichtung von Nationalparks mit nachhaltigem Regenwaldtourismus als Wirtschaftsgrundlage. Als weiterer Schritt sind verstärkte Kontrollen bei den zumeist illegalen Fällungen notwendig. Beim nachhaltigen Umgang mit dem Regenwald kommt der landwirtschaftlichen Nutzung eine besondere Bedeutung zu. Hoffnung auf eine grüne Zukunft gibt auch die Tatsache, dass ein Hektar Regenwald pro Jahr Produkte wie Früchte, Öle, Samen, Fasern, Wachse, Farben, Honig liefert, die den Ertrag durch reine Holz- und Forstwirtschaft um 100 Prozent übertreffen. Ein Beispiel nachhaltiger landwirtschaftlicher Produktion ist das sogenannte Ecofarming, das zugleich Ackerbau, Tierhaltung und Holzgewinnung miteinander verbindet (siehe Extra-Seite 41).

Der Erhalt der Wälder hängt auch davon ab, ob die Bauern gerechter bezahlt werden können und wieder mehr Verantwortung für das eigene Stück Land tragen dürfen.

Aufgaben

1 Werte die Karikatur M1 aus und gib ihr eine Überschrift. ↗ S. 161
2 Nenne Möglichkeiten einer nachhaltigen Nutzung und des Schutzes der inneren Tropen.
3 Du bist auf dem Kongress zur Aufforstung des Regenwaldes in Québec (vgl. M2). Bereite eine Stellungnahme dazu vor, warum Bäume so wichtig sind.
4 Die Veränderung der Besitzverhältnisse kann auch zur Rettung des Regenwaldes beitragen. Nenne Schwierigkeiten, die auftreten könnten.

Ecofarming im tropischen Regenwald

Nachhaltigen landwirtschaftlichen Nutzungsformen kommt eine große Bedeutung zu. Ecofarming ahmt das Ökosystem des tropischen Regenwaldes nach. Es ist ein System, das zugleich Ackerbau, Tierhaltung und Holzgewinnung ermöglicht. Außerdem können Sträucher und Pflanzen wachsen, die zusätzliche Stoffe liefern.

Der Anbau der Nutzpflanzen – hierzu zählen z. B. Zierpflanzen, Gewürznelken, Kokosnüsse, Ananas und Bambus – erfolgt in den verschiedenen Etagen des Stockwerkbaus. Dabei kann Ecofarming zwar ohne größeren Kapitalaufwand erfolgen, doch der Arbeitsaufwand ist zunächst beträchtlich. Terrassen und Teiche müssen angelegt und Bäume und Sträucher gepflanzt werden. Das Verfahren ist den Bauern unbekannt und das nötige Know-how muss durch staatliche Projekte oder Entwicklungszusammenarbeit vermittelt werden.

Doch der Aufwand lohnt sich: Die Gärten liefern fast alle Beilagen, die neben dem Grundnahrungsmittel Reis für die Mahlzeiten benötigt werden. Sie produzieren Heilpflanzen, Futter für die Tiere, Bauholz, Fasern und Blätter zur Herstellung von Matten, Hütten und Geräten sowie Produkte zum Verkauf.

M2 Dieser Betrieb auf Dominica (Kleine Antillen) verbindet Ananasanbau mit selektiver Holzwirtschaft im umliegenden Regenwald.

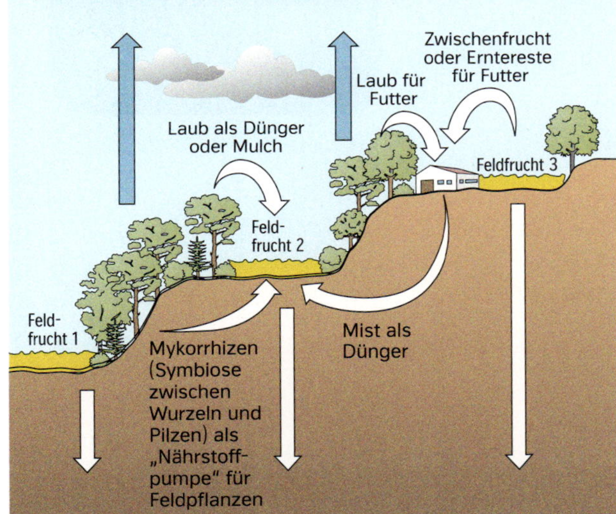

M1 Ecofarming

Aufgaben

1. Beschreibe das System des Ecofarmings und liste dessen Vorteile auf.
2. Erkläre, warum sich Ecofarming trotz des hohen Aufwandes lohnen kann.

Ein besonderer Wald

Kannst du schon

– benennen, in welchen Kontinenten der tropische Regenwald vorkommt? (S. 22)
– erklären, worin der Unterschied zwischen einem Tageszeiten- und einem Jahreszeitenklima besteht? (S. 23)

Kontinent/ Region	Anteil in Prozent
Afrika	28
Asien	18
Nord- und Mittelamerika	5
Südamerika	48
andere Regionen	1

Zeig, was du kannst

1 Zeichne nach der Tabelle oben ein Kreisdiagramm zur Verteilung der tropischen Regenwälder auf der Erde.

2 Werte die beiden Klimadiagramme M1 und M2 aus. Beantworte dabei folgende Fragen:
 – Wie hoch ist die Durchschnittstemperatur?
 – Welches ist der kälteste, welches der wärmste Monat?
 – Wie viel Niederschlag fällt im Jahr?
 – Welches ist der niederschlagsreichste, welches der niederschlagsärmste Monat?

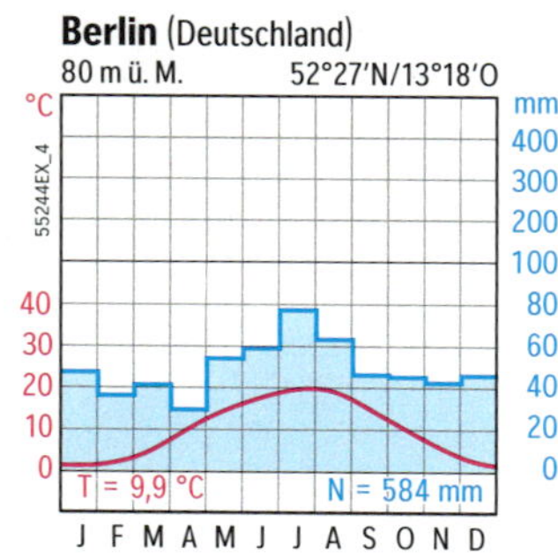

M1 Klimadiagramm Berlin

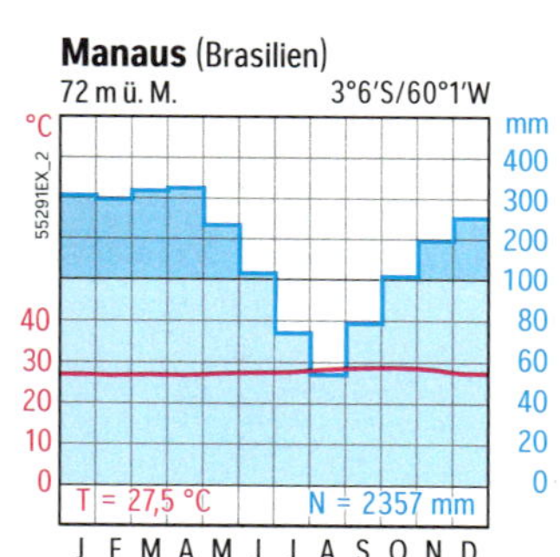

M2 Klimadiagramm Manaus

Weltweite Bedeutung des tropischen Regenwaldes

Kannst du schon

– beschreiben, warum Klima, Boden, Wasser und Vegetation zusammen für die Lebensgemeinschaft im tropischen Regenwald eine wichtige Rolle spielen? (S. 24/25)

Zeig, was du kannst

4 Beschreibe die Karikatur (M4) und notiere die Zusammenhänge, auf die der Zeichner hinweisen möchte.

M4 Karikatur

Ein sensibles Ökosystem

Kannst du schon

– erläutern, warum Brandrodung und Wanderfeldbau der Yanomami ein Leben im Einklang mit der Natur ermöglichen? (S. 26/27)

Zeig, was du kannst

3 Beschreibe, wie die Yanomami den Regenwald nutzen und gleichzeitig durch ihre Lebensweise schonen und erhalten.

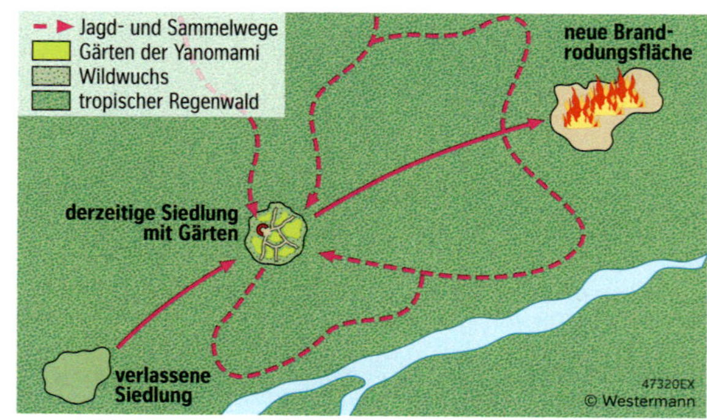

M3 Brandrodung und Wanderfeldbau der Yanomami

Zerstörung des tropischen Regenwaldes

Kannst du schon

– benennen, wodurch der Regenwald bedroht ist? (S. 28/29)
– erklären, warum der tropische Regenwald auch als „Schatztruhe" bezeichnet wird? (S. 29)
– das Ausmaß der Zerstörung des Regenwaldes darstellen? (S. 30/31)

Zeig, was du kannst

5 Begründe, wie und weshalb der Mensch den tropischen Regenwald vernichtet.
6 Nenne mindestens fünf Produkte, die der tropische Regenwald liefert.
7 Zeichne aus M5, Seite 31 zu einem Kontinent drei Kreisdiagramme, die die Entwicklung der Zerstörung zeigen.

Plantagen – Anbau für den Weltmarkt

Kannst du schon

– erklären, was eine Plantage ist?
– die Folgen der Produktion von Cash Crops für den Weltmarkt und die ansässige Bevölkerung beschreiben? (S. 32/33)

Zeig, was du kannst

8 Zeichne das Plantagen-Rätsel M5 in dein Heft ab und löse es (beachte: Ö = OE, Ü = UE). Wie heißt das Lösungswort?

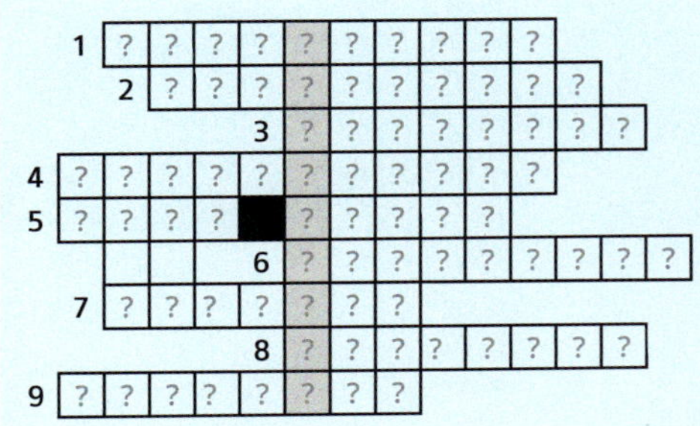

1 Nebenprodukt aus Palmöl
2 In Plantagen wird nur eine Pflanzenart angebaut.
3 Anbaupflanze zur Gewinnung von Palmöl
4 Die Plantagenwirtschaft zerstört den Regenwald und trägt dazu bei.
5 Nahrungsmittel für den Export heißen so, weil sie viel Geld bringen
6 Seine Flächen werden für die Anlage von Plantagen gerodet.
7 Produkt der Ölpalme
8 Neben dem Fruchtfleisch wird er ebenfalls zu Palmöl verarbeitet.
9 Neben Indonesien der größte Palmölproduzent der Welt

Lösung: ? ? ? ? ▪ ? ? ? ? ?

M5 Plantagen-Rätsel

Rettet den Regenwald!

Kannst du schon

– Maßnahmen zur Rettung des Regenwaldes nennen und beschreiben? (S. 40/41)
– ein Aufforstungsprojekt erklären? (S. 40/41)

Zeig, was du kannst

9 Gestaltet in Gruppenarbeit einen Reiseprospekt oder ein Werbeplakat über eine Regenwaldexkursion zum Thema „Nachhaltigkeit". Wichtige Begriffe sind: Ökotourismus, Zerstörung des Regenwaldes, Aufforstung, Nachhaltigkeit, faszinierende Pflanzen- und Tiervielfalt, Regenwald bei uns

Fachbegriffe

– Brandrodung, Fairer Handel, globale Warenströme, Indigene, Konsument, Mineralstoffkreislauf, Monokultur, Nachhaltigkeit, Ökosystem, Plantage, Plantagenwirtschaft, Produzent, SDGs, Selbstversorger, Stockwerkbau, Tageszeitenklima, tropischer Regenwald, Wanderfeldbau, Wasserkreislauf

3

Leben in Trockenräumen

In diesem Kapitel lernst du …
… die unterschiedlichen Savannenformen und Wüstenarten kennen. Du erfährst, wie diese Landschaften entstanden sind und wie die Menschen sie nutzen, aber auch gefährden.

In den Savannen

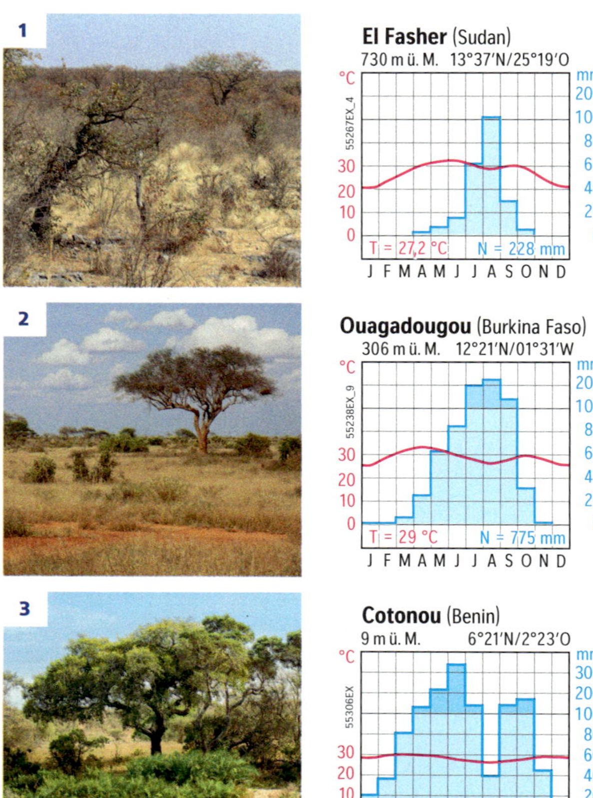

M1 Savanne zur Trockenzeit (A) und Regenzeit (B)

M2 Das Klima prägt die Savannen.

Unbarmherzig brennt die Sonne vom wolkenlosen Himmel. Das Thermometer zeigt 35 bis 40 °C im Schatten. Seit Wochen ist kein Tropfen Regen gefallen. Die Luft flimmert über den gelben, verdorrten Gräsern. Die Bäume haben ihr Laub abgeworfen und sehen wie abgestorben aus. Immer heißer werden die Tage, immer mehr füllt sich die Luft mit Staub. Täglich ballen sich riesige Haufenwolken zusammen, zerstreuen sich aber wieder. Alles wartet …

Schlagartig setzt ein gewaltiger Sturm ein und treibt Sand und Staub vor sich her. Schon bald prasselt der Regen, begleitet von einem gewaltigen Gewitter, mit solch einer Menge hernieder, dass sich schnell auf den Wegen und Plätzen kleine Seen und Bäche bilden. Durch die eben noch trockenen Flussbette wälzen sich schlammige Fluten.

In den nächsten Wochen entladen sich fast täglich heftige Gewitter.

Schon bald sprießt das Gras, und das Land ist mit einem frischen Grün überzogen. Auch die Bäume erhalten frische Blätter. Das Leben erwacht.

Savannen – Mangel und Überfluss

Die Landschaften zwischen den tropischen Regenwäldern und den Wüsten im Bereich der Wendekreise werden als *Savannen* bezeichnet. Savanne bedeutet „weite Ebene". Savannen sind geprägt von relativ hohen Jahresdurchschnittstemperaturen.

Hier entscheidet nicht die Jahreszeit über die Wachstumszeit von Pflanzen, sondern *Regenzeit* und *Trockenzeit*. Typisch sind daher Gräser, Büsche und vereinzelte Bäume. Ursache für die Trocken- und Regenzeiten ist der Passatkreislauf (S. 48/49), der die Menge der Niederschläge bestimmt.

Man unterscheidet *Feucht-*, *Trocken-* und *Dornsavanne*. Die Savannen können je nach Dauer der Trockenzeit und der Niederschlagsmenge unterschiedlich durch die Menschen und Tiere genutzt werden.

Wenn der Niederschlag 6 – 12 Monate höher ausfällt als die Verdunstung, ist das Klima *humid*, fällt er geringer aus, ist das Klima *arid*.

schule.diercke.de | 100852-099-05, 100852-178-01, 100852-178-02

a Vegetation: offene Landschaft mit parkartigem Baumbestand; bis zu 6 m hohes Elefantengras; Bäume behalten auch während der Trockenzeit ihre Blätter

b Dornsavanne

c Trockenzeit: 5 – 7,5 Monate
Niederschläge: 500 – 1000 mm

d Trockenzeit: 7,5 – 10 Monate
Niederschläge: 250 – 500 mm

e Landwirtschaft: hohe Niederschläge ermöglichen zwei Ernten im Jahr; Anbau von Hirse, Mais, Soja und Maniok zur Selbstversorgung, Erdnüsse und Baumwolle für die Ausfuhr; wegen der Tsetsefliegen kaum Großviehhaltung

f Vegetation: oft undurchdringliches Dorngestrüpp; nur etwa 25 cm hohes Gras, das den Boden nicht vollständig bedeckt; Pflanzen weisen Verdunstungsschutz auf (z. B. Verdickung der Rinde, Blätter mit Wachsüberzug) oder können in Stämmen (Flaschenbaum), Blättern (Agaven) oder Wurzeln Wasser speichern; schirmförmige Baumkronen

g Feuchtsavanne

h Trockensavanne

i Trockenzeit: 2,5 – 5 Monate
Niederschläge: 1000 – 1500 mm

j Landwirtschaft: aufgrund geringer Niederschläge nur Viehzucht durch Nomaden

k Vegetation: brusthohes Gras, Bäume werfen Laub ab und wachsen im Abstand von 10 – 25 m; Blätter bilden eine Schirmkrone, die den Boden beschattet und Austrocknung verhindert; typisch sind Schirmakazien, Affenbrot- und andere Flaschenbäume, die in ihren dicken Stämmen viel Wasser speichern können; die Ufer der nicht ganzjährig wasserführenden Flüsse sind mit dichten Baumstreifen (Galeriewäldern) gesäumt

l Landwirtschaft: Ackerbau (nur eine Ernte möglich), Viehzucht durch die Tsetsefliegen behindert

M3 Steckbriefe der Savannen

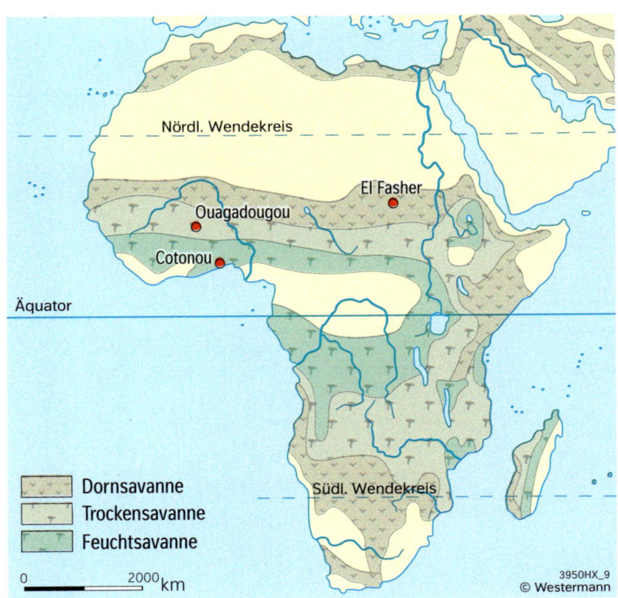

M4 Savannen in Afrika

Film
WES-113332-047

Aufgaben

1. Nenne afrikanische Staaten, die alle drei Savannenarten aufweisen (Atlas). ↗ S. 161
2. Ermittle Gebiete außerhalb Afrikas, die von Savannen bedeckt sind (Atlas).
3. Ordne die Klimadiagramme mit den Fotos (M2) den jeweils passenden Steckbriefen der drei Savannenarten a – l (M3) zu.
4. Erstelle eine Übersicht über die Savannenarten in Form einer Tabelle. ↗ S. 161
5. a) Erkläre die Begriffe arides Klima und humides Klima mit eigenen Worten.
   b) Ordne arides und humides Klima den verschiedenen Savannenarten zu.
6. Beschreibe, wie die Situation vor dem Regen und nach dem Regen in den Savannen ist.
7. Erläutere, wie sich die Pflanzen auf die jeweiligen Klimagegebenheiten einstellen.

Regenzeit auf Wanderschaft

Im Bereich des Äquators, also der inneren Tropen, ist es eigentlich immer feucht. Daher nennt man sie auch „immerfeuchte Tropen". Die Savannen dagegen liegen in den äußeren Tropen. Sie sind durch den Wechsel von Regen- und Trockenzeiten geprägt. Sie heißen daher „wechselfeuchte Tropen", Savannen (siehe S. 46/47). Für die Entstehung dieser Klimazonen ist der *Passatkreislauf* verantwortlich.

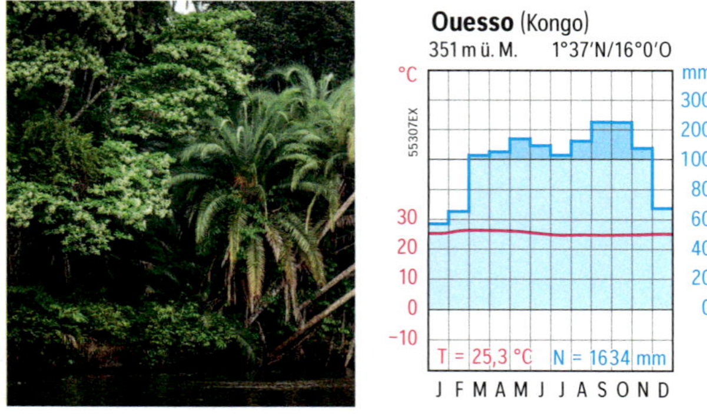

M1 Am Wendekreis

M4 Am Äquator

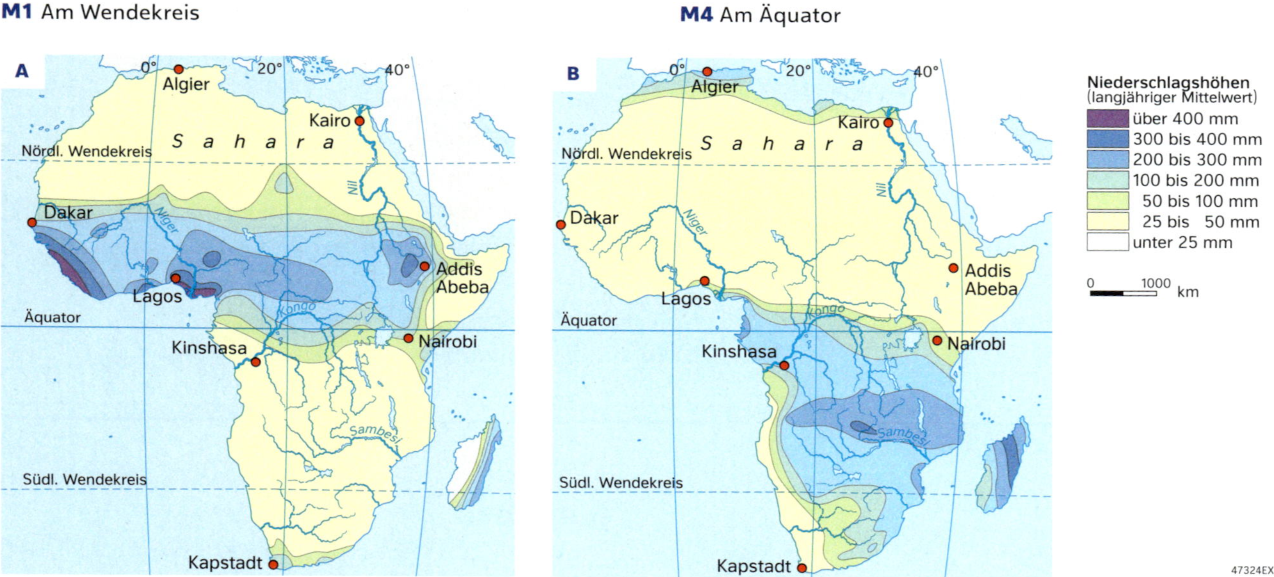

M2 Niederschläge im Januar (A) und Juli (B) im Vergleich

Verlagerung des Passatkreislaufes im Jahresverlauf

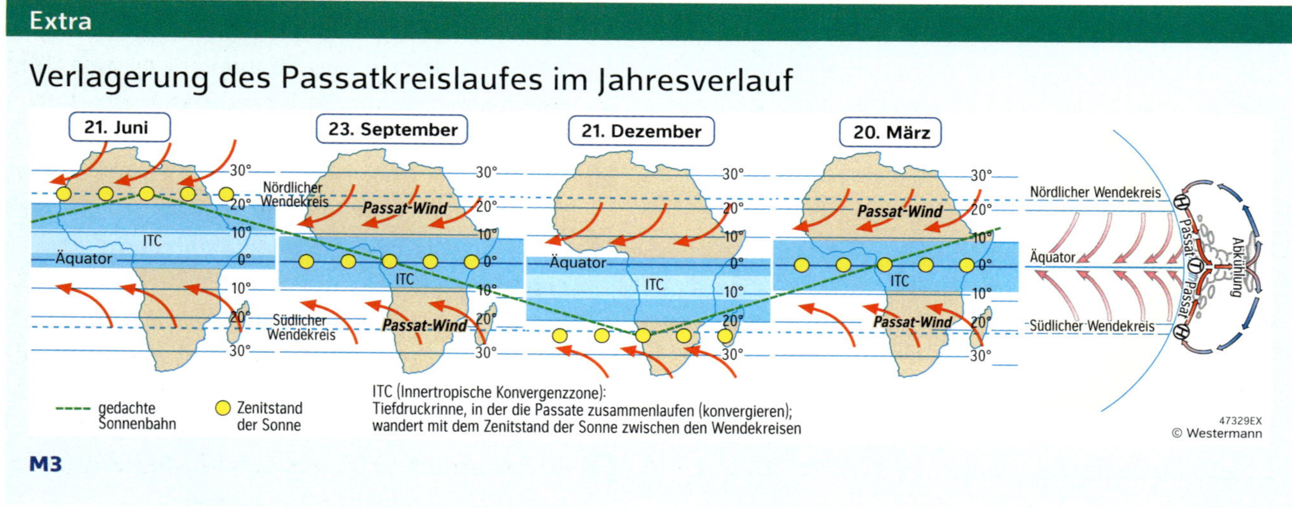

M3

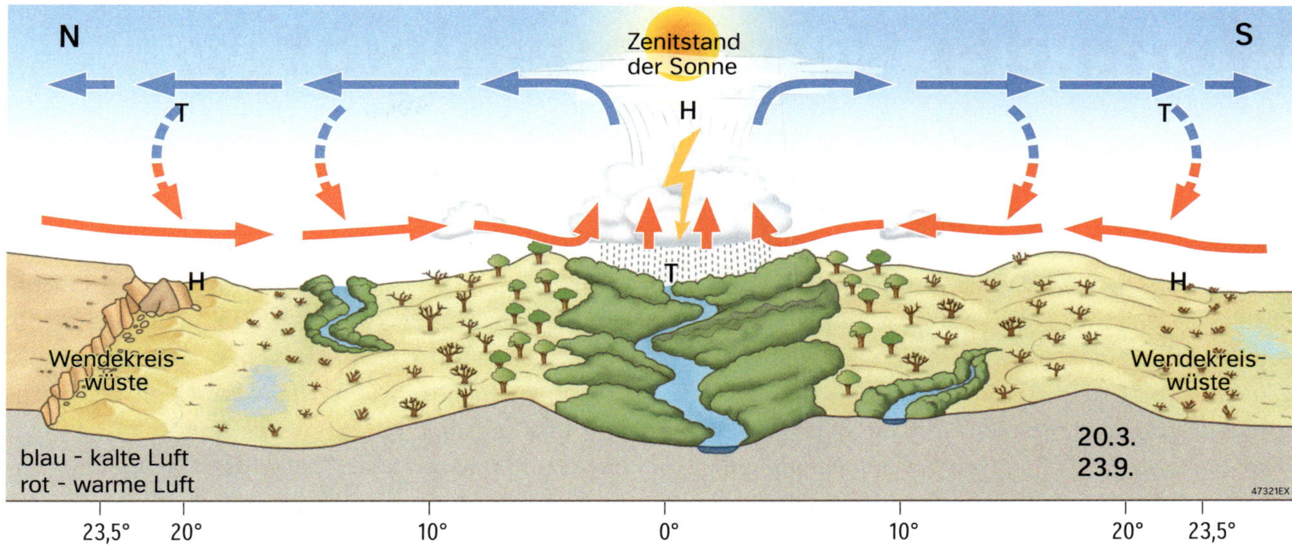

M5 Der Passatkreislauf im Profil

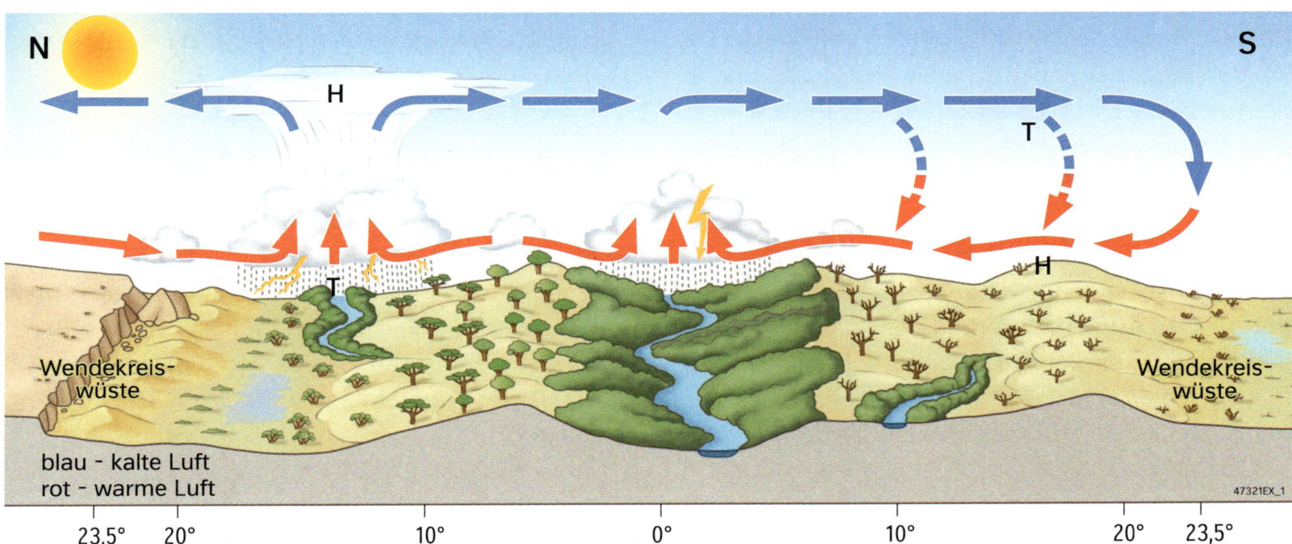

M6 Jahreszeitliche Verlagerung des Passatkreislaufes im Profil

Wie entsteht der Passatkreislauf?

Durch die Schrägstellung der Erdachse pendelt der Zenitstand der Sonne zwischen den Wendekreisen hin und her (M5, M6). Dort, wo die Sonne im *Zenit* steht, wird die Luft stärker erwärmt und steigt auf. Am Boden entsteht ein Tiefdruckgebiet und in der Höhe ein Hochdruckgebiet (M5). Während des Aufstiegs kühlt sich die Luft ab. Sie kann weniger Wasserdampf aufnehmen. Es bilden sich Wolken und es kommt zum *Zenitalregen*. In 10 – 15 km Höhe strömt die Luft in Richtung Norden und Süden auseinander. Erst im Bereich der Wendekreise (23,5°) sinkt sie wieder nach unten, erwärmt sich und die Wolken lösen sich auf. Durch die absteigende Luft entsteht am Boden ein Hochdruckbereich. Dort liegen die *Wendekreiswüsten*. Von den Wendekreisen strömt die Luft als trockene, warme Passatwinde wieder zum Äquator zurück. Dieser Kreislauf ist der Passatkreislauf.

Aufgaben

1. Beschreibe den Passatkreislauf (M5).
2. Man unterscheidet immerfeuchte und wechselfeuchte Tropen. Erkläre.
3. „Die Sonne lässt den Regen wandern." Erkläre.
4. Erkläre, mit welchem Wetter man auf einer Reise von Kapstadt über Nairobi nach Addis Abeba im Januar und Juli rechnen muss. ↗ S. 161
5. Erläutere die Aussage: „Beim Zenitalregen gehen sogar die Vögel zu Fuß."

Film
WES-113332-049

Wenn der Regen ausbleibt

Die Landnutzung in der Dorn- und Trockensavanne ist durch den Wechsel von Trockenzeiten und Regenzeiten eingeschränkt.

Die nördlich gelegene Dornsavanne ist stark dürregefährdet, da immer wieder über mehrere Jahre die Niederschläge in ausreichender Menge ausbleiben. Dieses Gebiet gehört zur *Sahelzone*, dem Übergangsraum von den Savannen zur Wüste Sahara (Karte M1). In dieser Zone leben fünf Millionen Viehzüchter mit ihren Kamelen, Schafen, Ziegen und Rindern. Ihre Viehherden können aber nur dann überleben, wenn sie genügend Wasser und Weideland haben. Daher ziehen die Viehzüchter mit ihren Herden Hunderte von Kilometern von Weide zu Weide. In der Regenzeit sind sie im Norden und in der Trockenzeit im Süden der Sahelzone. Diese Form wird *Wanderweidewirtschaft* genannt. Die Menschen sind *Nomaden*.

Landwirtschaft mit Hindernissen

Aufgrund der seltenen Niederschläge ist im Norden der Sahelzone kaum Ackerbau möglich. Aber weiter südlich trifft man auf Ackerbauern. Natürlich darf man sich die Felder nicht so vorstellen wie bei uns. In der Trockenzeit erinnert die Landschaft eher an eine Wüste. Es gibt kaum Bäume, nur trockene Sträucher und hier und da gelbes Gras. Nur während der kurzen Regenzeit zwischen Juni und September wachsen auf den Feldern Hirse und andere Pflanzen. Sorge bereitet den Bauern der mangelnde Regen. In manchen Jahren fällt er gar nicht und die Felder vertrocknen. In diesen Zeiten haben auch die Viehzüchter große Probleme. Ihre Tiere finden kaum mehr Gras und Wasser. Viele Tiere verenden und beschädigen auf der Suche nach Nahrung die Felder der Ackerbauern. Regnet es nach langer Zeit wieder, sind die Regenfälle oft so stark, dass der trockene Boden das Wasser nicht aufnehmen kann. Das Wasser läuft ab und schwemmt zusätzlich den fruchtbaren Boden aus.

M1 Sahelzone – Abgrenzung und Vegetationszonen

schule.diercke.de | 100852-098-04, 100852-106-01

M2 Die Sahelzone fordert Opfer.

M5 Feldarbeit in der Sahelzone

M3 Viehzüchter an einer Wasserstelle

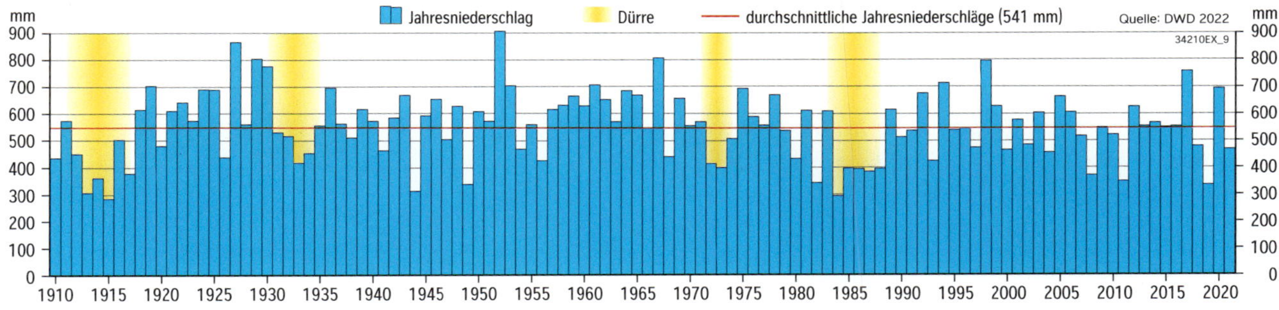

M4 Jahresniederschläge in Niamey (Niger)

Aufgaben

1 a) Erkläre den Namen „Sahelzone".
 b) Notiere mithilfe der Karte M1 die Vegetationszonen im Sahel.

2 Nenne die Länder mit Anteil an der Sahelzone. Benenne auch die Namen der Hauptstädte.

3 Die traditionellen Wirtschaftsformen der Bauern und Viehzüchter waren der Natur angepasst. Erläutere.

4 a) Beschreibe die Niederschlagsverhältnisse in der Sahelzone (M4).
 b) Notiere Gefahren, die den Menschen und den Tieren drohen.

5 Erläutere, warum die Sahelzone ein klimatischer Risikoraum ist und was bei seiner Nutzung daher nicht vergessen werden darf.

Film

WES-113332-051

Wie viele Menschen verträgt der Sahel?

M1 Wüsten breiten sich aus – auch im Tschad.

Solange nicht zu viele Menschen in der Sahelzone lebten, konnten Ackerbauern und Viehzüchter gut überleben. Immer schon kam es durch ausbleibende Niederschläge zu Dürren. Doch die Menschen hatten sich an diese schwierigen Bedingungen angepasst.

Seit einigen Jahrzehnten jedoch haben sich die Lebensbedingungen verschlechtert. Flächen werden zunehmend zu Wüstengebieten.
Dieser als *Desertifikation* bezeichnete Vorgang nimmt zu. Die Gründe dafür sind vielfältig.

Imat erzählt:

Früher bewirtschafteten wir ein Feld fünf Jahre lang. Dann war der Boden erschöpft und wir zogen weiter. Auf den verlassenen Feldern wuchsen wieder Büsche und Gräser. Erst nach 20 bis 25 Jahren wurde dieselbe Fläche nochmals gerodet. Der Boden hatte Zeit, sich zu erholen.
Durch die gestiegene Bevölkerungsanzahl werden jedoch immer mehr Nahrungsmittel gebraucht. Um aber genug Nahrung anbauen zu können, müssen wir die Felder öfter roden. Durch die kürzere Erholungszeit des Bodens verringern sich allerdings die Erträge, weil der Boden ausgelaugt ist. Außerdem brauchen wir mehr Holz als Brennstoff und Baumaterial. Auf dem ausgelaugten Boden wachsen kaum noch Pflanzen. Aufgrund der häufigen Rodungen und des schlechten Pflanzenbewuchses ist der Boden ungeschützt und kann leicht vom Wind abgetragen werden. Zurück bleibt karger Wüstenboden. Wie soll es weitergehen? Wie soll ich meine Familie ernähren?

M2 Ein Ackerbauer

M3 Die Wüste wächst – Ursachen und Folgen

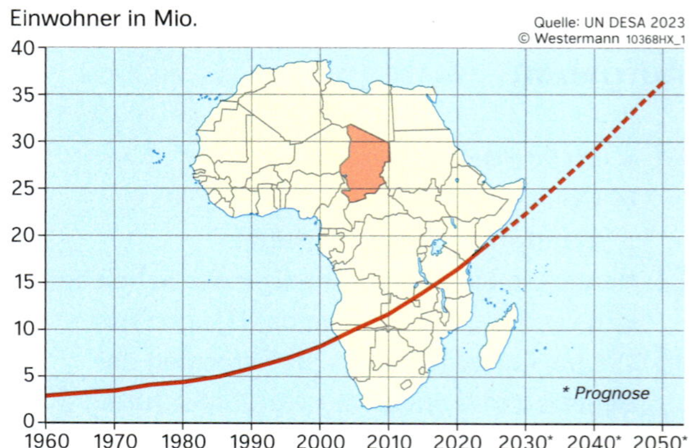

M4 Bevölkerungsentwicklung im Tschad

Sahli erzählt:

Damit wir unser immer größer werdendes Dorf besser versorgen können, haben Entwicklungshelfer Tiefbrunnen gebohrt. So konnte auch ich meine Herde vergrößern. Heute habe ich eine stattliche Viehherde von 20 Kamelen, 30 Rindern, 30 Ziegen und 20 Schafen.

Das verschafft mir Ansehen, Reichtum und größere Sicherheit bei einer Dürreperiode. Früher war das nicht möglich. Es wurde von den Stammesältesten festgelegt, wie viele Tiere jeder halten durfte, da das Wasser knapp war. Sorgen machen uns nur die Weiden. Die vielen Tiere zertreten das Gras so stark, dass es nicht mehr nachwachsen kann. Sie fressen sogar Bäume kahl. Die Entwicklungshelfer nennen das *Überweidung*.

Viele Pflanzen sind auch einfach verdorrt. Sie erreichen mit ihren Wurzeln kein Wasser mehr, denn durch die Tiefbrunnen wurde das Grundwasser abgesenkt. So geht uns immer mehr Weideland verloren.

Wie soll meine Familie überleben? Was soll ich denn tun? Es bleibt mir nichts anderes übrig, als noch weitere Wege zu gehen.

M5 Ein Viehzüchter

M7 Viehherde an einer Wasserstelle

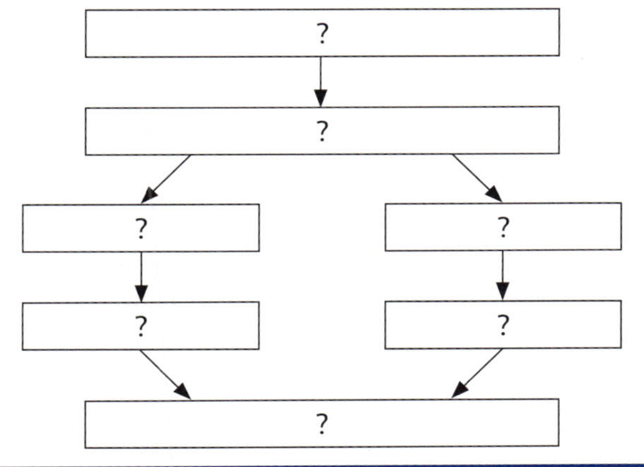

M8 Flussdiagramm

Absenken des Grundwasserspiegels

Bau von Tiefbrunnen

Überweidung

Pflanzen verdorren

Anwachsen der Viehherden

Bevölkerungswachstum

Aus Weideland wird Wüste

M6 Begriffe für das Flussdiagramm

Aufgaben

1. Zeichne M3 in dein Heft und ergänze das Diagramm mit den unterstrichenen Begriffen aus Imats Erzählung (M2).
2. Erarbeite die Ursachen und Folgen aus M3 anhand Imats Erzählung. Formuliere ganze Sätze in deinem Heft. ↗ S. 161
3. Beschreibe die Entwicklung der Bevölkerung im Tschad seit 1960 (M4). ↗ S. 161
4. Übertrage das Flussdiagramm M8 in dein Heft und setze die richtigen Begriffe aus M6 ein.
5. Formuliere, so wie in Aufgabe 2, zu dem Flussdiagramm ganze Sätze.
6. „Die Sicherung der Ernährung ist für die Menschen im Sahel schwierig." Begründe.
7. „Menschen machen Wüsten." Erkläre die Aussage des Satzes mithilfe der Materialien.

 **▣ Film**

WES-113332-053

Kampf gegen die Wüste

Durch die zunehmend häufiger und stärker auftretenden Dürren verschärft sich die Lebenssituation der Menschen in der Sahelzone. Über Ländergrenzen hinweg versucht man daher mit Maßnahmen, gegen die Wüstenausbreitung anzukämpfen und die Desertifikation zu verlangsamen.

Eine Journalistin aus Burkina Faso berichtet:

Burkina Faso ist ein armes Land. Morgens und abends ziehen Karawanen von Eselskarren die Straßen entlang. Sie bringen Feuerholz in die Hauptstadt Ouagadougou. Vor dreißig Jahren soll die Hügelkette im Norden von Burkina Faso von Wäldern bedeckt gewesen sein. Heute sind die Hänge kahl. Das Roden des Waldes, das Feuer zur Rodung neuer Felder und schließlich die Herden, die den kleinsten grünen Trieb abfressen, allen voran die Ziegen, haben die Hügelkette nackt und braun werden lassen. Die Wüste kommt immer näher.

M1 Lässt sich die Wüste aufhalten?

M2 Auslöser und Folgen von Desertifikation

Aufgaben

1. Beschreibe die Bilder M2 A – C und erkläre das Problem, das entsteht.
2. Ordne die angedachten Maßnahmen (Bilder 1 – 5) den entsprechenden Texten a – e zu (M3).
3. Informiere dich über die Wirkungsweise eines Solarkochers. Wie ist dieser einsetzbar?
4. Beurteile die Maßnahmen (vgl. Aufgabe 2) und deren Wirkungsweise (Warum hilft es?) mit eigenen Worten. Erstelle hierzu eine Tabelle.
5. Die „Grüne Mauer" besteht aus Pflanzen. Erläutere, warum die Menschen keine Betonmauer errichten.
6. Entwickle eigene Ideen und Maßnahmen, wie den Menschen im Sahel geholfen werden kann. ↗ S. 161

schule.diercke.de | 100852-182-01"""

a Die „Grüne Mauer"

Seit 2005 wird quer durch den Sahel an einem 7000 km langen und 5 bis 15 km breiten Streifen angepflanzter Bäume gearbeitet. Die Pflanzen halten den Boden fest und die Winde können nicht mehr so leicht den Boden ausblasen. Die Wüste soll dadurch aufgehalten werden.

b Neue Dächer für die Häuser

Seit einigen Jahren wird im Sahel der Bau von traditionellen nubischen Gewölbedächern angeboten. Grundbaumaterial ist Lehm, das im Sahel häufig vorkommt. Die Dächer schaffen im Gebäude ein gesundes Raumklima. Kostbares Holz als Dachmaterial fällt kaum noch an. Auch die teuren Blechdächer müssen nicht mehr angeschafft werden.

c Steindämme und Halbmonddämme

Um die Abtragung (Erosion) der fruchtbaren Bodenschicht durch Wind und Starkregen zu verringern, werden niedrige Steinwälle parallel zur Hangneigung errichtet. Somit wird das Wasser besser aufgehalten und fruchtbarer Boden wird nicht weggespült.

d Energiesparen beim Kochen

Um den Holzverbrauch beim Kochen zu reduzieren, wurde der Drei-Steine-Herd entwickelt. Der Topf steht dabei auf einem Ring aus Lehm, der nur an einer Seite offen ist. So geht weniger Hitze verloren und es wird weniger Brennholz verbraucht.
Sehr modern ist der Solarkocher. Durch die Ausrichtung auf die Sonne wird die Hitze auf den Topf in der Mitte gelenkt. So kann das Essen durch Sonnenkraft gegart werden.

e Agroforstwirtschaft

Diese Form der Bewirtschaftung verbindet Vieh- und Landwirtschaft sinnvoll mit der Holznutzung. Die einheimische Akazie spielt dabei eine wichtige Rolle. Der Akazienbaum wirkt gezielt als Schattenspender, hält den Boden fest und holt Wasser mit seinen tiefen Wurzeln an die Oberfläche. Davon profitieren die Anbaupflanzen und die Gräser, die auf den Viehweiden genutzt werden.

M3 Maßnahmen gegen die Wüstenausbreitung

Film

WES-113332-055

Eine Fahrt durch die Wüste

Jonas und Hannah wollen nach ihrer Lehre einen Traum verwirklichen.

Eine Fahrt durch die *Wüste* Sahara mit einem umgebauten Geländewagen. Für dieses nicht ungefährliche Abenteuer ist jedoch eine sorgfältige Planung unverzichtbar.

Seit Jahren sparten sie schon für ein geeignetes Fahrzeug, das sie günstig erwerben konnten. Dieses versahen sie mit einigen nützlichen Extras, um es wüstentauglich zu machen. Aus Fachzeitschriften und dem Internet haben sie sich Informationen über die Wegstrecke, die notwendige Ausrüstung und Verpflegung beschafft.

Mit ihrem Fahrzeug durchquerten sie zunächst halb Europa, um von Sizilien aus nach Tunis überzusetzen. Dann konnte die Reise in die Wüste Sahara losgehen.

- Sonnenschutz (Creme …)
- Bekleidung (angepasst an Hitze und Kälte)
- Hygieneartikel
- Schlafsack
- neue Autoreifen, Ersatzräder …
- Wasserkanister, Dieselreserve …
- Sandbleche, Ersatzteile …
- Erste-Hilfe-Ausrüstung (Medikamente, Gegengifte)
- Funkgerät, Navigationsgerät, Batterien …
- Straßenkarten, Kompass …
- Wörterbuch …
- Lebensmittelvorräte
- …

M2 Checkliste für Reisen durch die Wüste

„… Am zweiten Tag verlassen wir die Küstenstraße von Tunis nach Sfax. Der Wüstenboden ist von einer Salzkruste bedeckt. Die Piste dürfen wir hier nicht verlassen, damit das Auto nicht in die Salzkruste einbricht. Da würde auch kein Allradantrieb mehr nutzen! Aufgrund der hohen Temperaturen und der geringen Luftfeuchtigkeit wird der Durst unerträglich. Sechs bis acht Liter Wasser trinken wir täglich und nehmen dazu auch noch Salztabletten ein. Ob unser Wasservorrat reicht? Die nächste Wasserstelle in Ghat erreichen wir erst in zehn Tagen …

… Reichen unsere Lebensmittel und unser Dieselvorrat? Wir sind für diese Etappe schon länger unterwegs als geplant. Unser Jeep quält sich über die großen Steine. Immer wieder müssen wir Felsen ausweichen, die auf der Strecke liegen. Schon zweimal haben wir einen platten Reifen auswechseln müssen. Die Radlager machen so eine Strecke auch nicht mehr lange mit …

… Im Süden sehen wir das Tibesti-Gebirge. In dieser Nacht wird es besonders kalt. Die Sonne ist bereits vor einiger Zeit untergegangen. Vier Grad Celsius sind es gerade noch …

… 400 km sind es nun noch bis Al-Jawf, dann waren wir auf dieser Etappe 1500 km unterwegs …

… Wir durchqueren die Libysche Wüste. Zunächst ging es ziemlich rasch auf den Kiespisten vorwärts. Doch dann: Sand, Sand und nochmals Sand. Jetzt sind die Klappspaten und Sandbleche von großem Nutzen für uns! Nicht nur einmal sitzen wir in einem feinen weißen Treibsand fest …

… Heute sehen wir am Mittag am Horizont einen blauen Streifen. Der Nasser-Stausee! In Assuan werden wir eine längere Rast einlegen. Wir haben es geschafft! Die Weiterreise den Nil entlang bis nach Alexandria ist nun ein Kinderspiel.“

M1 Aus dem Reisebericht von Jonas und Hannah

M3 Physische Karte Nordafrikas mit der Abgrenzung der Sahara

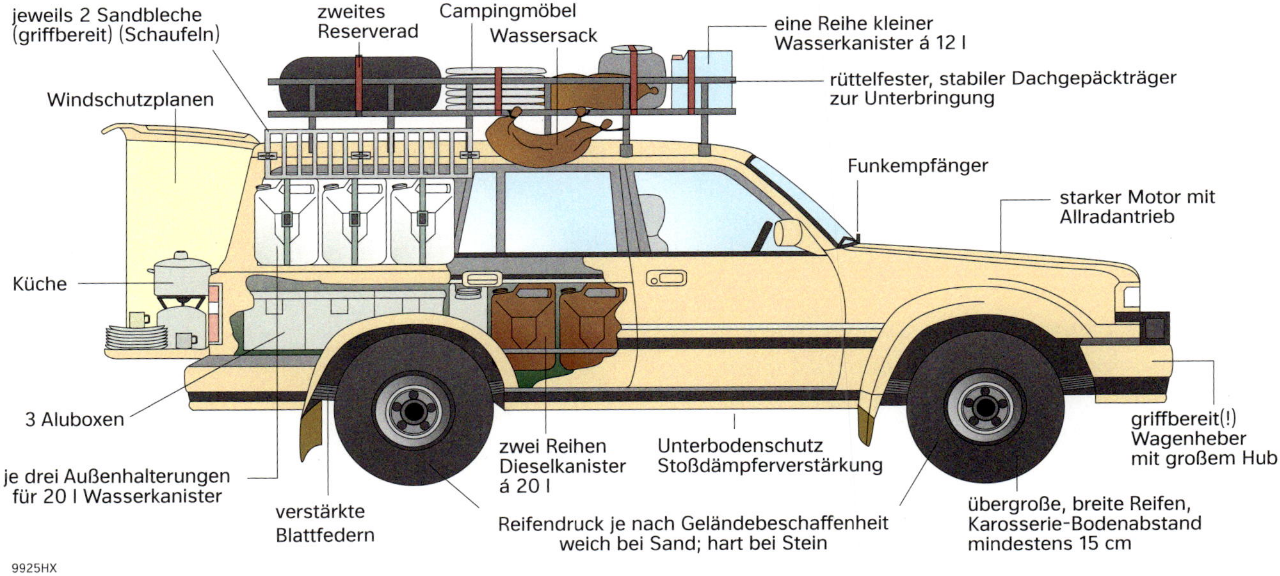

M4 Wüstenjeep für zwei Personen, für 3000 Kilometer und für 14 Tage ohne Wassernachschub

Aufgaben

1 **a)** Lies den Reisebericht M1 und beschreibe mithilfe von M3 die Strecke, die Jonas und Hannah ab Tunis gefahren sind.
b) Notiere dir die typischen Merkmale von Wüsten anhand des Reiseberichts.

2 **a)** Nenne die afrikanischen Staaten, die Jonas und Hannah bis nach Alexandria durchquert haben.

b) Miss mithilfe der Maßstabsleiste die Gesamtlänge ihrer Reise (M3).

3 Ergänze die Checkliste für Reisen durch die Wüste (M2). Nutze M4 und andere Informationsquellen (z. B. Reiseführer, Internet).

Wüsten – Meere aus Sand?

Jonas und Hannah lernen auf ihrer Reise die unterschiedlichen Formen der Wüste kennen. Sie schreiben in ihren Reisebericht:

„Wir hatten uns vorgestellt, dass die Wüste eine endlose Sandfläche darstellt. Das stimmt aber nicht. Den weitaus größten Anteil an Wüstenflächen nimmt die *Stein- und Felswüste* ein. Ihr Anteil beträgt in der Sahara rund 70 %. Im Arabischen wird diese Wüstenform auch Hamada genannt.

Verantwortlich hierfür sind die Bedingungen von *Verwitterung*, *Erosion*, Transport und Ablagerung. In den Wüsten gibt es extreme Temperaturunterschiede. Tagsüber ist es bis zu 60 °C heiß. Nachts fallen die Temperaturen häufig unter den Gefrierpunkt. Diese großen Temperaturunterschiede in kurzer Zeit führen zu Spannungen im Gestein. Dadurch können sogar Felsbrocken mit einem lauten Knall auseinandergesprengt werden (M4 B). Die Gesteine werden dadurch mit der Zeit immer weiter zerkleinert.

Der ständig wehende Wind und gelegentlich fließendes Wasser unterstützen diesen Vorgang. Regnet es im Gebirge, schießt das Wasser durch die *Wadis* und transportiert die Geröll- und Schuttmassen in die Ebenen. Wie ein Sandstrahler formt der Wind durch ständiges Anblasen von Sand die Gesteinsblöcke (M4 A). In der *Kieswüste* (arabisch: Serir) ist der Schutt der Felswüste zu kleinen windgeschliffenen Steinen zerfallen. Diese Wüstenform bedeckt zu 10 % die Sahara. Der Wind bläst den Sand aus den Geröll- und Kiesfeldern und lagert ihn in der *Sandwüste* (arabisch: Erg) ab. Dort wird der Sand ständig umgelagert und zu Dünen aufgeschichtet. 20 % der Wüstenfläche in der Sahara sind Sandwüsten.

Eine Besonderheit ist die *Salzwüste* (Schott). Wenn salzhaltiges Wasser aus dem Untergrund an die Oberfläche tritt, entsteht ein Salzsee. Verdunstet der See, entsteht mit der Zeit eine Salzkruste.“

M1 Aus dem Reisebericht von Jonas und Hannah

M2 Fels-/Steinwüste (A), Wadi (B), Kieswüste (C), Sandwüste (D) und Salzwüste (E)

M3 Prozesse, die Wüstenlandschaften entstehen lassen

M4 Erosions- und Verwitterungsformen: Pilzfelsen (A); durch Temperaturunterschiede zersprungener Felsblock (B)

Aufgaben

1 Ordne die Zeichnungen aus Schaubild M3 den Bildern in M2 zu.

2 Beschreibe die verschiedenen Wüstenformen und ihre Entstehung.

3 Erkläre, wie aus einer Felswüste eine Sandwüste entstehen kann.

4 Erstelle einen Reiseblog von Nouakchott nach Lagos durch die Sahelzone. Beschreibe darin, wie sich die Landschaft verändert. ↗ S. 161

5 Man sagt: „Es sind mehr Menschen in der Wüste ertrunken als verdurstet." Erkläre.

Warum entstehen Wüsten?

Wüstenräume sind geprägt von spärlicher oder fehlender Vegetation. In diesen ist es für das Pflanzenwachstum zu kalt oder zu trocken. Bei den polaren Eiswüsten (siehe S. 152/153) verhindert extreme Kälte jegliches Wachstum. Durch die große Kälte ist außerdem die Luft extrem trocken. Zusätzlich blasen Winde die restliche Feuchtigkeit weg. So sind die niederschlagsärmsten Regionen der Erde in der Antarktis zu finden. Für alle anderen Wüsten ist der ausgeprägte Niederschlagsmangel das entscheidende Merkmal. Das heißt, dass mehr Feuchtigkeit verdunstet als Niederschlag fällt.

Man unterscheidet entsprechend der unterschiedlichen Ursachen verschiedene Wüstentypen.

Passat- oder Wendekreiswüsten

Auf Seite 48/49 wurde die Entstehung der Wendekreiswüste erklärt. An den Wendekreisen (23,5°) gibt es kaum Niederschläge. Hier entstehen weltweit die meisten Wüsten. Nach ihrer Lage werden sie Wendekreiswüsten genannt. Eine von ihnen ist die Sahara. Kaum eine Wolke mindert die Sonneneinstrahlung. Tagsüber ist es sehr heiß, nachts kühlt es bis unter den Gefrierpunkt ab. Die Temperaturunterschiede sind sehr hoch, was wieder zur Bildung von Winden und Stürmen beiträgt.

Küstenwüsten

Eine Sonderform der Wendekreiswüsten sind die Küstenwüsten. Sie liegen an den Wendekreisen und an den Westküsten der Ozeane. Hier wird die austrocknende Wirkung der Passatwinde (S. 48/49) durch kalte Meeresströmungen verstärkt, weil Restfeuchtigkeit in der Luft an der kalten Meeresoberfläche kondensiert. Extreme Trockenheit, weniger schwankende Temperaturen und Küstennebel sind ein Kennzeichen dieser Wüsten.

Binnenwüsten

Binnenwüsten liegen im Innern von Kontinenten. Hohe Gebirge, die quer zur Hauptwindrichtung liegen, verhindern, dass feuchtigkeitsbringende Wolken über den Gebirgskamm gelangen. Sie regnen ab (Steigungsregen). Dies geschieht im Innern der großen Landmasse Asien, wo es bereits lagebedingt seltener Regen gibt. Es entstehen Wüsten, die durch kalte Winter und heiße Sommer gekennzeichnet sind. Binnenwüsten werden daher auch als winterkalte Wüsten bezeichnet. Die Wüste Gobi in der Mongolei ist das bekannteste Beispiel.

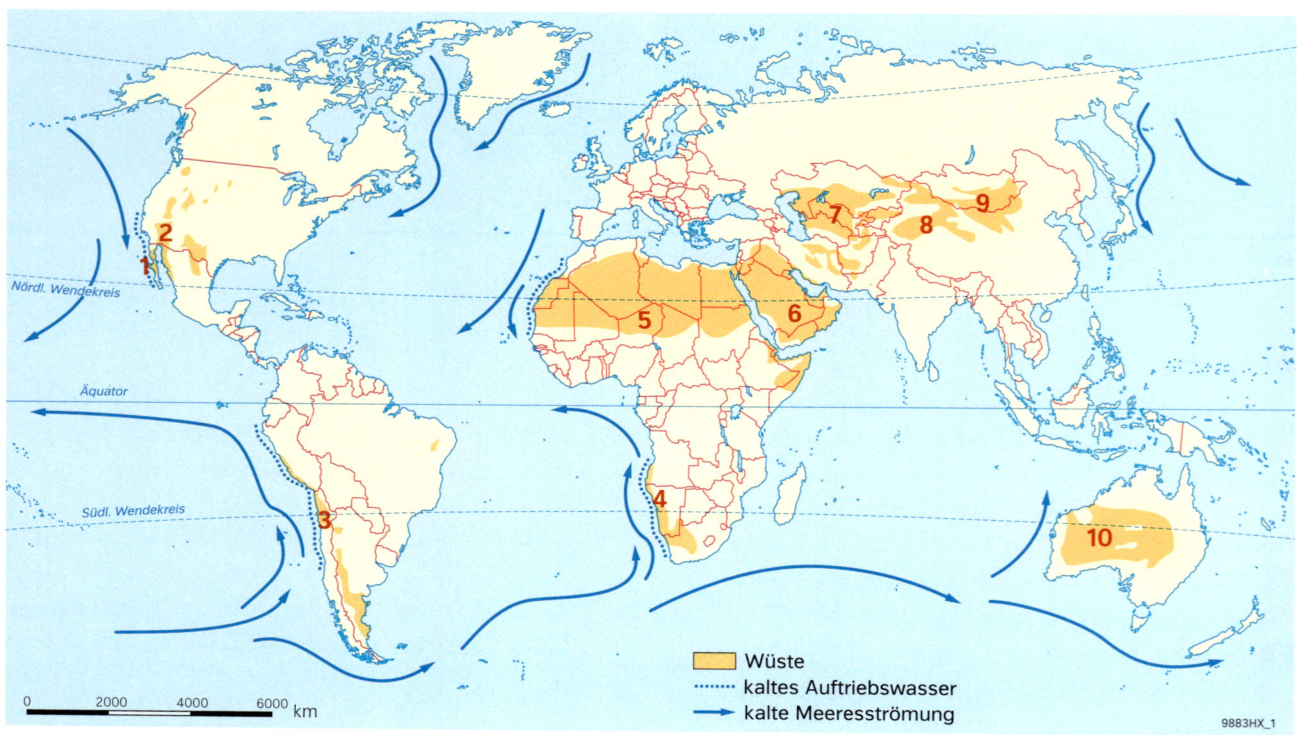

M1 Verbreitung von Wüsten auf der Erde

M2 Wüsten unterscheiden sich in ihrer Entstehung: Beispiele Gobi (A), Namib (B), Sahara (C).

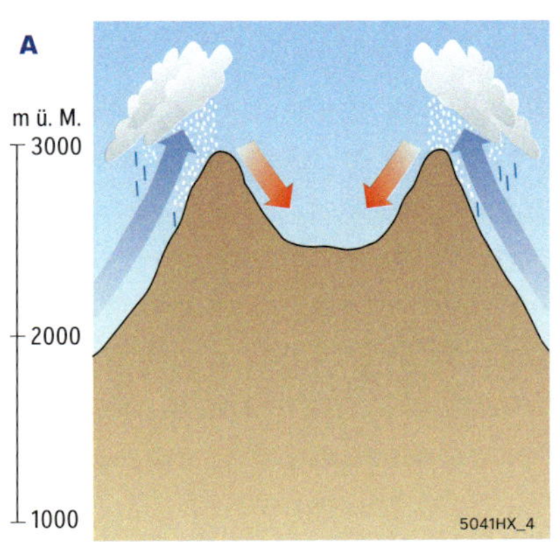

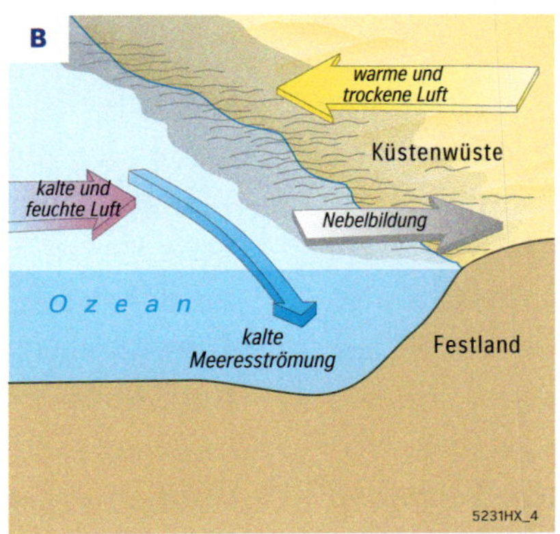

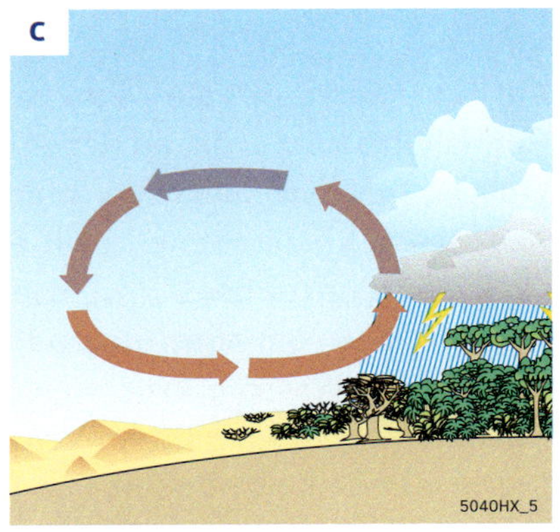

M3 Entstehung von Binnenwüsten (1), Küstenwüsten (2) und Wendekreiswüsten (3)

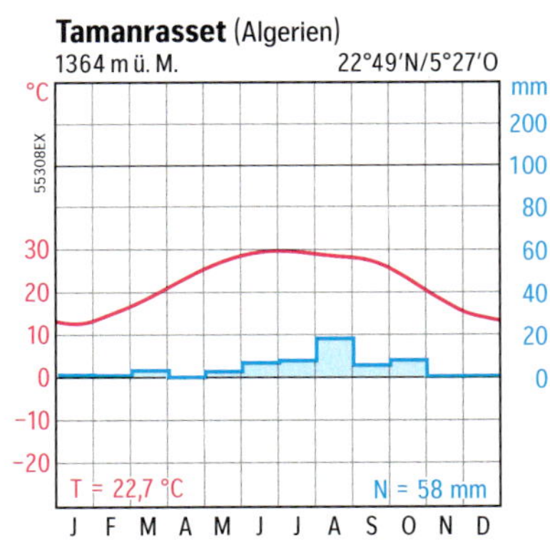

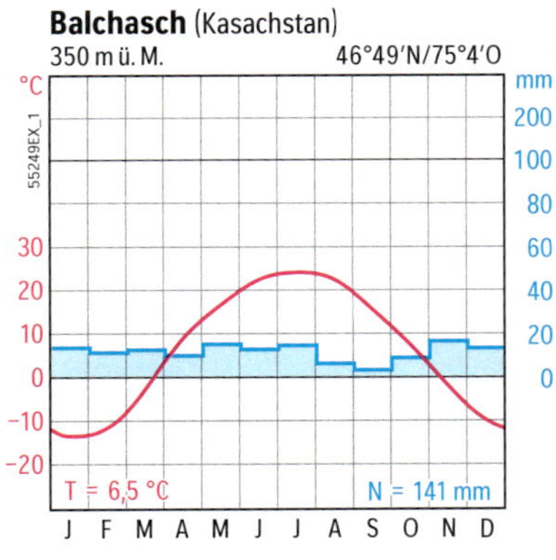

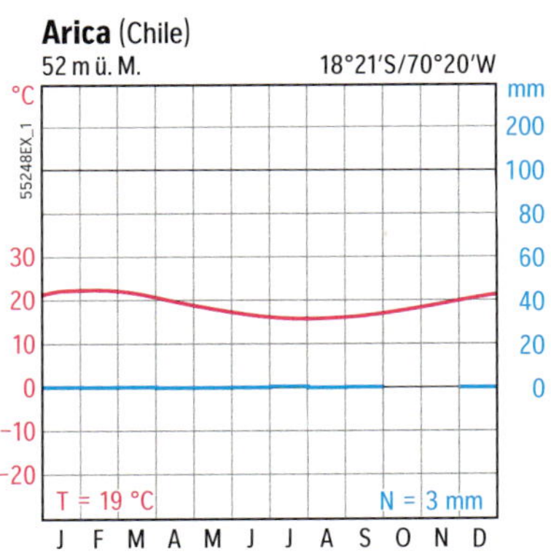

M4 Klimadiagramme

Aufgaben

1 Beschreibe die Wüstentypen, die es auf der Erde gibt.

2 Ordne die Wüstentypen jeweils einem Klimadiagramm in M4 zu.

3 a) Benenne mithilfe des Atlas die zehn großen Wüstengebiete, die in M1 dargestellt sind.

b) Ordne je einer Wüste einen Wüstentyp zu.

4 Erstelle je eine Skizze für die drei Wüstentypen (M3).

5 Miss die maximale Ausdehnung der Wüsten in M1 und vergleiche sie. Erstelle eine Rangfolge mithilfe einer Tabelle. ↗ S. 162

Oasen – „Inseln der Wüste"

M1 Blick auf eine Oase

Auf ihrer Fahrt durch die Wüste benötigen Jonas und Hannah Raststationen, an denen sie ihre Vorräte an Wasser, Treibstoff und Lebensmitteln auffüllen können. Diese Raststationen sind auf ihrer Karte als *Oasen* gekennzeichnet. „Inseln im Meer der Wüste" werden Oasen genannt. Sie sind Orte in der Wüste, an denen es Wasservorkommen und somit üppiges Pflanzenwachstum gibt. Im Vergleich zu ihrer trockenen Umgebung sind die Oasen klein. Sie bilden das ganze Jahr über grüne Inseln in der kargen Wüste. Aber wie kommt das Wasser in die Wüste? Je nach Art der Wasserzufuhr werden verschiedene Oasentypen unterschieden:

Bei der *Flussoase* gelangt das Wasser durch Flüsse aus anderen niederschlagsreichen Regionen in die Wüste. Der Nil ist das bekannteste Beispiel.

Am Fuß eines Gebirges können sich durch Niederschlagsbildung *Quelloasen* bilden. Dabei wird das Wasser in einer wasserführenden Schicht auf natürliche Weise herbeitransportiert. Schließlich tritt es an einer bestimmten Stelle an der Erdoberfläche aus. Dort kann sich dann eine Oase bilden.

Bei *Grundwasseroasen* wird das Wasser mit Pumpen und anderen Hebevorrichtungen aus der grundwasserführenden Schicht entnommen.

Eine spezielle Form der Grundwasseroasen sind Oasen mit *artesischem Brunnen* (siehe auch Experiment 2 auf Seite 66). Dabei liegt die grundwasserführende Schicht unterhalb des Grundwasserspiegels. Das Wasser steht somit unter Überdruck. Ganz ähnlich funktioniert bei uns die Wasserversorgung.

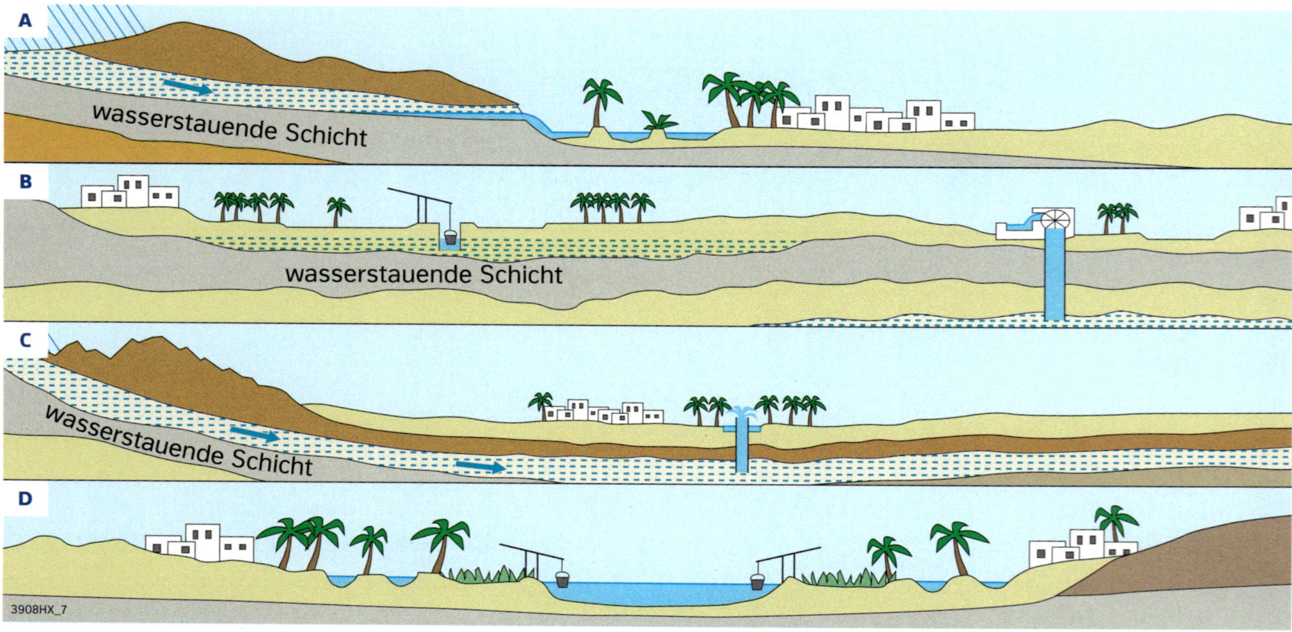

M2 Oasentypen

schule.diercke.de | 100852-106-01

Bodenversalzung oder gute Be- und Entwässerung

Bei einem Spaziergang entdecken Jonas und Hannah ein Feld mit weißen Salzkrusten (M4). Sie fragen am Abend Bauer Achmed, was da passiert ist.

Achmed erzählt:

Da wir genügend Wasser haben, haben wir die Felder großzügig bewässern können. Doch dadurch löst das Wasser die im Boden vorhandenen Salze. Es kommt zur *Bodenversalzung*: Aufgrund der hohen Verdunstung wird das Wasser mit den gelösten Salzen an die Erdoberfläche gesaugt. Dort verdunstet das Wasser und zurück bleiben die Salzkristalle, auf denen nichts mehr wächst. Um das zu verhindern, bauen wir ein Entwässerungssystem. Über Drainagerohre oder tiefer gelegene Kanäle können nun die Salze abgeleitet werden (M6). Zusätzlich können wir durch *Tröpfchenbewässerung* das Wasser an den Pflanzen genau dosieren. So geht kein Wasser verloren. Dieses Verfahren ist jedoch sehr teuer.

M3 Oasenbauer Achmed über Be- und Entwässerung

M4 Salzkruste auf einem Feld

Wie funktioniert die Oasennutzung?

Jonas und Hannah sind von der Fruchtbarkeit der Oase überrascht. Sie fragen Bauer Achmed auf dem Feld, wie eine Oasenwirtschaft funktioniert.

Achmed berichtet:

Der Aufbau der Oase ist vergleichbar mit den Stockwerken eines Hauses. Im untersten Stockwerk werden Getreide (Hirse, Weizen, Gerste), Gemüse (Zwiebeln, Tomaten, Erbsen, Bohnen, Möhren), Luzerne als Viehfutter, Gewürze, Henna und Tee angebaut. Das mittlere Stockwerk besteht aus kleineren Bäumen wie Oliven, Mandeln, Zitrusfrüchten, Pfirsichen, Feigen, Granatäpfeln. Das Dach der Oase bilden die Dattelpalmen. Sie geben viel Schatten. Aber auch die anderen Teile des Baumes werden gebraucht (siehe S. 67, M2). Doch mittlerweile schwindet die Bedeutung der Dattelpalme. Durch den Bau von Straßen transportieren die Lkw Nahrungsmittel und Baumaterial günstig in die entferntesten Oasen. Die Bewirtschaftung lohnt sich kaum noch. Viele Oasenbauer geben auf.

M5 Oasenbauer Achmed über die Oasenwirtschaft

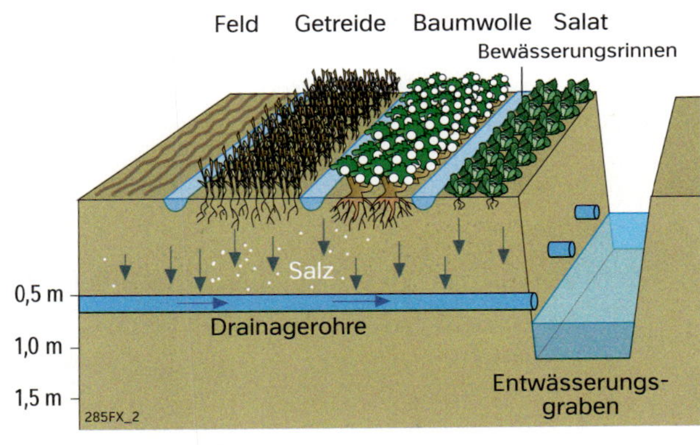

M6 Be- und Entwässerung

Aufgaben

1 **a)** Ordne die Grafiken M2 A – D den verschiedenen Oasentypen zu.
b) Skizziere die Oasentypen und benenne sie.
2 Nenne die Länder, durch die der Nil fließt (Atlas).
3 Beschreibe die Oase in M1. Ordne sie einem Oasentyp zu und begründe deine Vermutung.

4 Erstelle eine Skizze zum Stockwerkbau. ↗ S. 162
5 Erkläre die Ursachen der Bodenversalzung und mögliche Maßnahmen dagegen.
6 Erkläre, warum die traditionelle Oasenwirtschaft gefährdet ist.
7 Erläutere die Vorteile des Stockwerkbaus in einer Oase.

🎬 **Film**

WES-113332-063

Wandel in der Oase

Bis vor wenigen Jahrzehnten verdienten die Menschen in den Oasen durch Karawanenverkehr viel Geld. Die Kamele wurden getränkt, Verpflegung gekauft, der Handel mit Datteln, Oliven, Körben und Silberwaren blühte. Heute ersetzen Lastwagen die Kamelkarawanen und bringen die meisten Lebensmittel und Güter des täglichen Bedarfs in die Oasen. Aus vielen größeren Oasen haben sich wichtige Handelsstädte und Touristenziele entwickelt.

Die steigende Touristenzahl schafft aber auch Probleme. Vor allem der stark zunehmende Wasserverbrauch bereitet den Oasenbewohnern große Sorgen. Die Hotels benötigen große Mengen Wasser für Swimmingpools, Parkanlagen und als Trinkwasser. Tiefbrunnen mit starken Pumpen fördern zwar mehr Wasser, aber dadurch sinkt der Grundwasserspiegel und viele alte Brunnen versiegen. Dieses Wasser fehlt den Bauern für die Bewässerung ihrer Felder.

a Viele Oasenbewohner können heute andere Berufe als früher ausüben.

b Der Flughafen ist heute kleiner als im Jahre 1970.

c Es wird immer mehr Grundwasser entnommen.

d Die landwirtschaftliche Anbaufläche hat sich verkleinert.

e Ouarglas Einwohnerzahl ist stark gesunken.

f Die Einkaufsmöglichkeiten in der Oase haben sich verbessert.

g Viele junge Menschen brauchen heute nicht mehr abzuwandern.

M1 Aussagen zur Entwicklung in der Oase Ouargla

M2 Hotelanlage in Ouargla

Aufgaben

1 Beschreibe die Veränderungen in der Oase Ouargla, die anhand der Karten M3 A und B erkennbar sind.

2 Überprüfe anhand der Karten M3 A und B, ob die Aussagen in M1 richtig oder falsch sind. Begründe deine Entscheidung.

3 Erläutere, welche Folgen der erhöhte Wasserverbrauch für viele Oasen haben könnte.

4 Beurteile, ob die Nutzung der Oase Ouargla nachhaltig ist. ↗ S. 162

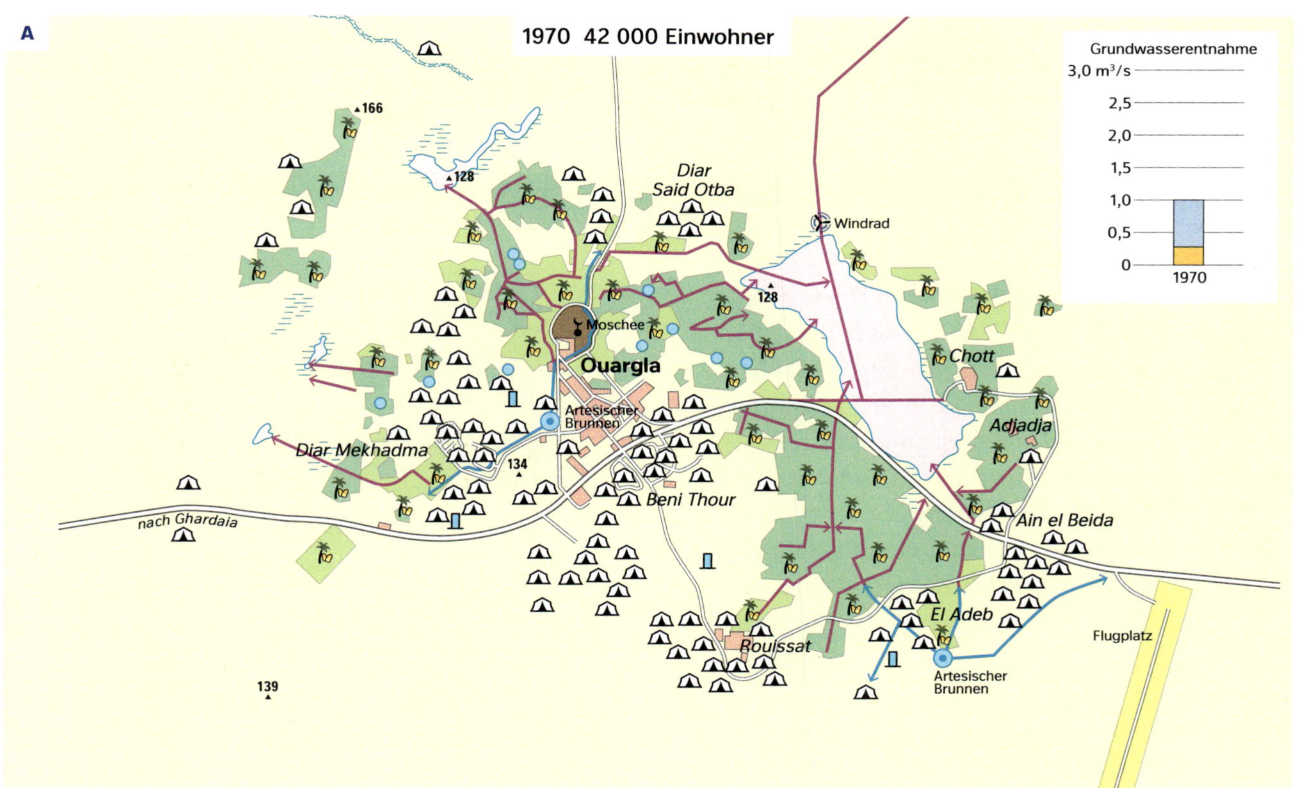

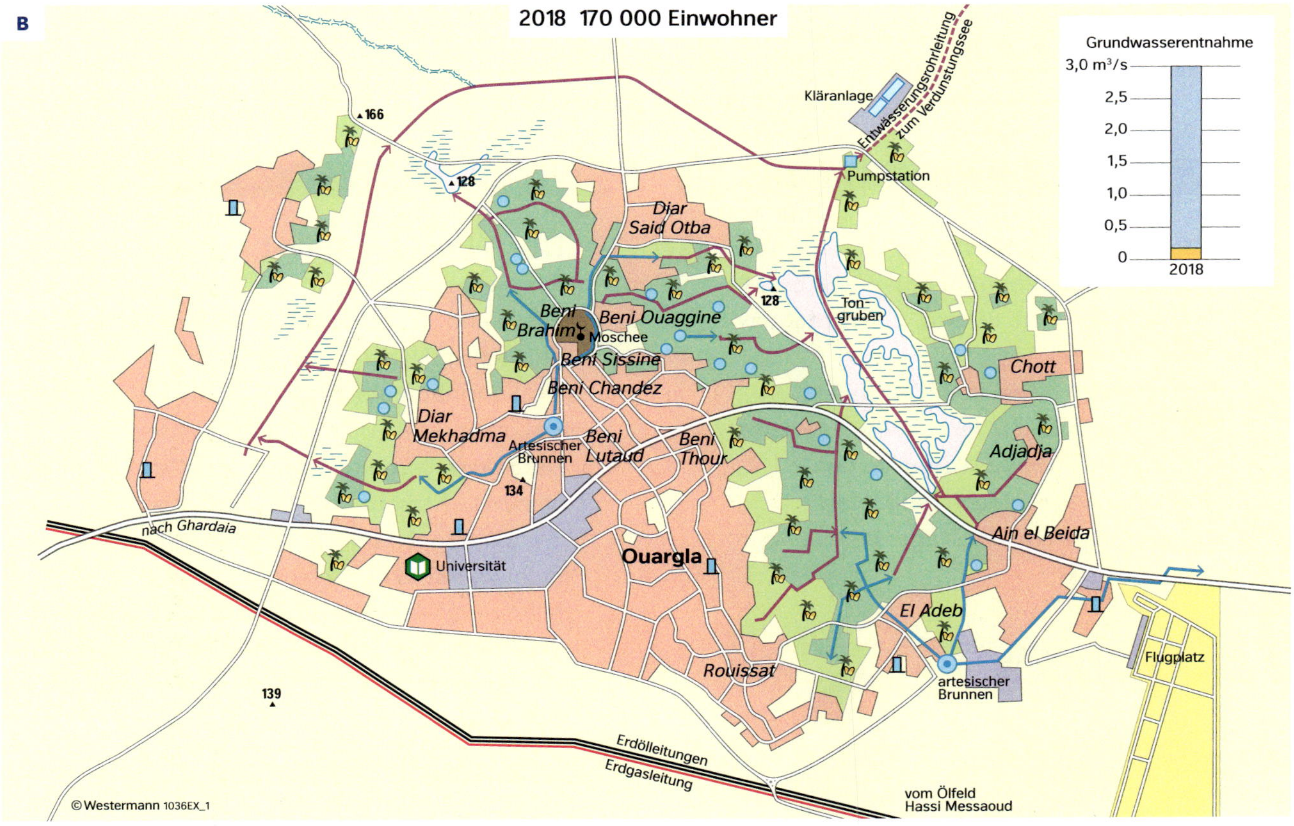

Wüste

Wüste

Verdunstungssee

Wadi (selten Wasser führend)

Sumpf

Siedlung in der Oase

alte Berber-Stadt (Medina)

Siedlung

Nomadenansiedlungen

Gewerbegebiet

Landwirtschaft

ältere Dattelpalmenhaine (Unterkultur: Getreide, Gemüse, Luzerne)

junge Dattelpalmenhaine seit 1960 (z.T. mit Gemüse-/Obstgärten)

artesischer Brunnen (aufsteigendes Grundwasser)

Brunnen/Pumpstation

Wasserturm (Speicher)

Bewässerungskanal

Entwässerungskanal

Grundwasserentnahme

fossiles Grundwasser bis 500 m Tiefe

tiefliegendes, fossiles Grundwasser

1970 ---- Jahr

M3 Die Oase Ouargla 1970 (A) und 2018 (B)

Film

WES-113332-065

Experimente zur Wüste

Bodenversalzung

Streue auf den Grund eines Behälters einen Esslöffel Salz aus (M2 A). Bedecke diese dünne Salzschicht mit einer 5 cm dicken Erdschicht und drücke diese leicht an. Wässere dann den Boden ordentlich und stell den Behälter 24 Stunden auf den Heizkörper oder in die Sonne. Das Wasser verdunstet und ein feiner Salzniederschlag ist an der Oberfläche zu sehen (M2 B). Mit einem angefeuchteten Finger kannst du vorsichtig über die Erde streichen und dich vom Salzaufstieg überzeugen. Die Entwässerung kannst du nachvollziehen, indem du den im Experiment erzeugten Salzboden erneut kräftig begießt und das Wasser abkippst. Die Salzkristalle haben sich erneut aufgelöst. Nach abermaligem Trocknen ist die Salzkruste verschwunden.

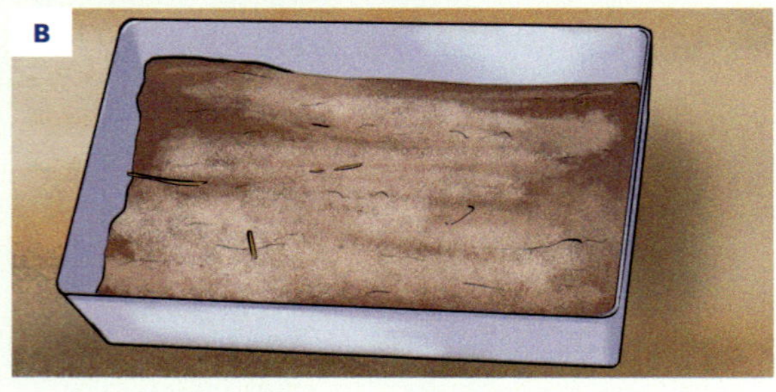

M2 Experiment zur Bodenversalzung

Artesischer Brunnen

Bei diesem Experiment benötigst du einen Gartenschlauch (ca. 80 cm), einen Trichter und einen Nagel.
Bohre mit dem Nagel in die Mitte des Schlauches ein Loch. Verschließe es wieder mit dem Nagel. Gieße Wasser in den Trichter, bis der Schlauch gefüllt ist.
Was passiert, wenn der Nagel herausgezogen wird?

M1 Experiment zum artesischen Brunnen

Der Wind gestaltet

Für dieses Experiment benötigst du einen Fön, Sand, Eiswürfelbehälter aus dem Kühlschrank und ein Holzklötzchen. Richte ein Sandhäufchen auf den Holzklotz auf. Dahinter stellst du den Eiswürfelbehälter. Der Fön ist nun der Sandsturm. Richte seinen Luftstrom über den Sandhaufen. Wovon hängt es ab, in welchem Eiswürfelfach die Sandkörner landen?
Mit einem weiteren Experiment kannst du den „Sandstrahler" Wind nachvollziehen. Halte deine Hand in die Windrichtung hinter dem Holzklotz. Was spürst du?

M3 Eiswürfelfach mit Sand

Überlebenskünstler in der Wüste

Das „Wüstenschiff"

Ohne das Kamel könnten die Nomaden der Sahara ihre Karawanenreisen nicht durchführen. Das Kamel ist bestens an das Leben in der Wüste angepasst. Um nicht zu verdursten, kann das Tier bis zu 100 Liter auf einmal trinken und große Mengen Wasser bis zu vier Wochen in seinen Mägen speichern. Als Futter genügt ihm nur wenig Heu, seine Fetthöcker liefern Energie für magere Zeiten. Als Schutz vor Sandstürmen hat es verschließbare Nasenlöcher, kleine behaarte Ohrmuscheln und die Augen werden durch lange und dichte Wimpern geschützt.

Das Kamel hat breite Hufe mit einer dicken Hornschicht. Dadurch ist es gegen die Hitze des Sandes geschützt und sinkt nicht ein. Die genaue Bezeichnung des Kamels der Sahara lautet „Dromedar". Es hat im Vergleich zum Trampeltier nur einen Höcker.

Nutzungsmöglichkeiten der Dattelpalme

„Ihre Wurzeln in den Fluten des Wassers, ihr Haupt im Feuer der Sonne." So beschreibt ein arabisches Sprichwort die Dattelpalme. Je heißer die Sonne, desto süßer werden die Datteln, die getrocknet verkauft werden. Aus ihnen wird auch Mehl, Sirup, Saft und Schnaps (Arrak) hergestellt. Die Dattelkerne werden zerrieben als Viehfutter und geröstet als Palmkaffee verwendet. Das Stammholz der Palme wird zur Herstellung von Bauholz und Möbeln genutzt. Die Fasern finden Verwendung bei der Herstellung von Seilen und Säcken. Blätter oder Palmwedel werden zu Körben, Besen, Matten und Zäunen verarbeitet. Junge Blätter können sogar als Salat gegessen werden. Die Stiele der Palmwedel werden als Zäune, Böden und für Bedachungen gebraucht. Was übrig ist, wird verfeuert. Aus den jungen Sprösslingen wird Palmwein hergestellt.

M2 Nutzung der Dattelpalme

M1 Dromedare – angepasste „Wüstenschiffe"

Aufgaben

1 Nenne die Nutzungsmöglichkeiten der Dattelpalme (M2).

2 Erkläre, warum die Dattelpalme für die Oasenbauern von großer Bedeutung ist.

3 Beschreibe, wie das Dromedar an extreme Hitze und Dürre angepasst ist. Erstelle eine Tabelle.

4 Recherchiere weitere Überlebenskünstler der Wüste. Stelle diese in der Klasse vor. ↗ S. 162

Wir werten ein Satellitenbild aus

Die Erde wird von zahlreichen Satelliten umrundet. Sie erfassen 24 Stunden lang Daten zum Wettergeschehen, zum Umfang von Umweltverschmutzungen, der Entwicklung von Städten, der Vegetation und vieles mehr. Von Satelliten aufgenommene Bilder geben uns also Informationen über die Beschaffenheit der Erdoberfläche.

So wertest du ein Satellitenbild aus:

Schritt 1: Satellitenbild verorten

- Bestimme mithilfe des Atlas oder eines Internetkartendienstes (z. B. Google Maps) den Ort bzw. die geographische Lage der Aufnahme.
- Ermittle die Nordrichtung und die Größe des Bildausschnitts.
- Ordne das Bild auch zeitlich ein.
- Informationen über den Ort und den Zeitpunkt der Aufnahme findet man oft in einer Bildunterschrift.

Schritt 2: Satellitenbild beschreiben

- Gliedere das Bild in Teilbereiche.
- Beschreibe die Farben und Muster sowie Anordnung und Ausdehnung der Bildelemente. Welche Einzelheiten sind zu erkennen?
- Beschreibe die abgebildeten Oberflächenstrukturen, die du erkennst, z. B. bebaute Flächen, Straßen, Vegetation, Wüstengebiete, Flüsse.

Schritt 3: Satellitenbild deuten

- Was sagt das Satellitenbild aus bzw. welche Frage wirft es auf?
- Erläutere die Zusammenhänge der Bildelemente und nutze zusätzliche Informationen aus Texten oder dem Atlas. Finde Gründe für die dargestellten Merkmale.
- Nenne Besonderheiten, die dir auffallen, und finde Erklärungen dafür.

Innenstadt von Kairo und der Nil von oben

Siedlung Beni Hasan am Nil

Karunsee (nördlich der Oasenstadt Al-Fayyum)

In der Libyschen Wüste

Pyramiden von Gizeh

In der Arabischen Wüste

M1 Fotos zur Zuordnung in M2

M2 Die Niloase auf einem Satellitenbild (2020)

Aufgaben

1 Nenne die Staaten, Städte und Meere, die du auf dem Satellitenbild M2 erkennen kannst.

2 **a)** Ordne die Fotos aus M1 den Nummern 1–6 im Satellitenbild M2 zu. Die Buchstaben ergeben in der richtigen Reihenfolge ein Lösungswort. ↗ S. 162

b) Begründe deine Auswahl der zugeordneten Bilder.

In den Savannen und in der Sahelzone

Kannst du schon
– die unterschiedlichen Savannenarten
  benennen? (S. 46/47)
– die Begriffe arides Klima und humides Klima
  erklären und den Savannenarten zuordnen?
  (S. 46)

Zeig, was du kannst

1 Was gehört zusammen? Ordne die Satzanfänge 1–7 den Satzfortsetzungen A–G
richtig zu und übertrage die Sätze in dein
Heft.

① Tiefbrunnen im Sahel verursachen …
② Im Kampf gegen die Desertifikation …
③ In der Regenzeit wandern die Nomaden
  der Sahelzone von …
④ Wind und Starkregen verursachen …
⑤ In der Trockenzeit wandern Nomaden
  der Sahelzone von …
⑥ Ursache für die Trocken- und Regenzeiten in den Savannen ist …
⑦ Der Übergang von Savanne und Sahara …

2 Ordne folgende Begriffe den richtigen
Erklärungen in den gelben Kästen zu:
*Agroforstwirtschaft, Desertifikation,
Dornsavanne, Nomaden, Sahel*

Savannenart mit 7,5–10 Monaten Trockenzeit

Arabisches Wort für „Ufer"

Vordringen der Wüste in Trockengebieten

Viehzüchter in der Wanderweidewirtschaft

Bewirtschaftungsform zum Erhalt der Savanne

3 Nenne fünf Maßnahmen, die helfen sollen,
die Verbreitung der Wüste zu verhindern.

Ⓐ … der Passatkreislauf, der die Menge
  der Niederschläge bestimmt.
Ⓑ … eine Absenkung des Grundwasserspiegels.
Ⓒ … werden Maßnahmen wie Aufforstung,
  Energiesparen, bestimmte Formen
  des Häuserbaus u. a. angewendet.
Ⓓ … Süden nach Norden.
Ⓔ … eine Abtragung der fruchtbaren
  Bodenschicht.
Ⓕ … Norden nach Süden.
Ⓖ … wird Sahel genannt.

Der Passatkreislauf

Kannst du schon
– mit dem Passatkreislauf die Lage des
  tropischen Regenwaldes entlang des Äquators erklären? (S. 48/49)
– erklären, warum du im Sommerurlaub in
  Italien jeden Tag blauen Himmel und hohe
  Temperaturen erlebst? (S. 48/49)

Zeig, was du kannst

4 Erkläre die Vorgänge des Passatkreislaufs
mithilfe von M1.
5 Beschreibe mit den entsprechenden
Kalenderdaten 21.03., 21.06., 23.09., 21.12.
den jeweiligen Stand des Passatkreislaufs.

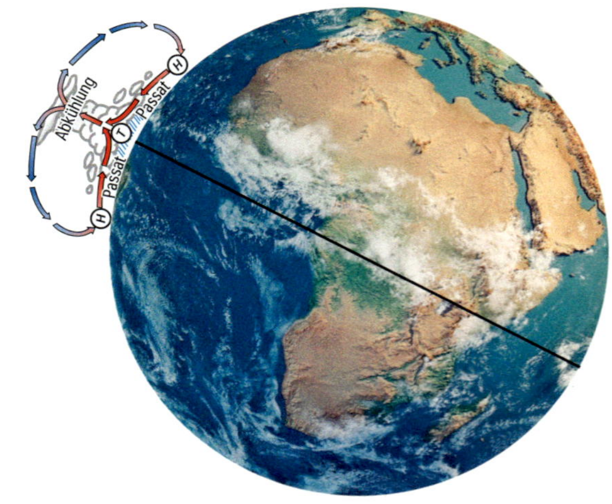

M1 Passatkreislauf

In der Wüste

Kannst du schon

- verschiedene Wüstenformen beschreiben? (S. 58/59)
- erklären, wie Wüsten entstehen? (S. 60/61)
- Oasentypen, den Aufbau einer Oase und ihre heutige Nutzung beschreiben? (S. 62 – 66)
- Experimente zur Wüste durchführen? (S. 66)
- Überlebenskünstler in der Wüste nennen? (S. 67)

---

1. Negative Auswirkung bei falscher Bewässerung
2. Übergang von Savanne und Sahara
3. Arabisches Wort für Stein- und Felswüste
4. Brunnen, bei dem Grundwasser durch natürlichen Druck an die Oberfläche gelangt
5. Bekannte Wendekreiswüste
6. Höchste Pflanze in einer Oase
7. Oasentyp, bei dem Wasser durch Flüsse in die Wüste transportiert wird

Ar – Bo – Brun – da – Dat – den – Fluss – Ha – ha – hel – ma – me – ne – nen – oa – pal – ra – Sa – Sa – sal – scher – se – si – te – tel – ver – zo – zung

M2 Silbenrätsel

Zeig, was du kannst

6 Rätselhafte Wüste – was ist gemeint?
1. *Die größte Wüste der Erde*
2. *Ohne Wasser gäbe es diese Orte nicht.*
3. *Es kann lange laufen, ohne zu saufen.*
4. *Sie steht mit dem Kopf im Feuer und mit den Füßen im Wasser.*
5. *Fließt als Fluss wie ein Fremdling durch die Wüste.*

7 Finde mithilfe der vorgegebenen Silben die richtigen Lösungen zu den Hinweisen (M2). Schreibe die richtigen Lösungen in dein Heft.

8 Sortiere den Buchstabensalat. Alle Begriffe haben einen Bezug zur Wüste:

aeOs, iadW, aerssW, aeodNnm, aaahrS, aeKlm, dstmnaurS, aaeeDllmptt

9 Zeichne das Wüsten-Rätsel M3 in dein Heft ab und löse es (beachte: Ü = UE, ß = SS). Benutze einen Atlas. Wie heißt das Lösungswort?

M3 Wüsten-Rätsel

Fachbegriffe

- **Savanne:** arid, Desertifikation, Dornsavanne, Feuchtsavanne, humid, Nomaden, Passatkreislauf, Regenzeit, Sahelzone, Savanne, Trockensavanne, Trockenzeit, Überweidung, Wanderweidewirtschaft, Zenit, Zenitalregen
- **Wüste:** artesischer Brunnen, Bodenversalzung, Erosion, Flussoase, Grundwasseroase, Kieswüste, Oase, Quelloase, Salzwüste, Sandwüste, Stein- und Felswüste, Tröpfchenbewässerung, Verwitterung, Wadi, Wendekreiswüste, Wüste

4

Endogene und exogene Kräfte

M1 Aschelawine nach Ausbruch des Vulkans Pinatubo auf den Philippinen

In diesem Kapitel lernst du ...
... die Kräfte aus dem Erdinneren kennen. Du schaust in die Erde und erfährst, wie diese aufgebaut ist. Du kannst lernen, wie sich die Lage der Kontinente und Meere seit ihrer Entstehung verändert haben. Die Betrachtung endogener Kräfte wie Erdbeben und Vulkanismus ermöglichen es dir, zu erklären, dass diese die Oberfläche der Erde ständig neu gestalten. Auch von außen wirkende (exogene) Kräfte wie Wind, Temperatur und Wasser tragen zur Gestaltung der Erdoberfläche bei.

Kräfte verändern die Erde

Wasser

Wasser ist die bedeutendste Kraft bei der Gestaltung der Erdoberfläche. Es trägt Erde und Gestein ab, transportiert es und lagert es an anderer Stelle wieder ab. Wasser schneidet sich in den Untergrund ein und nagt an den Flussufern. Mündet ein Fluss in einen See oder ins Meer, wird das Material abgelagert. Das bewegte Wasser des Meeres transportiert ebenso Sand, Kies und Gesteine. Diese trägt es von den Steilküsten und den Flusssedimenten ab. Das Material wird an anderer Stelle wieder am Ufer abgelagert.

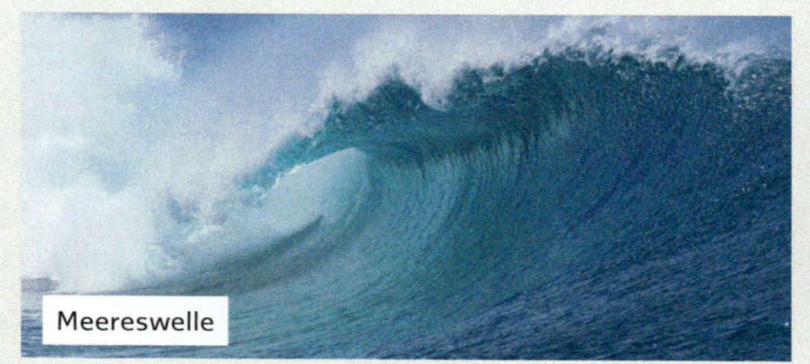
Meereswelle

Temperatur

Durch tages- oder jahreszeitliche Temperaturänderungen kommt es zur Frostsprengung im Gestein. Es wird zerkleinert und kann leichter vom Regenwasser abtransportiert werden. In großer Höhe kommt es aufgrund der niedrigen Temperaturen ganzjährig zu Schneefällen. Es entstehen Gletscher, die in den Hochgebirgen große Flächen abschleifen und sich seit der letzten Eiszeit immer weiter ins Gestein hineinarbeiten und Täler bilden sowie Moränen, Hügel und Seen entstehen lassen.

Frostsprengung

Vulkanismus

Wo die Erdkruste dünn und brüchig ist, gelangt geschmolzenes Gestein durch Risse und Spalten nach oben. Wird der Druck unter der Erdoberfläche zu groß, kommt es zu Vulkanausbrüchen. Über Krater fließt die Lava an den Berghängen hinab. Bei diesen Ausbrüchen werden Gesteinsbrocken und Asche herausgeschleudert. Durch sogenannte Supervulkane kann es sogar zu Klimaänderungen kommen.

Vulkanausbruch

Erdbeben

Ein *Erdbeben* ist die plötzliche Erschütterung des Bodens. Dabei löst sich die aufgestaute Spannung zweier Erdplatten. Das Epizentrum, der Erdbebenherd, befindet sich an der Stelle, an der die Platten brechen, und liegt bis zu 400 Meter tief.
Erdbeben ereignen sich besonders häufig an den Plattenrändern, etwa in den Zonen der Gebirgsbildung.

Folgen eines Erdbebens

M1 Innere und äußere Kräfte gestalten die Erdoberfläche.

Wind

Der Wind bläst in Gebieten mit wenig Vegetation Sand aus. Er transportiert ihn über große Entfernungen. Weht er lange und kräftig genug, dann schleifen die Sandkörner wie ein Sandstrahlgebläse den Untergrund oder die Felsen ab.

Der Transport von Sandkörnern durch den Wind lässt in der Sandwüste Dünen entstehen und wandern, sodass sich das Gesicht der Erde ständig ändert.

Pilzfelsen

Kometen und Asteroiden

Jedes Jahr bombardieren ca. 9000 Tonnen Teilchen und Steine aus dem All die Erde. Manche wiegen bis zu 100 Tonnen. An manchen Stellen kann man heute noch sehen, dass das Aussehen der Erde durch Meteoriten aus dem All verändert wurde. Doch seit der Entstehung der Erdatmosphäre verglühen die meisten dieser gefährlichen Geschosse beim Eintritt in die Atmosphäre. Nur sehr wenige erreichen noch die Erde. Doch aufgrund ihrer hohen Geschwindigkeit können sie dann große Schäden anrichten.

Meteoritenkrater

Plattentektonik

Die Erdoberfläche besteht aus vielen Erdplatten, die sich bewegen. Diese Bewegungen werden durch Strömungen im Erdmantel hervorgerufen. Mit der Plattentektonik lässt sich das Entstehen von Gebirgen und Ozeanen sowie von Erdbeben und Vulkanen erklären. Wo z. B. eine Erdplatte mit einer anderen zusammenstößt, schieben sich die einzelnen Gesteinsschichten am Plattenrand zusammen, ein Hochgebirge entsteht.

Gesteinsfaltungen im Gebirge

Naturereignisse und Naturkatastrophen

M1 Nach einem Erdbeben in Marokko (2023)

M3 Tsunami an einer Küste

Die Erde ist ein unruhiger Planet. Naturereignisse wie Erdbeben, Tsunamis, Vulkanausbrüche oder Stürme zeugen davon, dass die Erdoberfläche durch gewaltige innere (endogene) und äußere (exogene) Kräfte ständig verändert wird. Betrachtet man die Lage der Kontinente und Ozeane, die sich im Laufe der Jahrmillionen stetig verändert hat (S. 80/81), so sieht man, dass manche dieser Phänomene eher langsam und nahezu unbemerkt ablaufen. Andere Phänomene geschehen spontan und heftig und haben weitreichende Folgen für Mensch und Natur.

Vom Ereignis zur Katastrophe

Ist der Lebensraum des Menschen von einem *Naturereignis* betroffen, wird dieses zur Gefahr und das Risiko für eine *Naturkatastrophe* steigt. Dies gilt vor allem für Erdbeben, denn trotz intensiver Forschung ist es heutzutage nicht möglich, diese zuverlässig vorherzusagen.

Besonders verheerend sind durch Erdbeben ausgelöste Flutwellen (Tsunamis), wobei sich die Frühwarnsysteme für Tsunamis immer zuverlässiger weiterentwickeln.

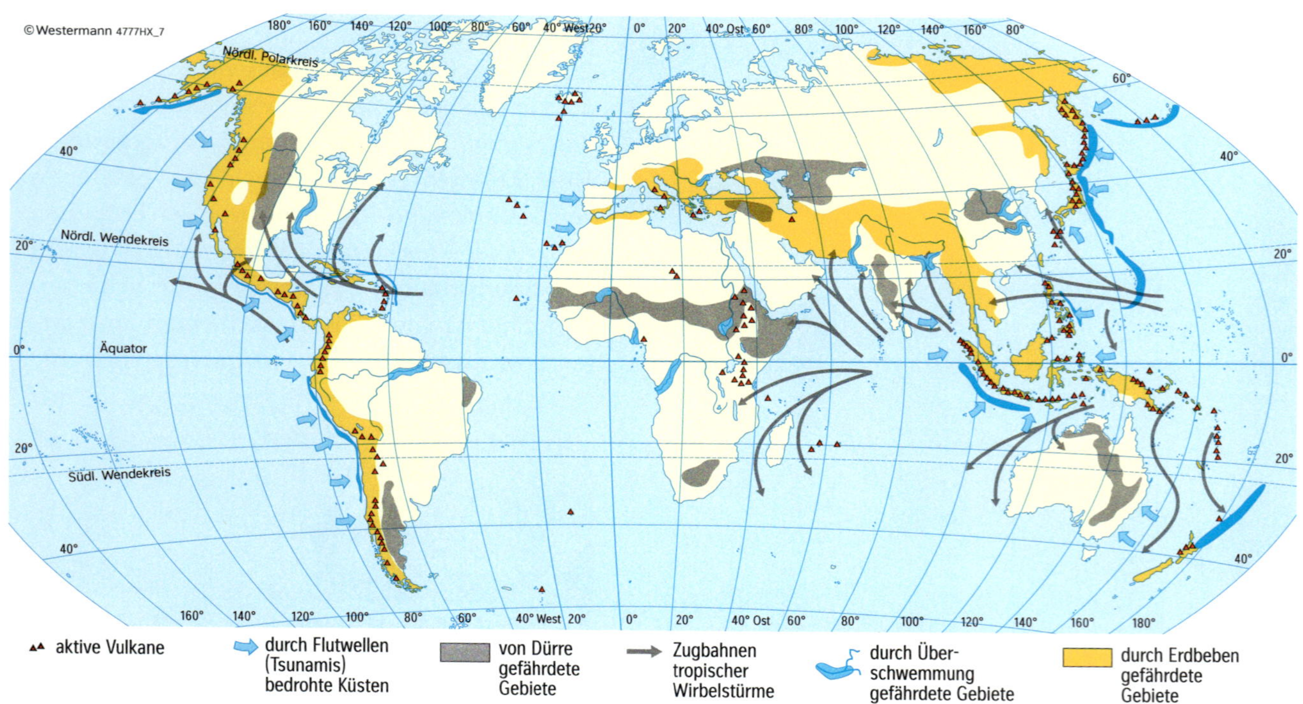

M2 Weltkarte der Naturrisiken (Auswahl)

schule.diercke.de | 100852-177-03

M4 Ausbruch eines Vulkans auf La Palma (2021)

M5 Wohnhaus in Hamburg nach einem Sturm (2020)

Naturereignisse – der Mensch profitiert auch

Ein Naturereignis ist jedoch nicht immer ein Naturrisiko, denn der Mensch profitiert auch von den scheinbar unberechenbaren Naturkräften. Er nutzt die fruchtbaren Böden, die sich rings um die Vulkane durch Asche und mineralhaltige Lava bilden, für die Landwirtschaft. Am Fuße des Ätna in Italien sind die Ernteerträge beim Wein-, Obst- und Gemüseanbau sehr gut.

Auf Island zum Beispiel werden der Wasserdampf und das Wasser der heißen Quellen der Vulkanregionen zur Energiegewinnung genutzt.

Information

Naturrisiko: die Wahrscheinlichkeit, dass bei einem Naturereignis Schädigungen zu erwarten sind. Die Schadensanfälligkeit ist besonders hoch, wenn die Landnutzung des Menschen in natürliche Gefahrenzonen vorgedrungen ist. Gerade ärmere Menschen sind oft gezwungen, in Risikoräumen zu leben, ohne die notwendigen Mittel für einen wirksamen Katastrophenschutz zu haben.

Naturkatastrophe: ein Naturereignis, geprägt durch hohe menschliche Verluste sowie wirtschaftliche und ökologische Schäden. Die Betroffenen sind überfordert, die Probleme aus eigener Kraft zu bewältigen.

Naturereignisse beeinflussen das Leben

Neben den gewaltigen endogenen Kräften sind auch exogene Kräfte Auslöser von Naturereignissen. Vor allem Stürme wirken sich dabei unmittelbar auf das Leben der Menschen aus. Sie entstehen genauso wie ein sanfter Sommerwind. Steigt erwärmte Luft auf, strömt kalte Luft nach. Je größer die Unterschiede zwischen aufsteigender Warmluft und nachströmender Kaltluft sind, desto heftiger wird der Wind. Der bisher stärkste Sturm bei uns mit dem Namen Wiebke fegte 1990 mit Spitzengeschwindigkeiten von bis zu 285 km/h über Deutschland hinweg.

Aufgaben

1. Benenne die in den Fotos M1, M3, M4 und M5 dargestellten Naturereignisse und beschreibe, welche Gefahren für die Menschen von ihnen ausgehen können.
2. Erkläre die Aussage: „Die Naturkräfte bedeuten Faszination und Gefahr zugleich."
3. Beschreibe die Verteilung der Naturgefahren auf der Erde (M2). Vermute, warum dies so ist. ↗ S. 162
4. Arbeite aus den Texten heraus, wie der Mensch mit den Naturereignissen umgeht, d. h., wie er sie nutzen oder sich vor ihnen schützen kann.

Der Schalenbau der Erde und seine Entstehung

Im Roman „Die Reise zum Mittelpunkt der Erde" von Jules Verne findet ein Forscher ein rätselhaftes Dokument, das besagt: „Steig hinab in den Krater des Sneffels Yocul (Snæfellsjökull), kühner Wanderer, und du wirst zum Mittelpunkt der Erde gelangen." Er begibt sich nach Island und tritt die abenteuerliche Reise in die Tiefen der Erde an, wo zahlreiche Gefahren und Überraschungen auf ihn und seine Begleiter warten. – Eine spannende Fantasie. Natürlich ist die Erforschung des Erdinneren auf direktem Wege nicht möglich. Schließlich werden bei Bohrungen bisher nur Tiefen von 12 000 Metern erreicht.

Die Erde – wie ein großer Pfirsich

Mithilfe der Erdbebenforschung haben Wissenschaftler (Seismologen) herausgefunden, dass die Erde einen *Schalenbau* hat. Daher kann man ihren Aufbau mit einem Pfirsich vergleichen. Die sehr dünne Pfirsichhaut entspricht der *Erdkruste*. Das Fruchtfleisch entspricht dem *Erdmantel*. Im oberen Teil des Erdmantels ist es bis zu 1300 °C heiß. Dagegen hat der Erdmantel weiter innen eine Temperatur von 1300 bis 3700 °C und die Gesteine sind flüssig.

Der *Erdkern* wiederum ist ebenso wie ein Pfirsichkern fest. Der Erdkern besteht aus Eisen und die Temperaturen dort betragen zwischen 4600 °C und 6000 °C.

M1 Aufgeschnittener Pfirsich

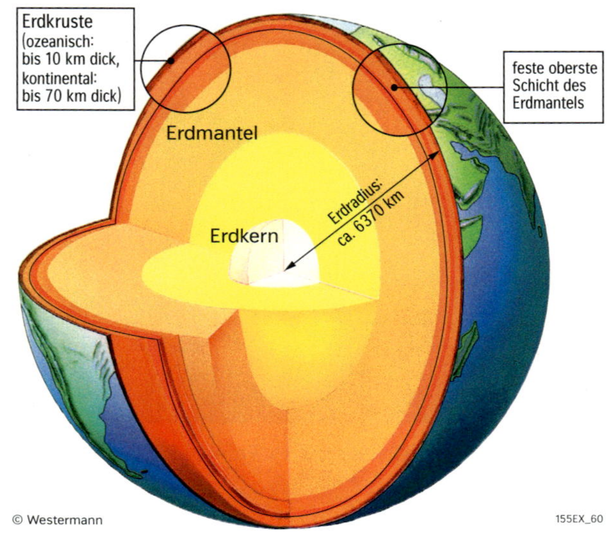

M2 Schema des Erdaufbaus

Entstehung des Schalenbaus

Es wird angenommen, dass die Erde vor etwa 4,6 Milliarden Jahren als Teil unseres Sonnensystems entstanden ist. Anfangs war sie eine glühende Kugel im Weltall. Im Laufe von Millionen von Jahren entwickelte sie sich zu unserem „blauen Planeten". Schaut man ins Erdinnere, war die Erde in den Anfängen ein Planet, der in allen Tiefen die gleiche chemische Zusammensetzung aufwies. Dann jedoch erwärmte sich das Erdinnere. Das schwere Eisen sank in den Kernbereich. Leichtere Bestandteile dagegen stiegen wie Blasen in einer brodelnden Suppe an die Oberfläche und bildeten beim Abkühlen schließlich eine Kruste. Sie war zunächst zähflüssig. Mit der Zeit wurde sie immer fester. Ozeane und Gebirge entstanden, Lebewesen bevölkerten die Erde.

Aufgaben

1. Zeichne einen Querschnitt durch die Erde und benenne die einzelnen Schalen (M2). Gib jeweils die Dicke und die Temperatur der einzelnen Schalen an. ↗ S. 162
2. **a)** Schneide einen Pfirsich vorsichtig durch und vergleiche ihn mit dem Schalenbau der Erde (M1).

   b) Markiere mithilfe einer Bleistiftspitze, wie tief die bisher tiefsten Bohrungen in die Frucht eindringen würden.
3. Erläutere, warum die Bohrung bei Windischeschenbach gut für weitere Forschungen in der Tiefe genutzt werden kann (Extra-Kasten, M4).
4. Begründe, warum man die Erdkruste so gut kennt.

Der Schalenbau der Erde näher betrachtet

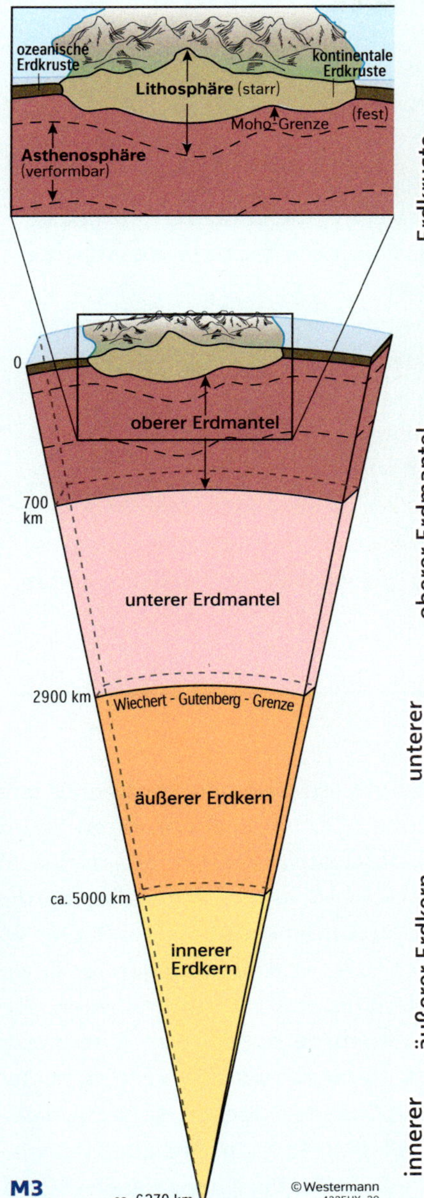

• Die Temperatur steigt in der Erdkruste mit zunehmender Tiefe bis auf 700 °C.
• Erdkruste (fest) und oberster Teil des Erdmantels sind in Platten gegliedert (= Lithosphärenplatten).

a) ozeanische Kruste
• Sie bildet den Untergrund der Ozeane.
• Sie ist etwa 5 – 10 Kilometer dick und
• besteht oft aus Basalt, einem vulkanischen Gestein mit hoher Dichte.

b) kontinentale Kruste
• Sie bildet die Kontinente und den Untergrund flacher Meere an den Kontinentalrändern,
• ist durchschnittlich 30 – 40 Kilometer, maximal 70 Kilometer dick und
• besteht aus Gesteinen geringerer Dichte, zum Beispiel Granit.

• Die Temperatur steigt auf etwa 1300 °C.
• Die oberen Gesteine sind fest und bilden gemeinsam mit der Erdkruste die *Lithosphäre* – die Gesteinshülle der Erde.
• Unter der Lithosphäre liegt die *Asthenosphäre* (griech.: asthenos = weich); Gesteine verformen sich, ähneln einer Knetmasse.
• Mit zunehmender Tiefe (Druckanstieg) verfestigen sich die Gesteine.

• Die Temperatur steigt auf etwa 3700 °C.
• Gesteine besitzen einen hohen Anteil von Eisen und sind aufgrund des hohen Drucks zähplastisch (verformbar).
• Der untere Mantel wird vom Erdkern erwärmt; heißes Material steigt auf.
• An manchen Stellen sinkt relativ kühles Material nach unten.

• Die Temperatur steigt im äußeren Erdkern auf etwa 4600 °C.
• Er besteht aus Eisen und Schwefel und hat eine hohe Dichte.
• An seiner Obergrenze verlangsamen sich die Erdbebenwellen stark; deshalb nehmen die Forscher an, dass er flüssig ist (wie Honig).
• Es finden Umwälzungsprozesse statt, die vermutlich eine Ursache des Magnetfeldes der Erde sind.

• Die Temperatur steigt im inneren Erdkern auf etwa 6000 °C.
• Er besteht aus Nickel und Eisen und besitzt eine extrem hohe Dichte.
• Er ist fest, weil der extrem hohe Druck das Schmelzen verhindert.

Die Erforschung des Erdinneren

Über das Erdinnere ist bislang wenig bekannt. Ein genaues Bild vom Erdinnern sollten Tiefenbohrungen bringen. Doch sowohl die größte Tiefenbohrung in Deutschland (bei Windischeschenbach, 9101 m) als auch die weltweit tiefste Bohrung mit 12 262 m mussten abgebrochen werden. Temperaturen bis zu 265 °C und extrem hoher Druck waren unüberwindbare Hindernisse.

Die Erdbebenwellen, die Seismologen messen, liefern ein „Röntgenbild" der Erde. Die Geschwindigkeit der Erdbebenwellen hängt von der Dichte des Gesteins ab und nimmt mit der Tiefe zu, jedoch nicht gleichmäßig. Plötzliche Veränderungen der Geschwindigkeit der Erdbebenwellen zeigen an, ob das Erdinnere einen festen, plastischen oder flüssigen Zustand hat.

M4 Bohrturm bei Windischeschenbach (Bayern)

Film
WES-113332-079

Theorie der Plattentektonik

Tollkühne Theorie veröffentlicht: Geophysiker glaubt an „Urkontinent"!

FRANKFURT/Main. Am 06.01.1912 fand in Frankfurt ein Treffen zu aktuellen Fragen der Geologie statt. Es wurde geprägt von einer Theorie des Geophysikers Alfred Wegener. Er vertritt die Meinung, dass es vor vielen Millionen Jahren nicht mehrere Kontinente gab, sondern nur eine zusammenhängende Landmasse. Diesen Urkontinent nennt der Forscher „Pangäa", was so viel bedeutet wie „sämtliche Erde vereint".

Er behauptet, dass dieser Urkontinent zerbrochen sei und die Bruchstücke seitdem als mehrere Kontinente umherschwämmen.

Alfred Wegener wurde 1880 in Berlin geboren. Er studierte Physik, Meteorologie und Astronomie in Berlin. Seit der Teilnahme an einer Grönland-Expedition lehrt Wegener in Marburg. Viele Geologen sehen die neue Theorie sehr kritisch und merken an, dass es keine Beweise für die Verschiebung gäbe. Zwar ist Alfred Wegener nicht der erste Wissenschaftler, der diese Theorie vertritt, jedoch möchte er sie als Erster beweisen.

M1 Zeitungsartikel vom 8. Januar 1912

„Passt nicht die Ostküste Südamerikas genau an die Westküste Afrikas, als ob sie früher zusammengehört hätten?", schrieb Alfred Wegener im Jahr 1911 an seine Frau.

Bei der Erforschung der Ozeanböden entdeckten Wissenschaftler lange Gebirge mit tiefen Gräben in der Mitte. Sie stellten fest, dass aus diesen Gräben Magma empordringt und erkaltet. Da der neue Meeresboden Platz braucht, drückt er die älteren Gesteine nach außen weg. Es bilden sich *ozeanische Rücken*. Eines dieser Gebirge auf dem Meeresgrund ist der Mittelatlantische Rücken. Er durchzieht den gesamten Atlantik von Norden nach Süden (M3). Daraus lässt sich schließen, dass – wie bereits

Wegener vermutete – die beiden Kontinente einst zusammenhingen. Durch Erdbohrungen wurde bewiesen, dass die Gesteine vom Mittelatlantischen Rücken hin zu den Kontinenten immer älter werden. Die Suche nach der Antriebskraft der Kontinente war somit erfolgreich. Die Verschiebung der Kontinente ist seitdem in der Wissenschaft unumstritten.

Die neue Theorie wurde bekannt als *Theorie der Plattentektonik*. Demnach wird die Erde nicht mehr in Kontinente und Ozeane eingeteilt, sondern in neun große und viele kleine Platten. Mit dieser Theorie über die Bewegungen der Kontinente lassen sich die Entstehung von Gebirgen und Ozeanen sowie von Erdbeben und Vulkanausbrüchen erklären.

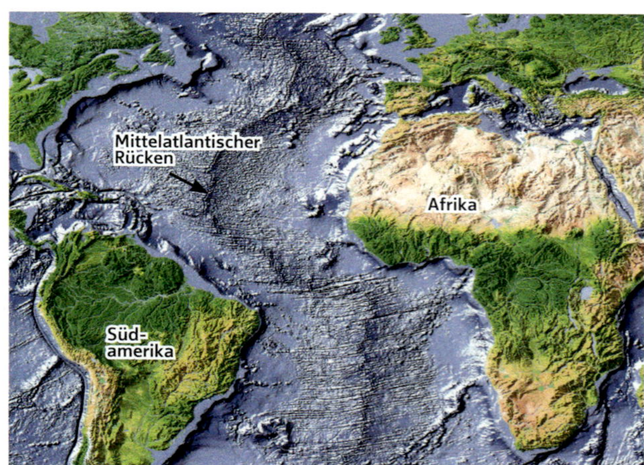

M2 Wegeners Argumentation

M3 Karte der Meeresbodenoberfläche

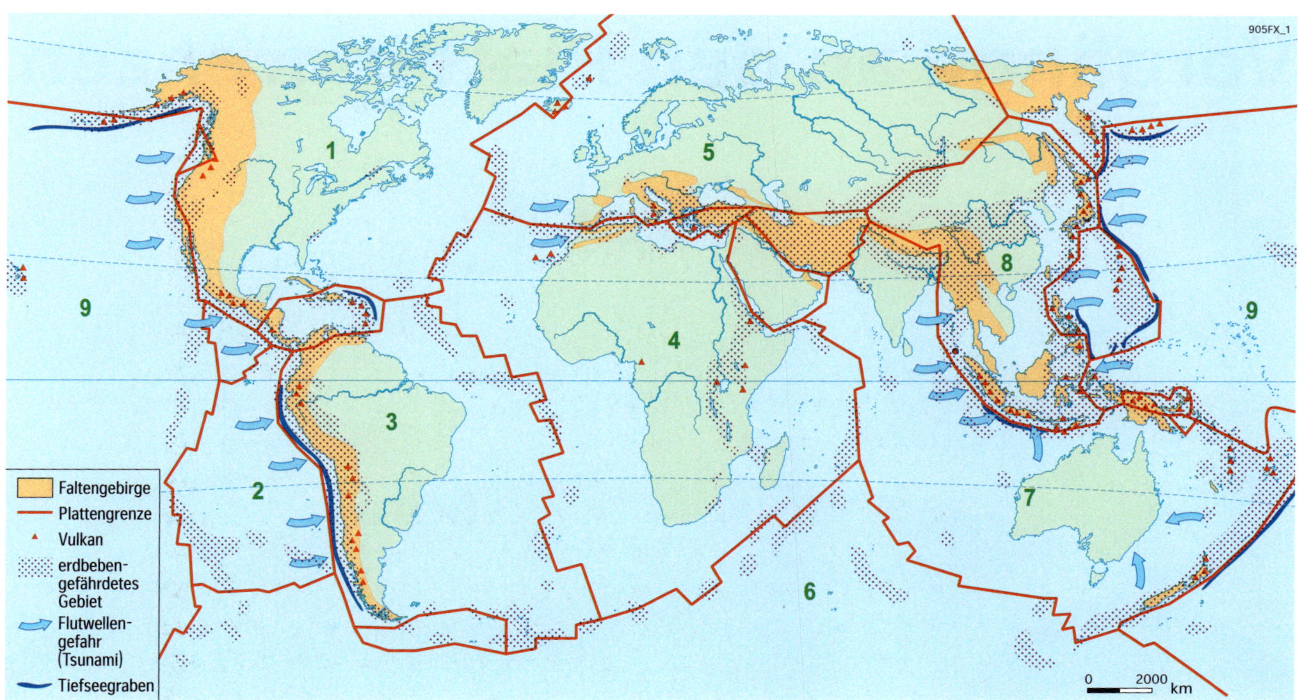

M4 Die Kontinentalplatten der Erde

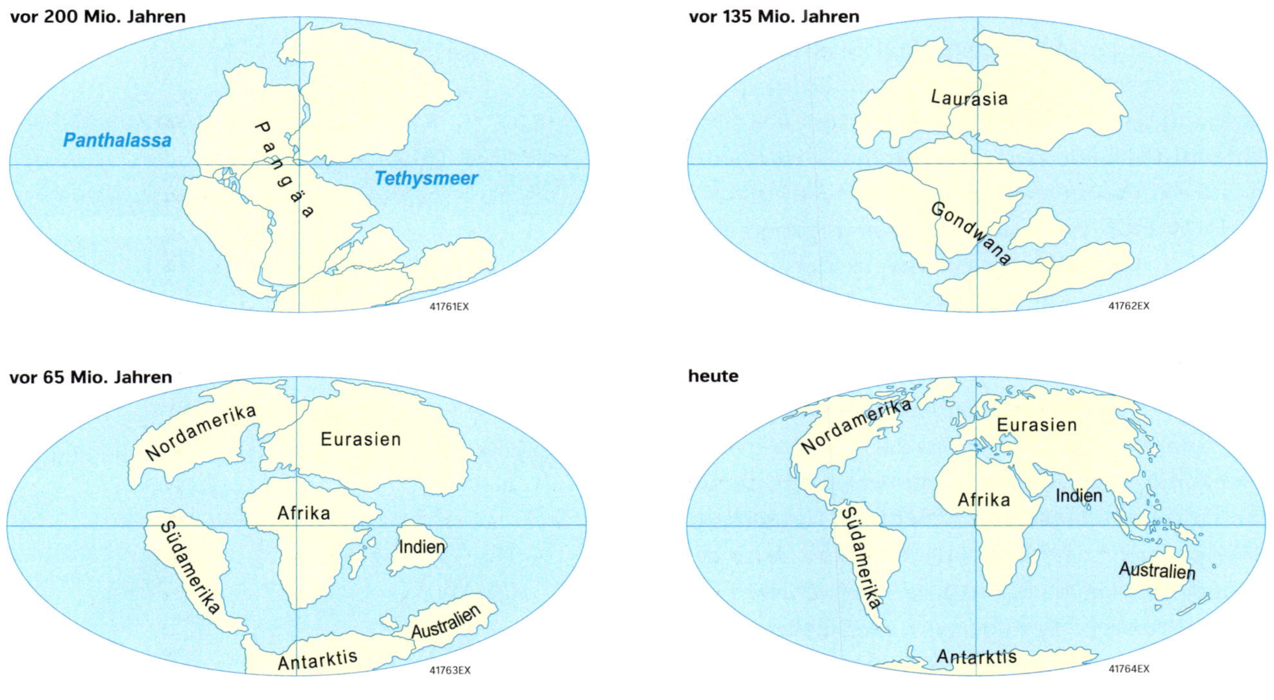

M5 Verschiebung der Kontinente im Laufe der Zeit

Aufgaben

1 Beschreibe Alfred Wegeners Theorie.

2 Beweise anhand der Texte und der Karte M2 Wegeners Theorie.

3 Benenne mithilfe des Atlas die neun großen und einige weitere kleinere Platten. ↗ S. 162

4 Kolumbus landete 1492 in San Salvador. Um heute Amerika zu entdecken, müsste er ca. 15 Meter weiter segeln. Erkläre: „Pro Jahr …"

5 Beschreibe die Folgen, wenn zwei Platten aufeinandertreffen oder auseinanderdriften, mit eigenen Worten.

Film

WES-113332-081

Vorgänge an den Plattengrenzen

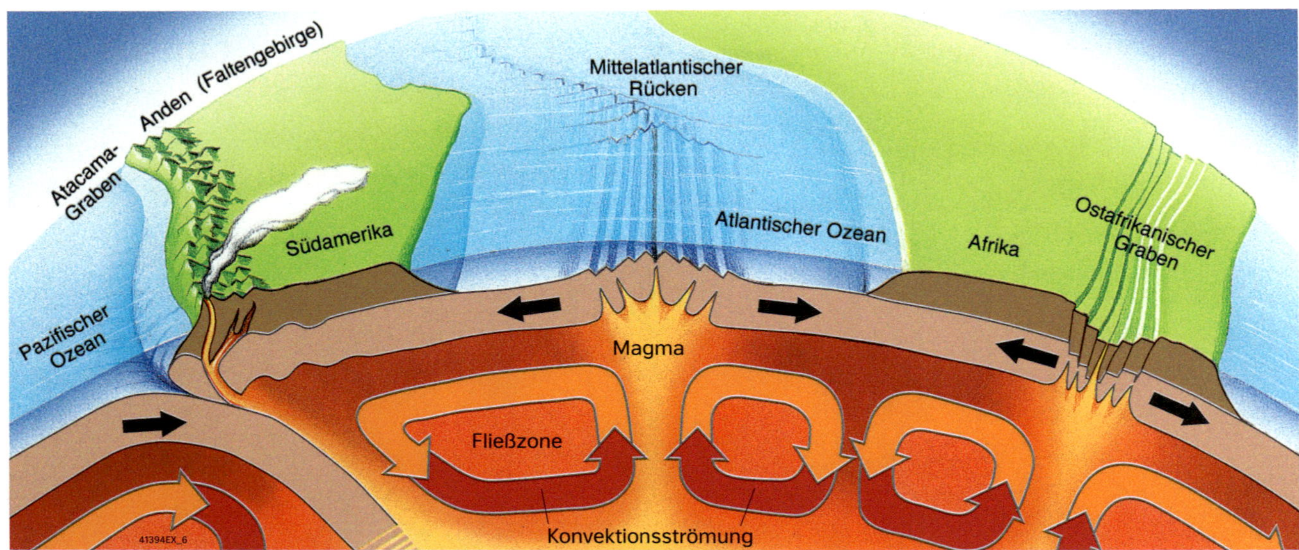

M1 Schnitt durch die Erde zwischen Südamerika und Afrika

Die Kontinentalplatten der Erde bewegen sich auf der zähflüssigen Asthenosphäre (Fließzone). Sie werden durch *Konvektionsströme* im Erdmantel in Bewegung gesetzt (M1). Ursächlich sind vor allem Dichteunterschiede zwischen dem heißen Erdinneren und der Erdoberfläche: Wärmeres Material aus dem Erdmantel steigt auf, kühleres dagegen sinkt ab. Erfolgen diese Prozesse im Bereich der Asthenosphäre, hat dies Auswirkungen auf die darüberliegende Lithosphäre. Ihre Platten bewegen sich. Bewegen sich Platten voneinander weg, entstehen Erdspalten, die meistens in den Ozeanen liegen. Diese Spalten werden ständig mit Magma gefüllt. Gleichzeitig wird der Ozeanboden nach beiden Seiten auseinandergedrückt (*Seafloor Spreading*). Bewegen sich zwei Erdplatten aufeinander zu, taucht die schwerere Platte unter die leichtere Platte ab (*Subduktion*). Bewegen sich zwei gleich schwere Platten aufeinander zu, so wölben sie sich zu einem hohen Gebirge auf (z. B. Himalaya). Wenn sich Platten seitlich aneinander vorbei schieben, dann spricht man von Horizontalverschiebung.

M2 Vielfältige Landschaftsformen an den Plattengrenzen

Aufgaben

1 Nenne die drei Grundtypen von Plattengrenzen.

2 Erkläre, wie der „Antrieb" der Erdplatten funktioniert (siehe Experiment 1, Seite 88).

3 Ordne die Texte a – f aus M4 den Zeichnungen 1 – 6 aus M3 zu.

4 Beschreibe die Fotos A – F (M2) und ordne auch sie den Texten a – f aus M4 zu.

5 Erkläre die Begriffe „Seafloor Spreading" und „Subduktion" und erläutere, wo diese Vorgänge im „Plattenpuzzle" möglich sind.

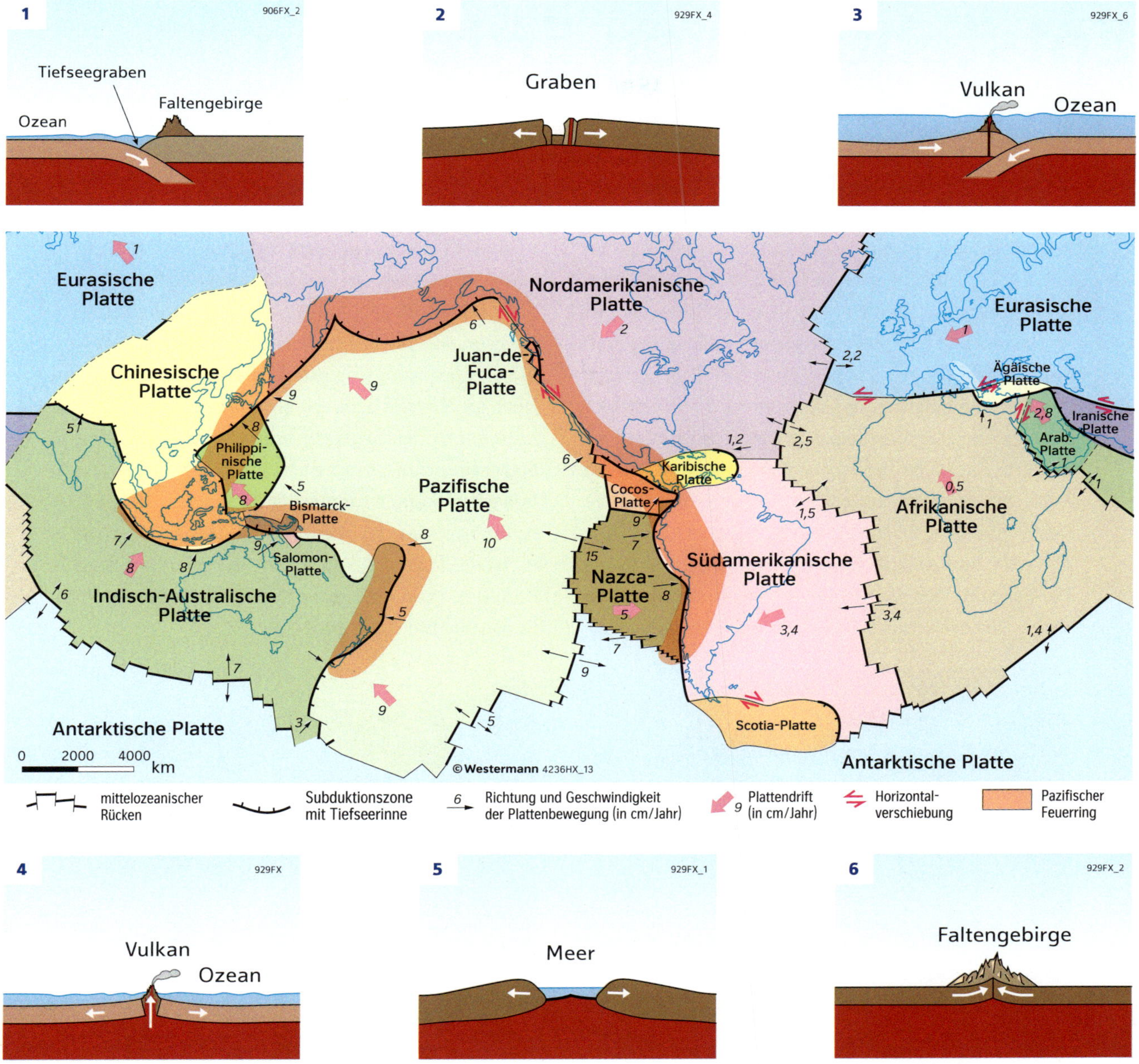

1   906FX_2

2   929FX_4

3   929FX_6

Legende:
- mittelozeanischer Rücken
- Subduktionszone mit Tiefseerinne
- Richtung und Geschwindigkeit der Plattenbewegung (in cm/Jahr)
- Plattendrift (in cm/Jahr)
- Horizontalverschiebung
- Pazifischer Feuerring

4   929FX

5   929FX_1

6   929FX_2

M3 Vorgänge an den Plattengrenzen

a Bewegen sich zwei ozeanische Platten auseinander, entstehen mittelozeanische Rücken. Vulkanische Inseln bilden sich.

b Treffen zwei ozeanische Platten aufeinander, entsteht ein Tiefseegraben mit unterseeischen Vulkanen.

c Gebirgsbildungen gibt es dort, wo zwei kontinentale Platten aufeinandertreffen. Oft kommt es hier auch zu Erdbeben.

d Bewegen sich zwei kontinentale Platten auseinander, kommt es zur Grabenbildung.

e Trifft eine ozeanische auf eine kontinentale Platte, entstehen ein Tiefseegraben und ein Faltengebirge.

f Entfernen sich zwei kontinentale Platten voneinander und dringt Wasser ein, kann ein neues Meer entstehen.

M4 Plattenbewegungen

Film
WES-113332-083

Entstehung von Erdbeben

Verheerendes Erdbeben in der Türkei und Syrien

Am 6. Februar 2023 um 04:17 Ortszeit erschütterte ein schweres Erdbeben die Grenzregion der Türkei und Syrien. Das Gebiet liegt in einer tektonischen Risikozone, in der gleich mehrere Erdplatten aufeinanderstoßen.

Das Beben erreichte die Stärke von 7,8 auf der nach oben offenen Richterskala. Das Epizentrum lag in der Provinz Kahramanmaraş im Südosten der Türkei, etwa 100 Kilometer nördlich der syrischen Grenze. Das Hypozentrum befand sich in knapp 18 Kilometern Tiefe. Weitere Nachbeben folgten bis Ende Februar. Die Kombination aus großer Erdbebenstärke und geringer Tiefe machten das Erdbeben so verheerend.

In einem Umkreis von rund 400 Kilometern stürzten Tausende Häuser ein oder wurden so schwer beschädigt, dass sie abgerissen werden mussten, unzählige Straßen und Wege wurden zerstört, die Wasser- und die Stromversorgung brachen teilweise zusammen. Noch am Tag des Erdbebens begannen die Hilfsmaßnahmen mit Nahrungsmitteln, Medikamenten und Maschinen zur Bergung von Opfern.

Insgesamt kamen infolge des Bebens fast 60 000 Menschen ums Leben, über 125 000 Menschen wurden verletzt und etwa 1,5 Millionen Menschen verloren ihr Zuhause. Die materiellen Schäden beliefen sich auf über 100 Milliarden US-Dollar.

Die türkische Stadt Adıyaman nach dem Beben

Humanitäre Soforthilfe für Erdbebenopfer

M1 Bericht über die Erdbebenkatastrophe in der Türkei (2023)

Die Erdplatten der Erdkruste sind nicht fest und starr, sondern sie bewegen und verschieben sich untereinander (vgl. Seite 83, M3).
Sie bewegen sich
– auseinander ← →,
– aufeinander zu → ←,
– aneinander vorbei ⇄.

Bei ihren Bewegungen (aufeinander zu und aneinander vorbei) können sich die Erdplatten verhaken. Dabei bauen sich an den Plattenrändern enorme Spannungen auf.
Diese Spannungen können sich gleichmäßig entladen und sind dann für uns Menschen kaum spürbar. Anders jedoch, wenn sie sich plötzlich und ruckartig entladen. Dann entstehen Erdbeben.

Vom *Hypozentrum* (= Erdbebenherd) breiten sich die Erdbebenwellen nach außen aus. Die Stelle, an der die Erdbebenwellen als Erstes die Erdoberfläche erreichen, wird *Epizentrum* genannt. Es liegt senkrecht über dem Hypozentrum (dem vermuteten Entstehungsort des Erdbebens).

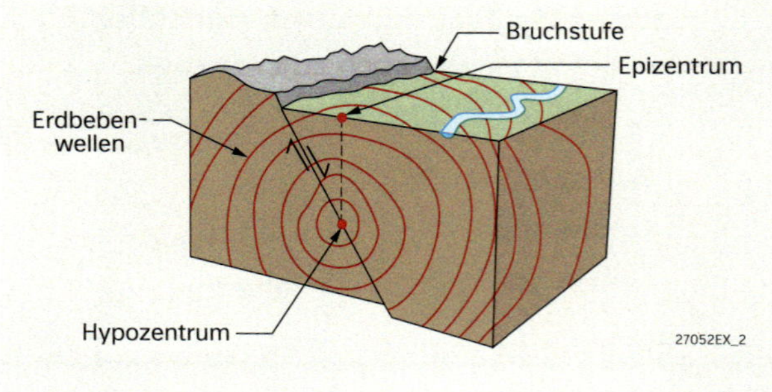

M2 Hypozentrum und Epizentrum

Der Verlauf eines Erdbebens wird von einem Seismograf festgehalten, der die Erdbebenwellen misst und als Linien in einem *Seismogramm* darstellt. Je stärker die Ausschläge, umso stärker sind die Erdstöße.

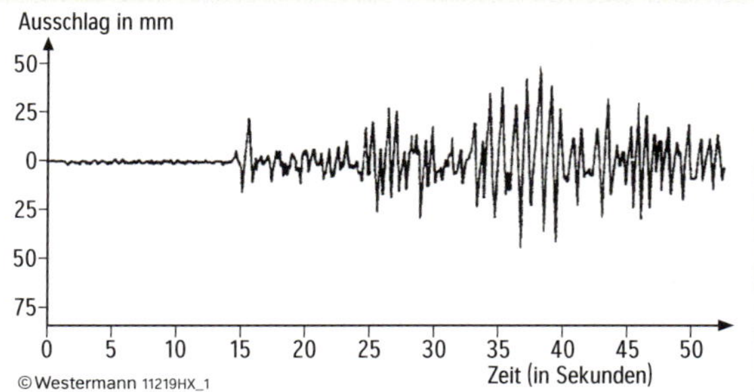

Weltweit registrieren etwa 10 000 Messstationen Erdbeben. Deren Auswertung lässt Aussagen über Lage und Tiefe des Bebenherds sowie die freigesetzte Energie zu.

M3 Aufzeichnung von Erdbeben

Die Stärke eines Erdbebens wird meist mit der nach oben offenen *Richterskala* angegeben. Nach oben offen bedeutet, dass man die Zahlenskala, die derzeit bis 10 reicht, jederzeit erweitern kann. Bisher wurde ein Beben mit der Stärke 10 allerdings noch nie gemessen. Mit jedem Punkt auf der Skala steigt der Wert um das Zehnfache. Ein Beben der Stärke 7,0 ist folglich zehnmal stärker als eines der Stärke 6,0 und hundertmal stärker als eines von 5,0.

M4 Die Richterskala

Aufgaben

1. Nenne die Folgen von Erdbeben.
2. Beschreibe in eigenen Worten die Entstehung und Ausbreitung eines Erdbebens. ↗ S. 162
3. Nenne Maßnahmen, wie man erdbebensicher bauen kann (vgl. Extra-Kasten).
4. **a)** Erdbeben werden mit Seismografen gemessen. Recherchiere zu deren Funktionsweise.
   b) Erkläre, was die Stärkeangaben 4,0 und 6,0 bedeuten.
5. Begründe, warum Erdbeben zu den gefürchtetsten Naturkatastrophen gehören.
6. „Überall an den Nahtstellen der Erdkruste, den Plattenrändern, ticken Zeitbomben." Überprüfe diese Aussage.

  **Film**
WES-113332-085

Erdbebensicher bauen?

Trotz modernster Forschung können Erdbeben nur kurzfristig vorhergesagt werden. Deshalb bleibt den Menschen wenig Zeit, sich zu schützen. Außerdem sind die Vorhersagen nicht genau genug. Daher versucht man, in erdbebengefährdeten Gebieten durch erdbebensicheres Bauen die Schäden möglichst gering zu halten.

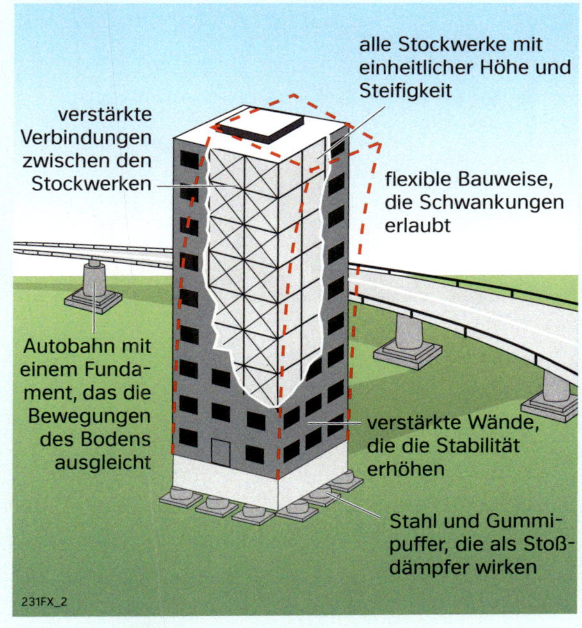

M5 Erdbebensicheres Bauen

M6 Versuche zur erdbebensicheren Bauweise

Tsunamis bedrohen die Küsten

Am 11. März 2011 ereignete sich vor der Ostküste Japans ein extrem starkes Seebeben (9,1 auf der Richterskala). Der Erdbebenherd in etwa 32 Kilometern Tiefe befand sich 72 Kilometer vor der Küste Japans unter dem Meeresboden. Zwei große tektonische Platten hatten sich ruckartig verschoben. Innerhalb weniger Sekunden waren auf der gesamten Hauptinsel Honshu minutenlang starke Erdbewegungen spürbar. Gebäude im 370 Kilometer entfernten Tokio wurden beschädigt.

Was aber 20 bis 50 Minuten nach dem Seebeben entlang der japanischen Pazifikküste folgte, übertraf die Erdbebenfolgen um ein Vielfaches. Eine gewaltige Flutwelle, ein Tsunami, verwüstete breite Küstenabschnitte. In flacheren Abschnitten drang das Meerwasser viele Kilometer ins Landesinnere ein und walzte alles nieder. In manchen Buchten türmte sich die Welle bis zu 40 Meter Höhe auf. Ganze Orte, Straßen und Flughäfen wurden weggespült, Hunderttausende Häuser zerstört. Trotz eines funktionierenden Frühwarnsystems und zahlreicher Schutzmaßnahmen starben über 19 000 Menschen.

Zusätzlich kam es in dem zeitweise überfluteten Atomkraftwerk Fukushima zu großen Schäden, die dazu führten, dass Radioaktivität freigesetzt wurde. Gebiete im Umkreis von vielen Kilometern um das Kraftwerk werden auf lange Zeit nicht mehr bewohnbar sein. Insgesamt entstanden Schäden von über 300 Milliarden Euro.

M1 Bericht über den Tsunami in Japan (2011)

Der Begriff *Tsunami* kommt aus dem Japanischen und bedeutet so viel wie „große Hafenwelle". Er wurde von japanischen Fischern geprägt, die abends nach der Rückkehr vom Fischfang ihren Hafen, aber auch ihre Dörfer zerstört vorfanden.

Entstehung eines Tsunami

Gewöhnliche Wasserwellen entstehen durch die Kraft des Windes. Eine Tsunamiwelle hingegen wird durch Erdbeben ausgelöst. Liegt das Epizentrum, unter Wasser, wird es auch *Seebeben* genannt. Bei Seebeben geraten gewaltige Wassermassen in Bewegung. Anders als normale Wasserwellen, die sich hauptsächlich an der Oberfläche bewegen, bemerkt man diesen Vorgang auf offener See kaum. Erst wenn der Tsunami einen Bereich mit flacherem Wasser nahe der Küste erreicht, türmen sich plötzlich Wellen von 30 bis 40 Metern auf. Diese Wellen können weit ins Landesinnere vordringen.

Bevor die Wellen jedoch an der Küste eintreffen, weicht das Meer um mehrere Hundert Meter zurück. Das Wasser wird mit einem gewaltigen Sog ins Meer hinausgezogen. Dieses Warnsignal gibt den Menschen die Chance, sich bis zum Eintreffen der Flutwelle so weit wie möglich ins Landesinnere bzw. auf höher gelegene Punkte zu begeben.

schule.diercke.de | 100852-170-02

M2 Flutwelle in Natori (Japan) am 11.03.2011

M5 Häuser in Trümmern nach dem Tsunami

M3 Epizentrum und Höhen der Flutwelle am 11.03.2011

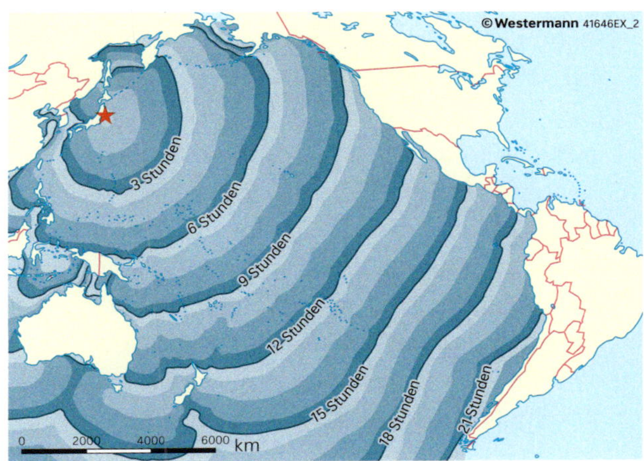

M6 Ausbreitung des Tsunamis

① Das Seebeben löst eine Flutwelle aus.
② Die Welle pflanzt sich im Meer fort.
③ Die Welle baut sich zum Ufer hin immer weiter auf.
④ Der Tsunami bricht über die Küste herein.

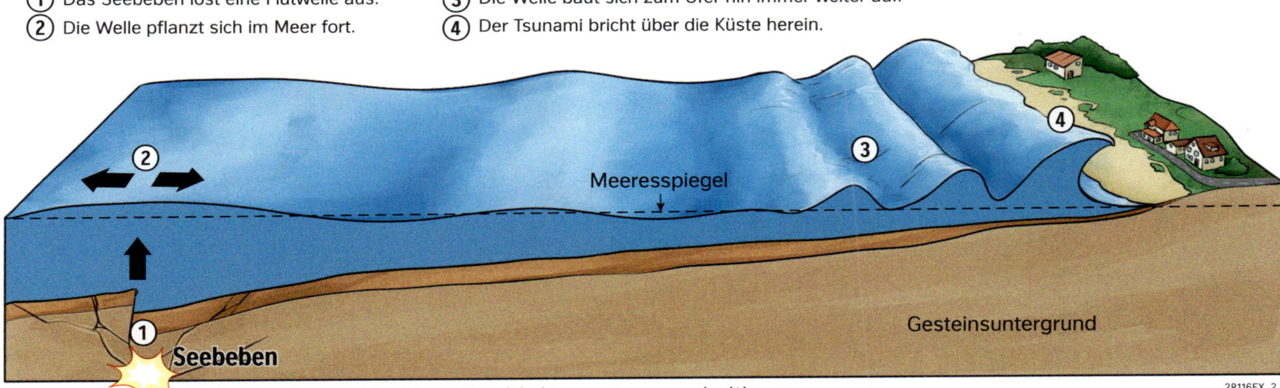

M4 Entstehung und Ausbreitung eines Tsunamis

Aufgaben

1 **a)** Nenne die Küstenabschnitte Japans, die von der Flutwelle am 11.03.2011 betroffen waren (M3, Atlas).
b) Beschreibe die Folgen dieses Tsunamis.

2 Erkläre mithilfe der Grafik M4 die Entstehung und Ausbreitung eines Tsunamis.

3 Ermittle die Geschwindigkeit, mit der sich die Flutwelle am 11.03.2011 auf die Westküste Südamerikas zubewegte (M6). ↗ S. 162

4 Gestaltet eine Wandzeitung zum Thema „Tsunami".

5 Formuliere Verhaltensregeln für Küstenbewohner nach einer Tsunamiwarnung. ↗ S. 162

🎬 **Film**

WES-113332-087

„Lebendige" Erde – Modellexperimente

Experiment 1

Die Erdkruste wird bewegt

Mit diesem Experiment kannst du dir besser vorstellen, wie es zum Aufsteigen von heißem Magma kommt:
Stelle eine Glasschüssel auf einen Dreifuß (aus der Chemiesammlung). Stelle dann unter die mit Wasser gefüllte Schüssel eine brennende Kerze. Gib nun mit einer Pipette auf den Boden der Schüssel etwas Kaliumpermanganat (= violette Kristalle) und beobachte, was geschieht. (Den Inhalt der Schüssel kannst du anschließend in den Ausguss schütten.)
Was ist zu beobachten, wenn du zusätzlich kleine Styroporstückchen in der Mitte der Wasseroberfläche schwimmen lässt?
Erkläre und notiere deine Beobachtungen.

M1 Experiment zum Magmaaufstieg

Experiment 2

Die Erdoberfläche verschiebt sich

Driften zwei Erdplatten langsam aneinander vorbei (Horizontalverschiebung), so können sich enorme Spannungen aufbauen. Diese entladen sich immer wieder ruckartig – es entstehen Erdbeben.
Um diesen Vorgang nachzuvollziehen, nimmst du einen dicken Styroporblock und halbierst diesen diagonal.
Entlang der Schnittlinie kannst du auf der mit trockenem Sand bestreuten Oberfläche Häuschen aufstellen.
Bewege nun beide Hälften in entgegengesetzter Richtung aneinander vorbei. Was geschieht, wenn du die beiden Hälften langsam, schnell oder mit seitlichem Druck aneinander vorbeigleiten lässt?
Besprich deine Beobachtungen mit deinen Mitschülerinnen und Mitschülern.

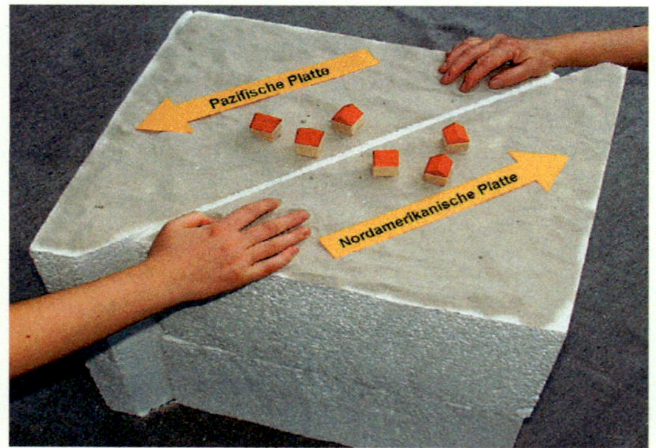

M2 Experiment zur Horizontalverschiebung

Experiment 3

Die Erdplatten als Puzzlespiel

Wissenschaftler fanden in Südamerika und Afrika Überreste gleicher Tier- und Pflanzenarten. Auch gleichalte Gesteine sind auf beiden Kontinenten nachweisbar.
Um zu zeigen, dass die beiden Kontinente früher zusammenhingen, benötigst du zunächst eine Karte. Auf dieser suchst du dir die Kontinente Südamerika und Afrika heraus und zeichnest deren Umrisse auf Transparentpapier (z. B. Butterbrotpapier) nach. Schneide nun die beiden Kontinente, die du noch auf einen Karton kleben kannst, sorgfältig aus. Schiebe die beiden Umrisse so lange herum, bis sie zueinander passen.

Die Erde spuckt Feuer

Mit diesem Modell kannst du einen Vulkanausbruch nachempfinden:

Fülle etwas Mehl in einen kleinen Luftballon. Verbinde den Schlauch der Luftpumpe mit dem Ballon. Achte darauf, dass die Verbindung dicht ist (Klebeband). Pumpe den Luftballon leicht auf, sodass er sich mithilfe von etwas Sand aufrecht hinstellen lässt. Forme mit dem restlichen, leicht angefeuchteten Sand einen Vulkankegel darüber. Pumpe den Ballon so lange auf, bis er platzt. Wie verändert sich das Aussehen des Vulkankegels bis zum nachgeahmten Vulkanausbruch?

Beschreibe deine Beobachtungen.

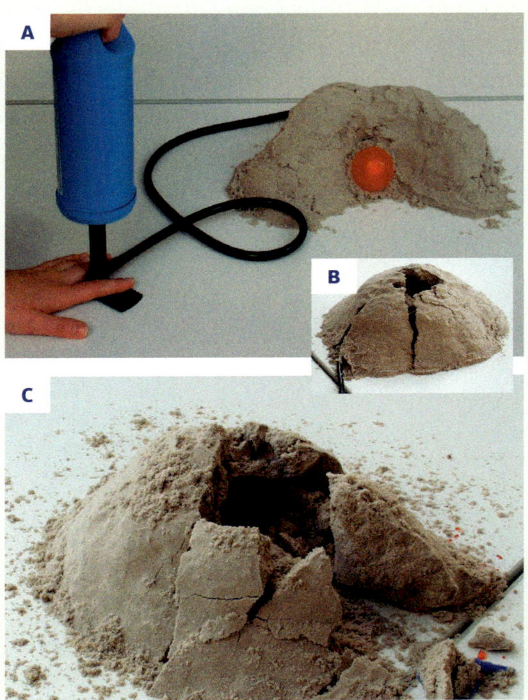

M3 Experiment zum Vulkanausbruch

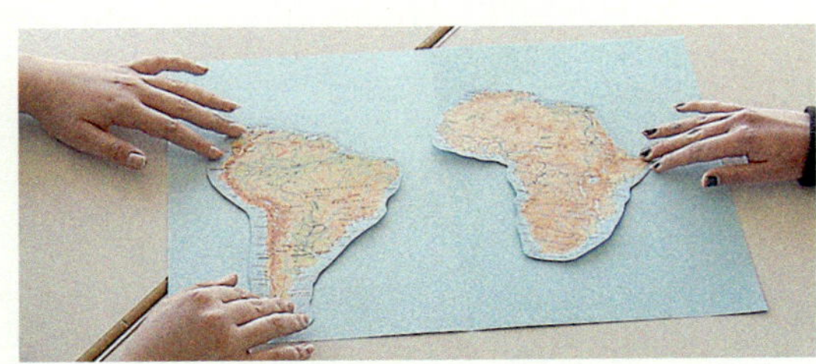

M4 Experiment zur Verschiebung der Kontinente

Die Erdoberfläche wird überflutet

Kommt es nach einem Erdbeben zu einem Tsunami, sind die Folgen für Mensch und Natur enorm. Bis weit ins Landesinnere wird alles zerstört, was sich der Welle in den Weg stellt.

Folgender Modellversuch hilft dir, diese zerstörerische Kraft besser zu verstehen: Nimm einen Blumenkasten und baue am einen Ende eine Küstenlandschaft aus Sand nach. Diese kannst du noch mit Bäumen, Häusern usw. gestalten. Nun füllst du das Becken vorsichtig mit Wasser. Um einen Tsunami zu erzeugen, legst du in das gegenüberliegende Ende des Blumenkastens einen zugeschnittenen dicken Karton. Bewege diesen nun in unterschiedlicher Geschwindigkeit auf und ab, beziehungsweise vor und zurück.

Welche Auswirkungen haben deine Bewegungen auf die Küstenlandschaft?

Notiere deine Beobachtungen.

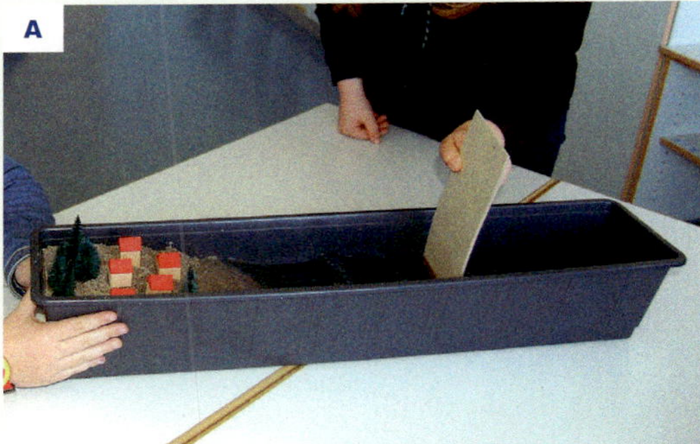

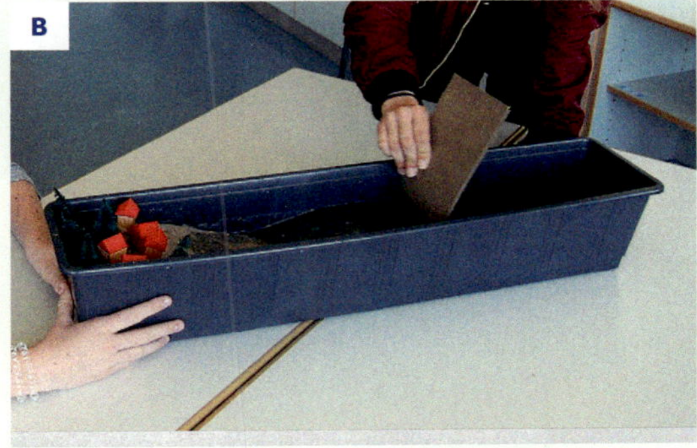

M5 Experiment zu den Folgen eines Tsunamis

Kreislauf der Gesteine

Hauptarten der Gesteine: In der Gesteinskunde werden Gesteine nach ihrer Entstehung unterteilt. Man unterscheidet drei Hauptarten:
– Erstarrungsgesteine
  (oder magmatische Gesteine/Magmatite),
– Ablagerungsgesteine
  (oder Sedimentgesteine/Sedimentite),
– Umwandlungsgesteine
  (oder metamorphe Gesteine/Metamorphite).

Entstehung der Magmatite

Erstarrungsgesteine entstammen aus einer glutflüssigen, mindestens 700 °C heißen Gesteinsschmelze des Erdinneren. Durch Abkühlen und Auskristallisieren der Bestandteile des Magmas entstehen daraus die *Magmatite*. Erstarren sie langsam innerhalb der Erdkruste, entstehen Tiefengesteine wie z. B. *Granit* mit großen Kristallen. Erreicht Magma die Erdoberfläche, fließt es als Lava aus Vulkanen. Die ausfließende Lava erkaltet sehr schnell (Kristallisation), deshalb sind die Kristalle sehr klein. Im Gestein gibt es durch Gase Hohlräume. Typische Gesteine sind *Basalt* und Bimsstein.

Entstehung der Sedimentite

An der Erdoberfläche verwittern Gesteine unter anderem durch Einfluss von Hitze und Kälte, Regen und Wind. Wasser, Eis und Wind sorgen für die Abtragung. Durch Erosion wird aus Felsbrocken Geröll, Kies, Sand und sogar Schlamm. Dieses Material wird ins Meer transportiert, wo es sich schichtweise ablagert (*Sedimentation*) und Sedimente bildet. Durch den zunehmenden Gewichtsdruck verfestigen sich die Sedimente wieder, es entsteht Sandstein. Sandsteine sind also Sedimentgesteine, auch *Sedimentite* genannt.
Kalkstein gehört ebenfalls zu den Sedimentiten. Im Meerwasser befindet sich gelöster Kalk. Verdunstet das Wasser in einem Flachmeer, dann steigt die Kalkkonzentration und der Kalk setzt sich am Meeresboden ab. Dies geschah bei uns in der Jurazeit. In Jahrmillionen wurden Hunderte Meter Kalk, die heutige Schwäbische Alb, abgelagert. Oft sind im Gestein Tier- und Pflanzenreste (Fossilien) enthalten.

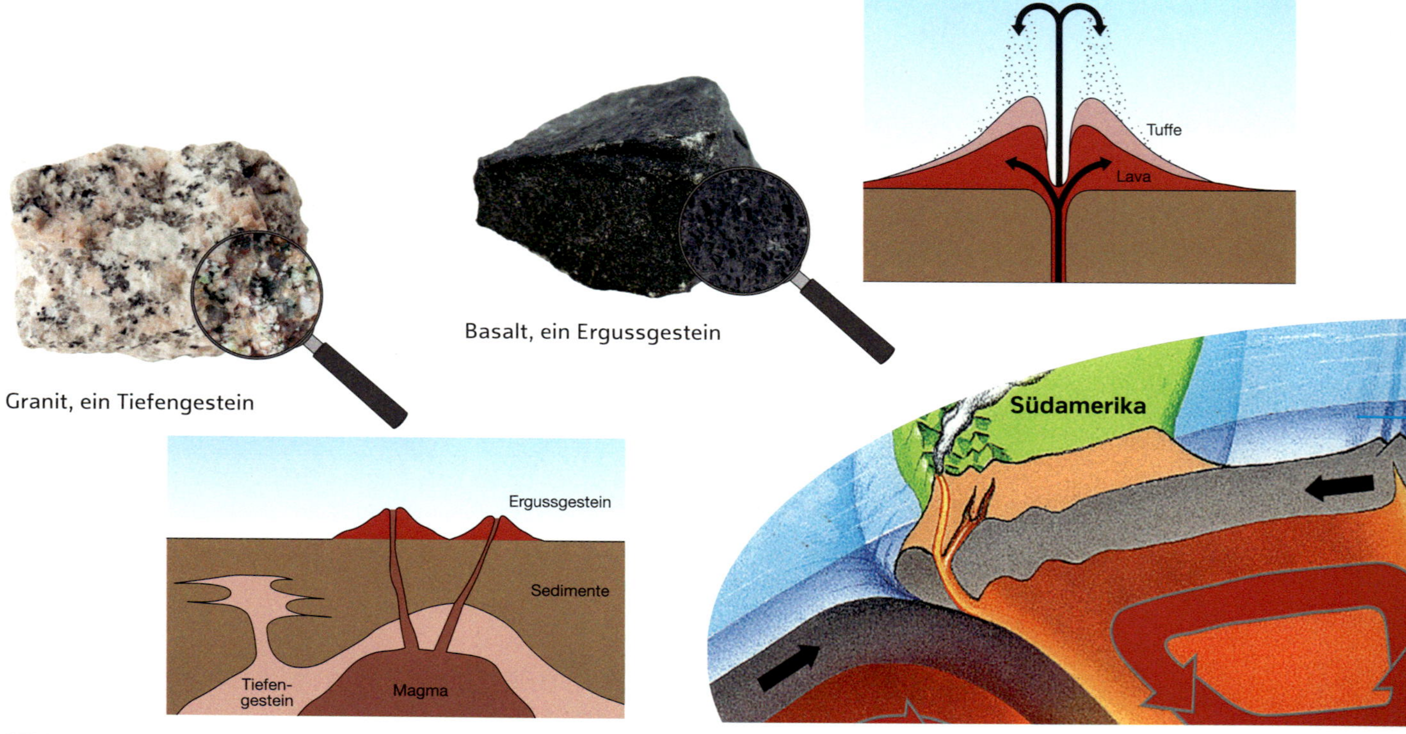

Granit, ein Tiefengestein

Basalt, ein Ergussgestein

M1 Gesteine und ihre Entstehungsorte und -prozesse

Entstehung von Metamorphiten

Wenn Sedimentite durch Bewegungen in der Erdkruste in große Tiefen gelangen (z. B. bei Gebirgsbildungen), erhöhen sich Druck und Temperatur. Dabei durchläuft das Gestein eine Umwandlung, eine *Metamorphose*. Es entstehen *Metamorphite*. So kommt es bei Granit zu einer weitgehend parallelen Ausrichtung der Kristalle und er wird zu Gneis umgewandelt. Kalkstein wird in der Tiefe teilweise aufgeschmolzen, es entsteht Marmor. Metamorphe Gesteine bilden sich auch, wenn heißes Magma mit anderen Gesteinen in Kontakt kommt.

Aufgaben

1 Nenne die drei Gesteinsarten mit ihren Unterarten und beschreibe sie mithilfe ihrer Hauptmerkmale.

2 Beschreibe den möglichen Weg eines Steins vom Gebirge in einen Vulkan.

3 Erkläre die Überschrift „Kreislauf der Gesteine". ↗ S. 162

4 Recherchiere in deiner Umgebung jeweils ein Beispiel für die Verwendung der genannten Gesteine.

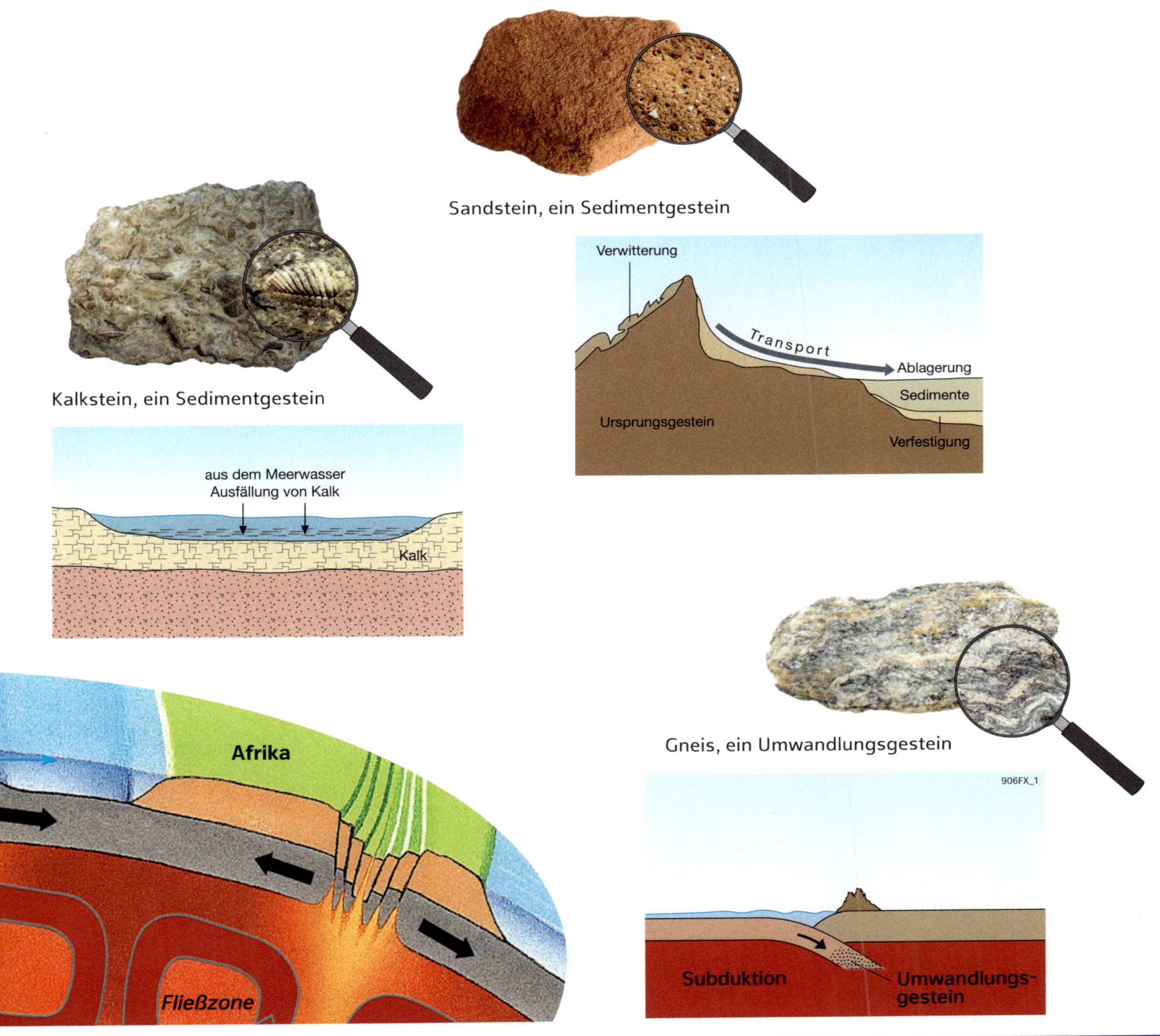

Eine Risikoregion kommt nicht zur Ruhe

Am Oberrheingraben bebt die Erde täglich und die Menschen müssen damit leben. Die Mehrzahl der Erdbeben verlaufen jedoch von den Menschen unbemerkt. Manchmal aber sind die Erschütterungen sekundenlang als dumpfes Grollen, lautes Knallen oder Erzittern des Bodens deutlich zu spüren. Dann klirren die Gläser im Schrank, schwanken die Betten und es entstehen Risse in Häusern.

Für Seismologen sind die Erdbeben keine Überraschung, denn die Region ist Teil einer geologischen Schwächezone.

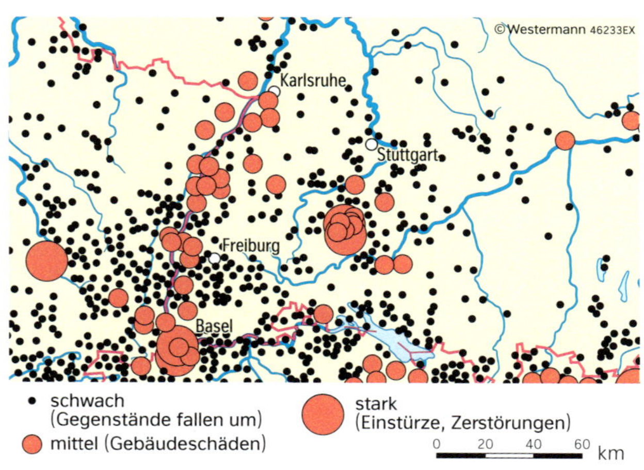

M2 Epizentren von 1970 bis 2020

Entstehung des Oberrheingrabens

Der Oberrheingraben ist ein kontinentaler Grabenbruch und erstreckt sich als etwa 36 Kilometer breite und 300 Kilometer lange Einsenkung von Basel bis Frankfurt. Grabenbrüche sind Dehnungszonen der Lithosphäre, die durch Zerrung in diesen Bereichen ausgedünnt wird. Bei der Dehnung der Erdkruste entstehen Brüche im Gestein, was wiederum Erdbeben zur Folge hat. Durch die Dehnung der Lithosphäre steigt die Asthenosphäre höher auf, als das unter Kontinenten sonst üblich ist. Dabei dringt Magma aus dem Erdmantel empor. Kühlt dieses wieder ab, wird es schwerer: Die Grabensenkung beginnt.

Wo Magma bis zur Erdoberfläche drang, bildeten sich Vulkane wie der Kaiserstuhl und der Vogelsberg.

M1 Das europäische Grabenbruchsystem

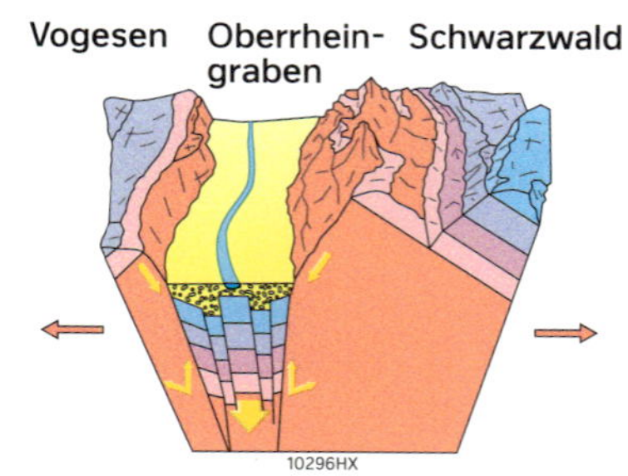

M3 Der Oberrheingraben im Profil

Erdbeben am Oberhein – Plattentektonik als Ursache

Erdbeben entlang des Oberrheingrabens sind das Ergebnis tektonischer Aktivitäten.

Diese liegen manchmal nur wenige Hundert Kilometer von einer der Hauptbebenzonen der Erde entfernt, die von Nordafrika über Italien, den Balkan und Griechenland bis in die Türkei reicht. Hier stoßen die Afrikanische und die Eurasische Platte zusammen und haben im Laufe von Jahrmillionen die Alpen aufgefaltet. Immer wieder bauen sich in dieser „Knautschzone" mächtige Spannungen auf, die sich in Erdbeben entladen.

Außerdem liegt der Oberrheingraben im Zentrum des europäischen Grabenbruchsystems (M1). So entfernen sich zum Beispiel die Vogesen, die sich nach Süden bewegen, und der Schwarzwald zunehmend voneinander.

Die aktuelle Bewegungssituation im Oberrheingraben wird durch das Auswerten von GPS-Daten beobachtet.

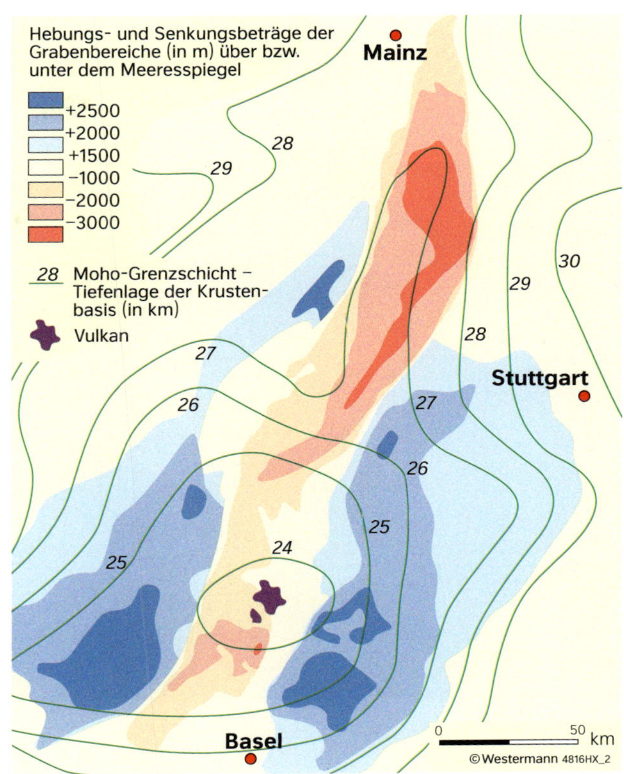

M4 Tektonik im Oberrheingraben

Bewegungsmessungen mit GPS

Heute kann man mithilfe des GPS (Global Positioning System) selbst kleinste Plattenbewegungen messen. Einzelne Messpunkte erfassen in regelmäßigen Abständen Daten. Diese werden an Satelliten weitergeleitet und von dort an ein Rechenzentrum geschickt. Wissenschaftler werten die Daten aus und können dadurch nachweisen, dass der Ort „wandert".

An der Messstation Karlsruhe konnte man feststellen, dass sich die Station um 0,8 mm im Jahr nach Norden verschiebt, in Straßburg dagegen um 0,3 mm nach Nordwesten. Andere Stationen bewegen sich dagegen mit einer Geschwindigkeit von 0,5 bis 1,5 mm pro Jahr nach Südwesten.

Sowohl die unterschiedlichen Geschwindigkeiten als auch die unterschiedlichen Bewegungsrichtungen führen zu Spannungen und Verformungen der Erdkruste und damit zu Erdbeben.

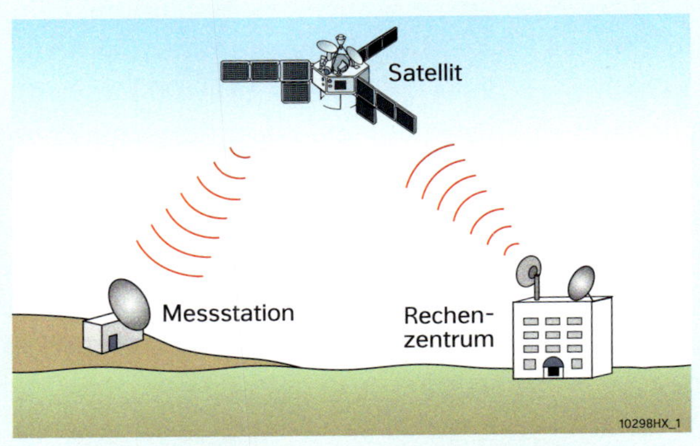

M5 Messung und Übertragung von Erdbebenwellen

Aufgaben

1 Beschreibe die Erdbebensituation am Oberrhein (Text, M2).

2 Erkläre, weshalb die Oberrheinregion als sehr aktives Erdbebengebiet gilt.

3 Erläutere den Prozess der Grabenbildung anhand des Textes sowie M3 und M4.

4 „Die Erdplatten Europas bewegen sich." Informiere dich mithilfe des Internets, welche Rolle dabei die GPS-Messung spielt.

Vulkanismus

M1 Ausbruch des Tungurahua (Ecuador)

M3 Ausbruch des Kilauea (Hawaii, USA)

Wenn die Erde Feuer spuckt

Glühende Lavaströme, die alles erbarmungslos niederbrennen, was sich ihnen in den Weg stellt, oder gigantische Explosionen und kilometerhohe Aschewolken – diese beeindruckenden Bilder kennst du aus den Medien. Oft wird auch von Menschen berichtet, die fliehen und ihr Hab und Gut in Sicherheit bringen müssen.

Bei solchen Ausbrüchen handelt es sich meist um *Schichtvulkane*. Ihr vulkanisches Material besteht größtenteils aus geschmolzener Kontinentalkruste. Deshalb sind diese „nur" 700 bis 1000 °C heiß, außerdem zähflüssig und gasreich. Durch die Gase kann sich hoher Druck aufbauen, der sich durch einen explosionsartigen Ausbruch löst und Magma mit sich reißt. Die vulkanische Asche wird bis zu 30 km in die Atmosphäre geschleudert, weshalb diese Vulkane auch „graue Vulkane" genannt wer-

den. Der Großteil von ihnen liegt um den zirkumpazifischen Feuerring. Die italienischen Vulkane gehören ebenfalls zu diesem Typ.

90 % aller Vulkane findet man entlang der ozeanischen Rücken. Von diesen weitgehend untermeerischen Rücken zeugen die über die Meeresoberfläche ragenden Vulkaninseln. Die größte davon ist Island. Hier kommen hauptsächlich *Schildvulkane* vor. Ihre Lava, die aus dem Erdmantel stammt, hat eine Temperatur von 1100 bis 1250 °C. Sie ist dünnflüssig und kann sich daher großflächiger und flacher ausbreiten. Durch die hohe Ausflussgeschwindigkeit können die im Magma enthaltenen Gase schnell entweichen. Dabei kann es zu kleinen Explosionen kommen. Auf diese Weise entstehen große Vulkankomplexe oder Lavadecken. Auf Island, den Hawaii-Inseln und auf Galápagos befinden sich zahlreiche solcher Vulkane.

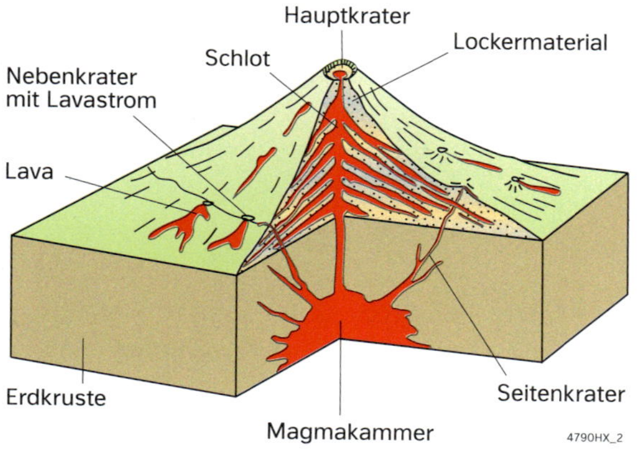

M2 Aufbau eines Schichtvulkans

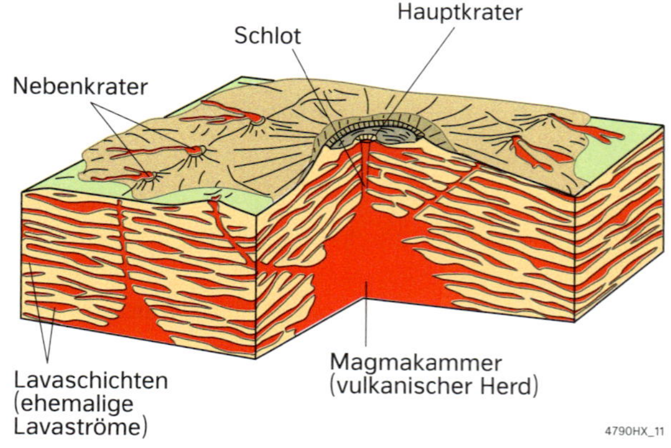

M4 Aufbau eines Schildvulkans

schule.diercke.de | 100852-068-01, 100852-170-02, 100852-177-03

Der Eyjafjallajökull bricht aus – Flugverkehr in Europa lahmgelegt

Als die Aschewolke Island wieder einmal in Dunkelheit getaucht hatte, erinnerte sich Bauer Helgi Johannsson an die Worte einer alten Frau. 1918 hatte sie einen gewaltigen Ausbruch auf der Vulkaninsel miterlebt und wünschte ihm: „Ich hoffe, dass deine Generation so etwas nicht durchmachen muss." Zunächst glaubte auch niemand, dass der Ausbruch des Eyjafjallajökull (= Inselberggletscher) (gesprochen: eija fjatla joe:kytl), der zuletzt vor rund 200 Jahren ausbrach, solche Ausmaße annehmen würde. Als in der Nacht auf den 21. März 2010 nach zehn Jahren auf Island wieder ein Vulkan ausbrach, wurden 450 Menschen aus der Nähe des Vulkans sicherheitshalber evakuiert. In mehreren Gemeinden wurde der Notstand ausgerufen. Aus einem kilometerlangen Spalt ergossen sich mehrere bis zu 11 m mächtige Lavaströme.

So plötzlich, wie er begonnen hatte, endete der Ausbruch am 12. April – die Ruhe schien unwirklich.

Und tatsächlich: In der Nacht zum 14. April erschütterten Hunderte von vulkanischen Erdbeben den Gletschervulkan. Es öffnete sich eine zwei Kilometer lange Spalte unter dem Gletscher. Das entstandene Schmelzwasser überflutete das vor dem Gletscher liegende Land auf einer Breite von 3 km und riss Straßen und Brücken mit sich. Die Eruptionssäule stieg mehrere Kilometer auf und gefährdete den Flugverkehr – der Internationale Flughafen Keflavik auf Island wurde gesperrt. Einen Tag später wurde die Flugverbotszone über Deutschland und ganz Mitteleuropa ausgedehnt. Zu groß war die Gefahr, dass Ascheteilchen in die Triebwerke gelangen und diese zerstören würden. Zahlreiche Flüge wurden abgesagt, 148 Mio. Euro verloren die Airlines pro Tag. Hunderttausende Fluggäste saßen fest, ganz Europa nahm unfreiwillig am Ausbruch teil. Das Vulkangebiet war innerhalb eines Tages schwarz geworden. Ernten wurden zerstört.

M5 Bericht über den Ausbruch des Eyjafjallajökull auf Island (2010)

Information

Nicht immer haben Vulkanausbrüche so großräumige Auswirkungen wie der des Eyjafjallajökull 2010 (M5). Sie können jedoch das Leben der lokalen Bevölkerung stark beeinflussen. Der ebenfalls auf Island liegende Vulkan Fagradalsfjall bricht seit 2021 immer wieder aus und zwang 2024 die Einwohner des Ortes Grindavik dazu, ihre Stadt größtenteils aufzugeben, da Bodenbewegungen Straßen aufbrechen ließen, Gas aufstieg und die Lava den Ort bedrohte.

Aufgaben

1 Benenne die Unterschiede zwischen Schicht- und Schildvulkanen. Berücksichtige dabei Vorkommen, Aussehen und Aufbau.

2 Beschreibe den Vorgang eines Vulkanausbruchs. Führe dazu das Experiment 4 auf S. 89 durch.

3 Erkläre, warum man stets nur von einem „vorläufigen Ende" eines Vulkanausbruchs sprechen kann.

4 Nenne Ursachen für das unterschiedliche Ausbruchsverhalten eines Vulkans. ↗ S. 162

Film

WES-113332-095

Hot-Spot-Vulkanismus

Die Kanarischen Inseln, die bogenförmig vor der Küste Nordafrikas liegen, kennen sicherlich einige von euch aus dem Urlaub (M2). Äußerlich betrachtet sind die Inseln im Nordosten insgesamt flacher. Daraus kann man schließen, dass sie älter sind und schon wesentlich länger der Erosion durch Temperatur, Wasser und Wind ausgesetzt sind. Tatsächlich ergaben Untersuchungen des Gesteins, dass Lanzarote und Fuerteventura rund 24 Millionen Jahre, La Palma und Hierro dagegen erst zwei bzw. eine Millionen Jahre alt sind.

Die Vorstellung vom *Hot Spot* wurde anhand von Beobachtungen auf der Inselkette Hawaii entwickelt: Mitten im Pazifik befindet sich auf der Insel Hawaii der Mauna Loa (4170 m) – der aktivste Vulkan der Erde. Er erhebt sich mehr als 9000 m über den Meeresboden. Um eine Insel dieser Höhe und Größe entstehen zu lassen, mussten riesige Mengen Magma aus dem Erdinnern als Lava ausfließen.

Forscher untersuchten, wie sich mitten im Pazifik solch ein Riesenvulkan entwickeln konnte, und bemerkten zunächst, dass sich die Inseln perlenschnurartig von Südosten nach Nordwesten aufreihten. Nur auf der Insel Hawaii, dem Big Island selbst, gibt es aktiven Vulkanismus. Sowohl die Erosionsformen als auch die Altersbestimmungen zeigten, dass die Inseln in nordwestliche Richtung immer älter wurden.

Übersetzt bedeutet Hot Spot „heißer Fleck". Als Hot Spot werden Aufschmelzungsgebiete im Erdmantel bezeichnet, die viele Jahrmillionen ortsfest sind. Wird der Druck im Erdinnern zu hoch, kommt es zu vulkanischen Aktivitäten. Das Magma dieser Vulkane stammt aus dem Erdmantel.

Da sich nun der Hot Spot über Jahrmillionen an derselben Stelle befindet, die darüberliegende Lithosphäre sich jedoch bewegt, reißt irgendwann die Verbindung des Vulkans zum Hot Spot ab. So lassen sich sowohl die Inselgruppe Hawaii (M3) als auch die Inselgruppe der Kanaren (M2) erklären. Die Kanarischen Inseln liegen auf der Afrikanischen Platte, die sich jährlich rund zwei Zentimeter nach Osten verschiebt.

M1 Hot-Spot-Vulkanismus auf Hawaii und den Kanaren

M2 Die Kanarischen Inseln

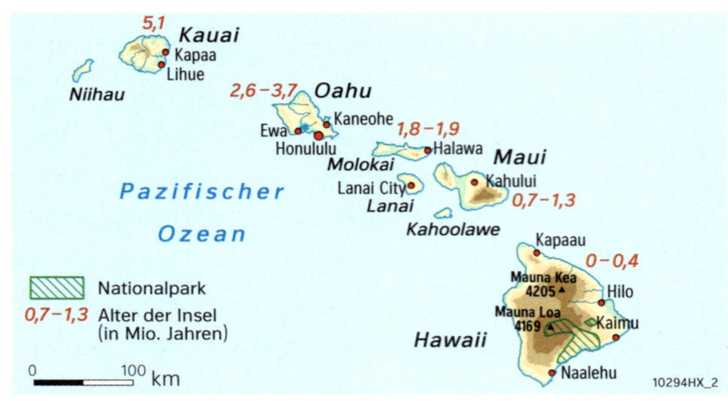

M3 Die Inselkette Hawaiis

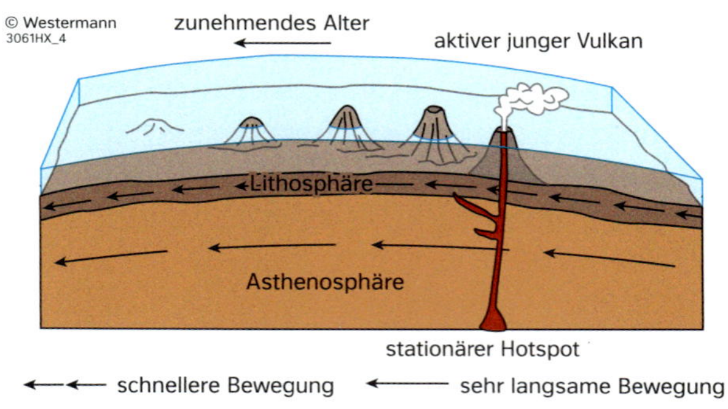

M4 Hot-Spot-Vulkanismus

Aufgaben

1. Erkläre den Begriff „Hot Spot" (M1).
2. Erkläre, wie Hot-Spot-Vulkanismus entsteht (M4).
3. Arbeite heraus, wo eine neue Insel liegen könnte, wenn sich die Erdplatte weiterbewegt. Verwende wahlweise eine Karte der Kanarischen Inseln oder eine Karte Hawaiis.
4. Berechne mithilfe von M3 die durchschnittliche Geschwindigkeit der Pazifischen Platte. Vergleiche mit der Geschwindigkeit der Afrikanischen Platte, auf der die Kanarischen Inseln liegen (M2). ↗ S. 162

Film
WES-113332-096

Nutzung erloschener Vulkane

Sophia erzählt:

Beim Einkaufen habe ich diese Sprudel-flaschen entdeckt und festgestellt, dass das Mineral-wasser aus der Eifel kommt.
Zu Hause habe ich dann herausgefunden, dass die Eifel eine Landschaft in Deutschland ist, in der vor rund 11 000 Jahren zum letzten Mal ein Vulkan ausbrach. Das hat mich neugierig gemacht …

Sophia erzählt weiter:

Ich habe im Internet Bilder der Eifel gesucht, wobei mir zwei Dinge aufgefallen sind: Die zahlreichen Seen in der Landschaft und die weithin sichtbaren Berge, die aussehen wie erloschene Vulkankegel.
Die Seen haben eine auffällige Form, vergleichbar mit einem runden Trichter. Ihr Durchmesser beträgt bis zu 2500 Meter. Sie werden *Maare* genannt. Entstanden sind sie durch einen einzigen Gasausbruch ohne Lava oder Asche. Die hochgeschleuderten Gesteine fielen rings um den Explosionskrater wieder herab. Wenn man genau hinsieht, kann man diesen Wall erkennen.
Zur Bildung des Mineralwassers spielen Vulkankegel eine wichtige Rolle. Wenn es regnet, versickert das Wasser im Untergrund und gelangt bis in große Tiefen. Durch Temperaturzunahme und Druck reichert es sich mit Kohlensäure an. Das Wasser tritt durch Spalten und Klüfte an die Erdoberfläche. Das geschieht nicht nur in der Eifel, sondern auch in anderen vulkanischen Gebieten.
Je nach Temperatur wird es von den Menschen unterschiedlich genutzt. Ist das Wasser warm genug, kann es als Thermalwasser genutzt werden. Ist das Wasser reich an Kohlensäure, wird es häufig als Mineralwasser verkauft.

M1 Eifelmaare (im Vordergrund: Schalkenmehrener Maar)

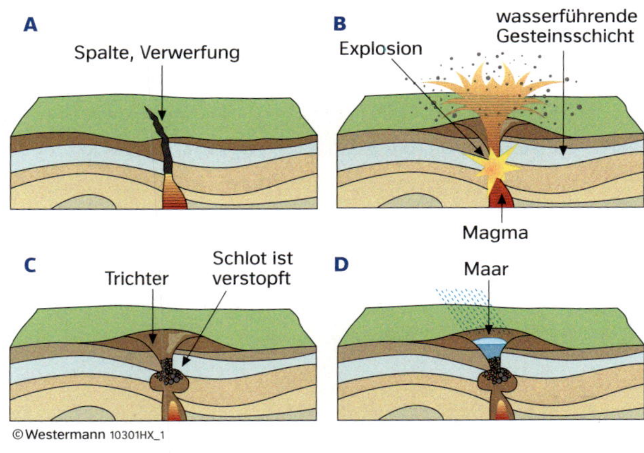

M2 Die Entstehung eines Maares

Aufgaben

1. Beschreibe die Lage der Eifel innerhalb Deutschlands. Nenne einige Maare, die in der Eifel liegen. Nutze den Atlas.
2. Heute zeugen die Maare von der vulkanischen Vergangenheit der Eifel. Erkläre mithilfe der Grafik M2, wie sie entstanden sind.
3. Informiere dich im Getränkemarkt über Mineralwässer aus der Eifel. Erstelle zu diesen vulkanischen Gebieten eine Kartenskizze.
4. Erkläre, wie die vulkanische Vergangenheit der Eifel heute genutzt wird. Überlege, welche Vorteile es hat, Mineralquellen direkt vor Ort zu nutzen.

Naturereignis – Naturkatastrophe

Kannst du schon
– erklären und unterscheiden, warum Naturereignisse einerseits zu Katastrophen
werden können, andererseits der Mensch
aber auch von ihnen profitiert? (S. 76/77)

Zeig, was du kannst

1 Ordne die Schlagzeilen (M2) je einem
Naturereignis zu. Schreibe jeweils einen
kurzen Bericht. Berücksichtige dabei
Ursache und Auswirkung (Folgen für die
Menschen) der Naturkatastrophe.

Der Spuk dauerte 15 Minuten
Tausende unter den Trümmern
der Häuser begraben

Der Ätna grollt wieder
Lavastrom wälzt sich den Berg hinunter

Schneise im Schwarzwald
Zahlreiche Bäume umgeknickt,
Straßen unpassierbar

M2 Schlagzeilen

Plattentektonik

Kannst du schon
– die Theorie Alfred Wegeners beschreiben
und erklären? (S. 80/81)
– die Verschiebung der Kontinente im Verlauf
der Erdgeschichte beschreiben? (S. 81)
– die wichtigsten Kontinentalplatten der Erde
benennen? (S. 81, 83)
– die Vorgänge an den Plattengrenzen
beschreiben und Raumbeispiele dafür
benennen? (S. 82/83)

Zeig, was du kannst

2 Vervollständige die Aussagen Alfred
Wegeners (M3).
3 Erstelle eigene Aussagen mit den
Begriffen: *Erdplatten – ozeanischer
Rücken – Pangäa – Himalaya.*
4 Erkläre die Prozesse in M1 und verwende
dabei die richtigen Fachbegriffe. Verorte
die Vorgänge anschließend auf einer
Weltkarte.

M3 Alfred Wegener

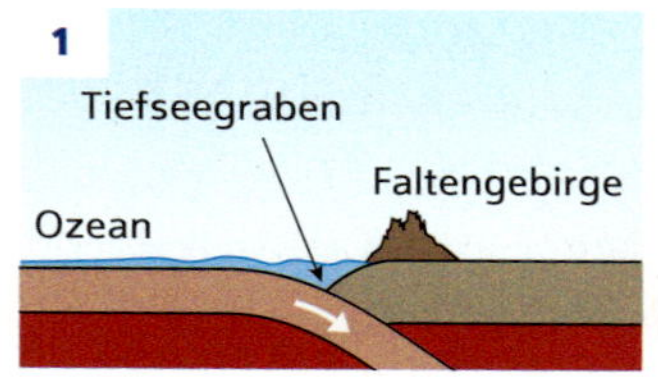

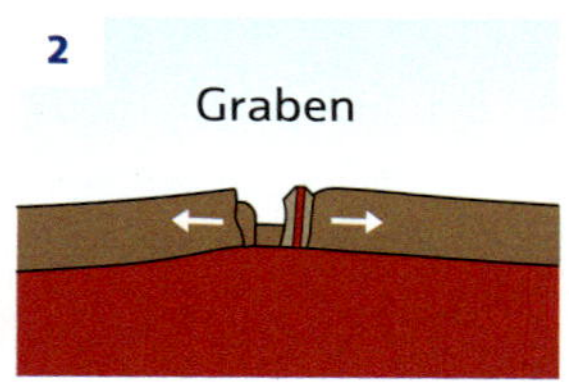

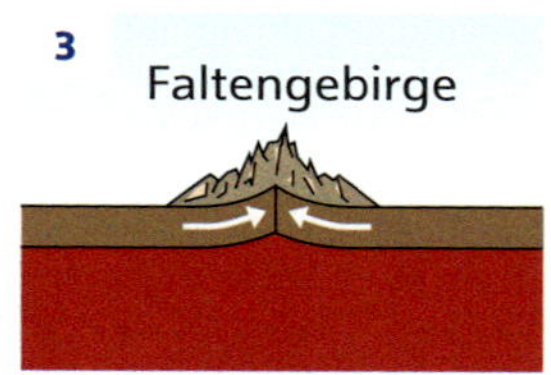

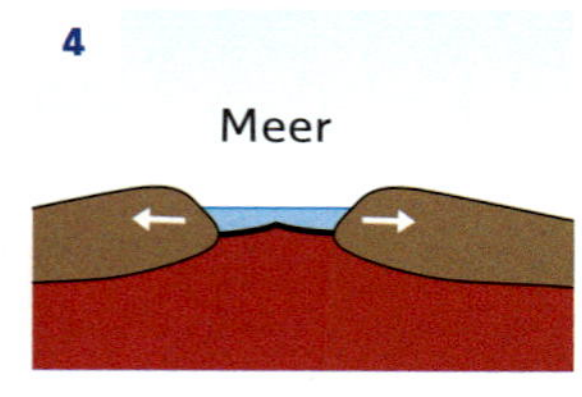

M1 Vorgänge an den Plattengrenzen

Schwächezone Oberrheingraben

Kannst du schon

– begründen, warum der Oberrheingraben
„Schwächezone Deutschlands" genannt
wird? (S. 92/93)

Zeig, was du kannst

5 Erkläre, wie der Oberrheingraben entstanden ist (M4 A – C). Begründe, warum
dort gehäuft Erdbeben auftreten.

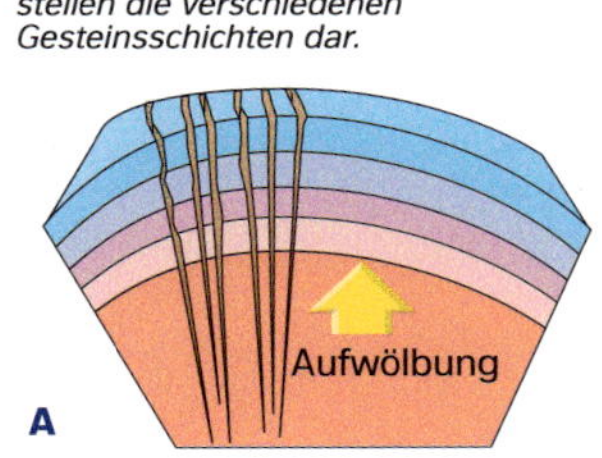

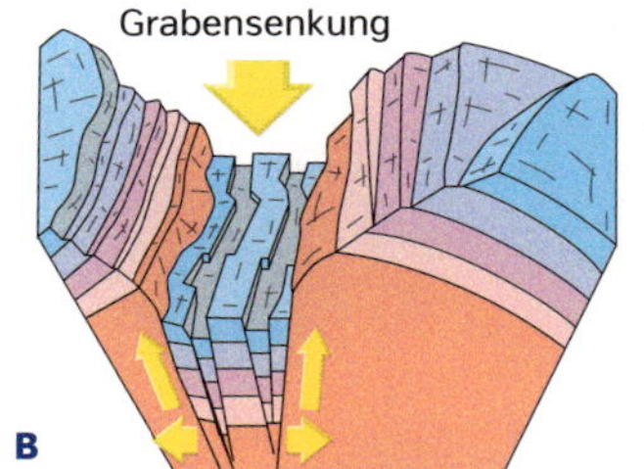

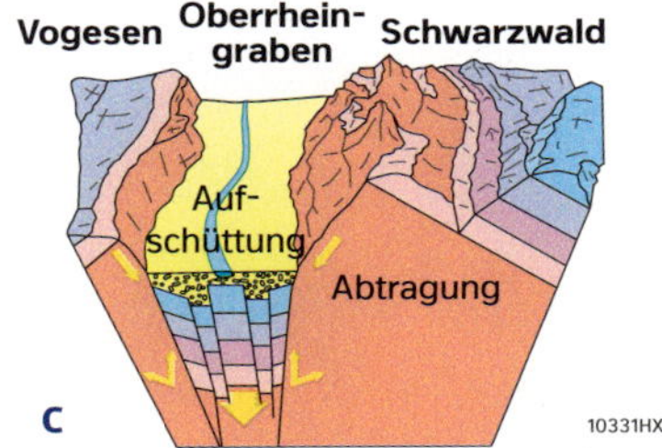

M4 Entstehung des Oberrheingrabens

Vulkane

Kannst du schon

– den Aufbau eines Schichtvulkans
erklären? (S. 94)
– Unterschiede zwischen Schicht- und
Schildvulkanen charakterisieren? (S. 94)

Zeig, was du kannst

6 Ordne den Nummern in der Grafik M5
die richtigen Begriffe zu: *Asche,
Erdkruste, Hauptkrater, Lava, Magma-
kammer, Nebenkrater, Vulkanschlot*
7 Zeichne nun einen Schildvulkan und
vergleiche.

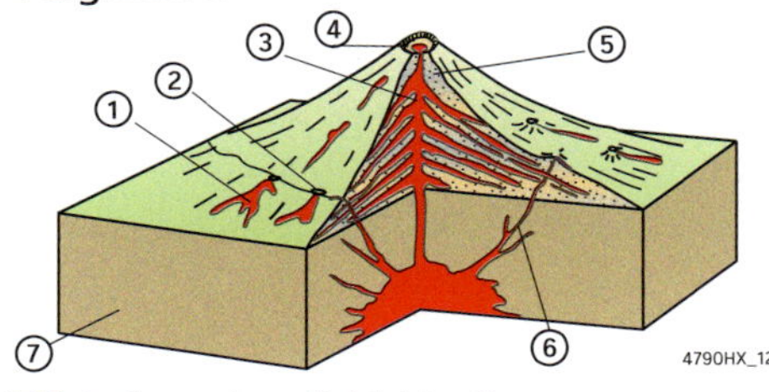

M5 Aufbau eines Schichtvulkans

Hot-Spot-Vulkanismus

Kannst du schon

– den Zusammenhang zwischen einem
Hot-Spot-Vulkan und der Altersstruktur
der sich darüber befindlichen Inselkette
herstellen? (S. 96)

Zeig, was du kannst

8 Kopiere die Karte der Inselkette Hawaiis
(S. 96, M4) auf DIN-A3-Format und
klebe sie auf einen Pappkarton. Steche
anschließend Löcher durch die Gipfel
der einzelnen Inseln.
Nun halte eine Tube Knetfix oder
Zahnpasta senkrecht unter die Karte.
Bitte eine Mitschülerin/einen Mitschüler, die Karte zu halten und diese von
der ältesten zur jüngsten Insel über die
Tube zu verschieben. Drücke die Tube
gleichzeitig zusammen. Beobachte,
was geschieht. ↗ S. 162

Fachbegriffe

– Asthenosphäre, Basalt, Epizentrum, Erdbeben, Erdkern, Erdkruste, Erdmantel, Granit, Hot Spot,
Hypozentrum, Kalkstein, Konvektionsstrom, Lithosphäre, Maar, Magmatit, Metamorphit, Metamorphose, Naturereignis, Naturkatastrophe, ozeanischer Rücken, Richterskala, Schalenbau (der Erde),
Schichtvulkan, Schildvulkan, Seafloor Spreading, Sedimentation, Sedimentit, Seebeben, Seismogramm, Subduktion, Theorie der Plattentektonik, Tsunami

5

Wetter, Klima und Klimawandel

In diesem Kapitel lernst du ...
... wie die Erdatmosphäre aufgebaut ist und uns Menschen schützt. Du erfährst, wie ein Mensch aus dem Weltall mit einem Fallschirm durch die Atmosphäre zur Erde gesprungen ist. Du kannst lernen, wie Veränderungen des Luftdrucks Wind entstehen lassen und wie aus Wind ein zerstörerischer Sturm wird. Du wirst den Unterschied zwischen dem natürlichen Treibhauseffekt und dem vom Menschen gemachten Treibhauseffekt kennenlernen und die Folgen des Klimawandels erklären können.

Sprung durch die Atmosphäre

Wie schnell kann ein Mensch vom Himmel fallen?

Die Erdanziehung wirkt auf alles, was herunterfällt, gleich. Egal ob es sich um einen Regentropfen oder einen Menschen handelt. Alles wird mit der sogenannten Erdbeschleunigung von 9,81 m/s² beschleunigt. Ohne Luftwiderstand fällt alles pro Sekunde mit 35 km/h schneller. Nach zwei Sekunden fallen wir mit 70 km/h, nach drei mit 105 km/h und so weiter. Nach einer Minute wären wir schon 2100 km/h schnell und hätten längst die Schallmauer durchbrochen. Ein normaler Fallschirmspringer fällt aber im freien Fall nur ungefähr 200 km/h schnell. Das liegt am Luftwiderstand. Dieser nimmt mit der Geschwindigkeit immer weiter zu und so gleichen sich Erdanziehungskraft und Luftwiderstand irgendwann aus und der Mensch kann nicht mehr schneller fallen.

Mit dem Heliumballon in die Stratosphäre

ROSWELL/USA, 24. Oktober 2014

Der Ballon wird am Boden mit dem Gas Helium gefüllt. Es ist leichter als Luft und dient dem Fallschirmspringer als Auftrieb in die Stratosphäre (siehe S. 105, M4). Das Material des Ballons hat hohen Anforderungen zu genügen. Bei seinem Aufstieg in die Stratosphäre wird es Temperaturen von bis zu –80 °C ausgesetzt sein. Die Hülle muss sehr dehnbar sein, denn das Helium dehnt sich wegen des geringer werdenden Luftdruckes in der Höhe von mehreren Kilometern immer weiter aus.

Der Ballon wird größer, bis er irgendwann platzt. Das darf erst in einer Höhe von 50 km, dem Ende der Stratosphäre, passieren.

Als der Ballon mit genügend Helium gefüllt war, wurde Alan Eustace an einem Modul unterhalb des Ballons befestigt. Er trug einen speziellen Raumanzug, der ihn schützen sollte. Der Aufstieg begann. Mit rund 305 Metern pro Minute stieg der 57-Jährige mit seinem Ballon hinauf. Zweieinhalb Stunden später hatte er die Rekordhöhe erreicht: 41 000 Meter – oberer Rand der Stratosphäre. Eine halbe Stunde baumelte er in seinem Spezialanzug unter dem Ballon. Dann machte er sich los, stürzte fünf Minuten hinab, so schnell, dass er die Schallmauer durchbrach. Er selbst habe den Knall nicht gehört, als er schneller als der Schall der Erde entgegenfiel, sagte Eustace der „New York Times". Dann öffnete sich sein Fallschirm, Alan Eustace segelte weitere zehn Minuten der Erde entgegen. „Es war wunderschön. Man konnte die Dunkelheit des Weltraums und die Schichten der Atmosphäre sehen", sagte Eustace nach seiner Landung.

Alan Eustace hängt im Raumanzug unter dem Ballon

Blick aus 41 km Höhe vor dem Sprung

Luft lastet auf uns

Bei dem Fallschirmsprung von Alan Eustace wirkte die Luft ähnlich wie Wasser. Der Sprung wurde von den Luftteilchen der unteren Atmosphäre abgebremst, so wie es bei einem Sprung in einen Pool durch die Wassermoleküle geschieht. Auch die Luft dehnt sich – wie alle Stoffe – bei Erwärmung aus. Sie kann wie Wasser fließen und dabei große Wellen bilden.

Die Einheit, mit der Luftdruck gemessen wird, ist Hektopascal (hPa). Der Luftdruck an einem Ort ist jedoch nicht immer gleich. In Stuttgart schwankt er zum Beispiel zwischen etwa 976 und 1033 hPa.

Bei tiefem Luftdruck steigt erwärmte Luft auf und kühlt sich in der Höhe ab. Dabei entstehen durch Kondensation Wolken und Regen. Luftmassen mit tiefem Luftdruck werden als *Tiefdruckgebiete* (T) bezeichnet. In Tiefdruckgebieten sinkt der Luftdruck, weil weniger Luft am Boden ist. Hier herrscht meist regnerisches Wetter. *Hochdruckgebiete* (H) sind die Zonen, in denen die Luftmassen nach unten sinken. Während des Sinkens erwärmt sich die Luft, sie kann mehr Wasser aufnehmen und die Wolken lösen sich auf. So ist der Himmel meist klar und das Wetter schön. Am Boden kommt immer mehr absinkende Luft an, die Dichte der Luft erhöht sich und somit wird der Luftdruck immer höher.

M2 Entstehung von Tief- und Hochdruckgebieten

Wie Wasser beim Tauchen Druck auf uns ausübt, übt auch Luft einen ähnlichen Druck aus, den *Luftdruck*. Je höher wir uns über dem Meeresspiegel befinden, desto weniger Luftteilchen befinden sich über uns. Der Luftdruck nimmt also in zunehmender Höhe ab.

Fließt Luft von einem Ort mit hohem Luftdruck zu einem Ort mit tieferem Luftdruck, so entsteht Wind. Er ist immer eine seitliche Luftbewegung (M4).

M4 Luft in wellenförmiger (A) und horizontaler Bewegung (B)

Extra

Zyklonen prägen unser Wetter

Eine *Zyklone* ist ein wanderndes Tiefdruckgebiet, das aus der Verwirbelung kalter und warmer Luftmassen entsteht und aus einer Warmfront, einem Warmsektor und einer Kaltfront besteht. Zyklonen ziehen in der Westwindzone (d. h. bei vorherrschenden Westwinden) nach Osten über Mitteleuropa hinweg und gestalten unser Wetter wechselhaft.

© Westermann 3987HX_13

M3 Folgen der Erwärmung von Luft

Film

WES-113332-103

Aufgaben

1. Erkläre, warum ein Fallschirmspringer in freiem Fall nicht schneller als mit 200 km/h zur Erde fällt.

2. Alan Eustace hat im freien Fall in der Stratosphäre eine Geschwindigkeit von 1323 km/h erreicht. Begründe, wie das möglich ist.

3. Erläutere mithilfe der Grafik M3 die Entstehung von Wind.

4. Erkläre, warum in Stuttgart der Luftdruck bei etwa 1000 hPa liegt, auf dem Mount Everest bei 320 hPa und auf der Absprunghöhe von Alan Eustace nur noch bei 2 hPa liegt. ↗ S. 163

Die Atmosphäre – ein hauchdünner Schutzschild

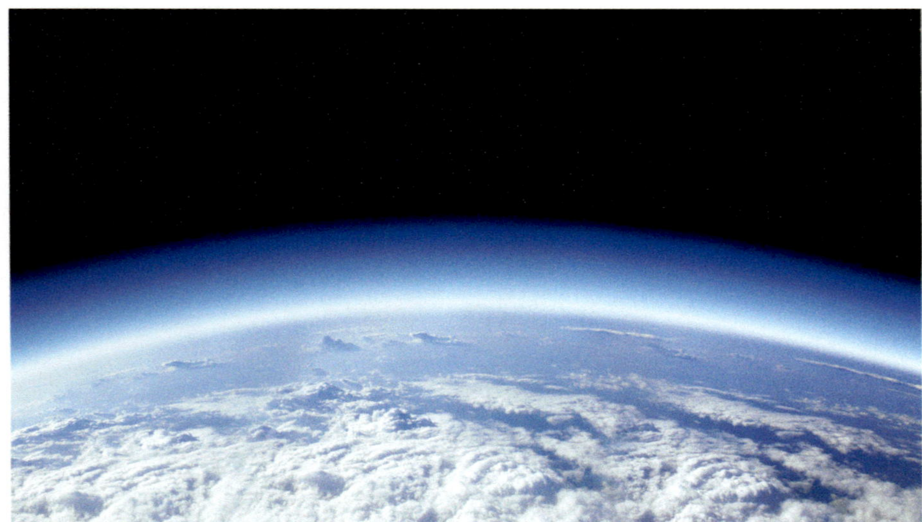

M1 Blick vom Weltall auf die Atmosphäre

Ohne Atmosphäre kein Leben

Wenn du nachts am Himmel eine Sternschnuppe siehst, dann darfst du dir heimlich etwas wünschen. Doch dabei sind Sternschnuppen nur der sichtbare Beweis eines kosmischen Dauerbeschusses. Ständig fallen kleine Metall- oder Gesteinsbrocken auf die Erde herab. Manche größere hinterlassen unübersehbare Spuren, wie z. B. das Nördlinger Ries bei Aalen, ein Einschlagskrater von 24 km Durchmesser. Dass man von den kleineren Brocken nur wenig mitbekommt, ist dem Schutzschild der Erde zu verdanken: der *Atmosphäre*. Durch diese Hülle aus Luft, welche die Erde umgibt, stürzen die Teilchen aus dem All. Je dichter die Luftteilchen in der Atmosphäre sind, desto stärker sind Bremswirkung und Reibung. Dadurch verglühen die meisten Brocken.

Weitere Funktionen der Atmosphäre

Ohne die Atmosphäre wäre kein Leben möglich. Sie schützt nicht nur vor dem Beschuss aus dem All, sie filtert auch die gefährlichen Röntgen- und UV-Strahlen aus dem Sonnenlicht.

Darüber hinaus schützt die Atmosphäre die Erde vor dem Auskühlen. Gäbe es sie nicht, wäre es auf der Erde im Durchschnitt – 18 °C kalt: Die Erde wäre ein Eisplanet.

Die Atmosphäre hält auch den Wasserkreislauf in Gang: Dank ihr kann Feuchtigkeit aus den Ozeanen aufsteigen und andernorts, auch über dem Festland, als Niederschlag herabfallen.

Nicht zuletzt enthält die Atmosphäre den für uns lebensnotwendigen Sauerstoff.

M2 Die Oberfläche des Mondes

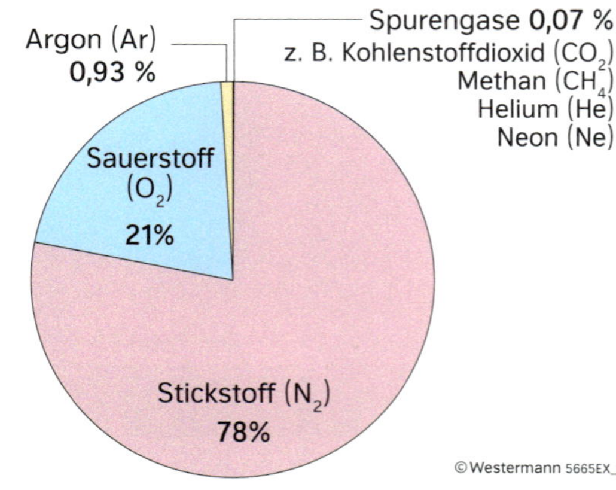

M3 Zusammensetzung der Erdatmosphäre

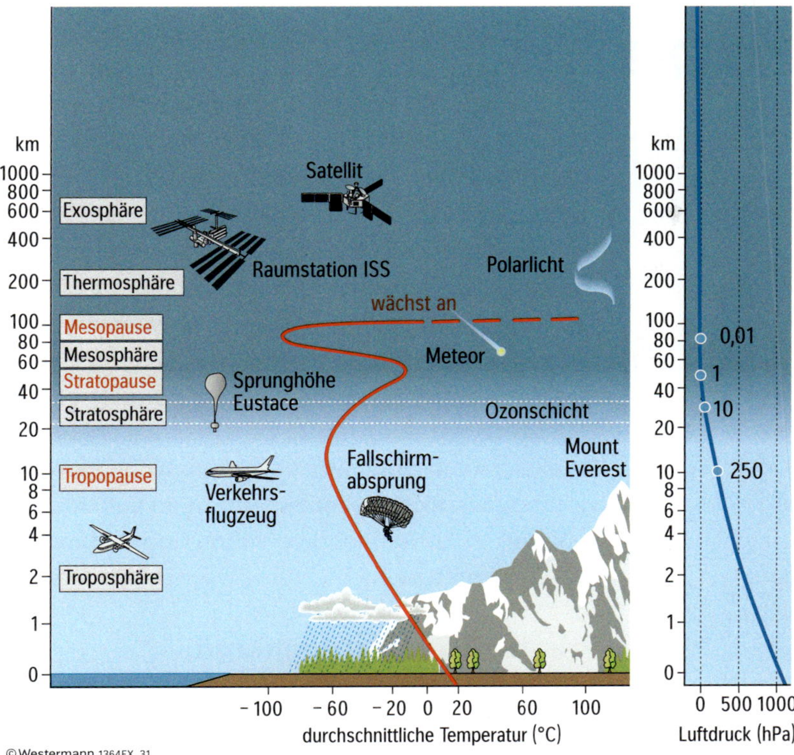

M4 Der Aufbau der Atmosphäre

Der Aufbau der Atmosphäre

Das Gasgemisch, aus dem die Atmosphäre besteht, wird durch die Anziehungskraft der Erde festgehalten. Da die Anziehungskraft mit zunehmender Höhe abnimmt, wird auch die Luft immer dünner, bis schließlich gar keine Luftteilchen mehr vorhanden sind. Nach oben hin geht die Atmosphäre fließend in den Weltraum über.

Die Atmosphäre lässt sich in verschiedene Schichten einteilen (siehe Extra-Kasten). Am bedeutendsten für das Leben ist die Troposphäre. 80 % der Luftmasse der Atmosphäre befinden sich hier.

In etwa 20 km Höhe, in der Stratosphäre, befindet sich die Ozonschicht. Das hier konzentrierte *Ozon* (O_3) erfüllt eine wichtige Aufgabe: Es filtert die gefährliche UV-Strahlung aus dem Sonnenlicht, die z. B. Hautkrebs verursachen kann. Noch vor einigen Jahren bangte man sehr um den Erhalt der Ozonschicht. Gase, wie das früher in Kühlschränken verwendete Kühlmittel FCKW (Fluorchlorkohlenwasserstoff), reagierten mit dem Ozon und zerstörten es. Mittlerweile beginnt sich die Ozonschicht aber wieder zu schließen.

Aufgaben

1. Erkläre die Bedeutung der Atmosphäre für das Leben auf der Erde.
2. Nenne die Bestandteile der Luft. Liste deren Anteile (%) auf (M3).
3. Erkläre, warum der Mond ein solches Aussehen hat (M2).
   ↗ S. 163
4. Die Atmosphäre ist ein „hauchdünner Schutzschild". Erkläre.
5. Erkläre, nach welchen Merkmalen die Atmosphäre in verschiedene Schichten eingeteilt wird (M4, Extra-Kasten).

Die Schichten der Atmosphäre

Exosphäre (gr.: „éxo" = außen): Sie bildet den fließenden Übergang zum interplanetaren Raum (Weltall), ihre äußere Grenze ist nicht genau festgelegt.

Thermosphäre (gr.: „thermós" = heiß): Sie reicht bis ca. 500 – 600 km Höhe. Die Temperaturen steigen wieder an und erreichen zwischen 300 °C und 1500 °C. Hier erfahren Raumfahrzeuge beim Wiedereintritt in die Atmosphäre die größten thermischen Belastungen.

Mesosphäre (gr.: „meso" = Mitte): Diese weist eine sehr dünne Luft und kaum mehr Ozon auf. Dadurch sinkt die Temperatur in ca. 80 km Höhe auf etwa – 90 °C. Das UV-Licht ist hier so stark, dass sich ein Mensch innerhalb kürzester Zeit schwerstens verbrennen würde.

Stratosphäre (lat. „stratum" = Decke): Oberhalb der Grenze von Troposphäre und Stratosphäre (der sog. Tropopause) wird es wieder wärmer. Diese Temperaturzunahme ist durch die Ozonschicht zu erklären, die sich in etwa 20 km Höhe befindet. Das in der Stratosphäre befindliche Ozon absorbiert UV-Strahlung aus dem Sonnenlicht und wandelt elektromagnetische Strahlung in Wärme um.

Troposphäre (gr.: „tropos" = Wendung, Änderung): Sie reicht in Europa bis in eine Höhe von 12 km. Innerhalb dieses Bereichs spielt sich das komplette Wettergeschehen ab. Die Temperatur nimmt nach oben immer mehr ab. Am oberen Rand der Troposphäre ist es ungefähr – 60 °C kalt.

Stürme in Europa

Orkan wütet über Europa

Der Orkan Sabine, der weite Teile Europas vom 9. bis 11. Februar 2020 heimsuchte, erreichte Spitzengeschwindigkeiten von über 200 km/h. Bäume wurden entwurzelt, Strommasten knickten wie Streichhölzer um, Mauern stürzten ein, Dächer wurden abgedeckt, der Verkehr auf der Straße, Schiene und in der Luft brach vielerorts zusammen. Zehntausende waren ohne Strom. An vielen Schulen war vorsorglich schulfrei erteilt worden.

Vierzehn Menschen verloren in Europa ihr Leben, zwei von ihnen in Deutschland. Umgestürzte Bäume stellten dabei die größte Gefahr dar. Die Schadensumme belief sich europaweit auf rund 1,6 Milliarden Euro.

M1 Zeitungsmeldung

Der Atlantik – die Wetterküche Europas

Im Herbst und Winter können *Orkane* über dem Nordatlantik entstehen. Das Wasser des Ozeans ist noch warm. So treffen polare Kaltluft und warme subtropische Luft aufeinander. Bei extremen Temperaturgegensätzen entwickeln sich in der oberen Atmosphäre starke Winde, zum Beispiel Orkane. Vor allem West- und Mitteleuropa sind von den Auswirkungen betroffen. Von einem Orkan spricht man, wenn der Wind mindestens zehn Minuten lang mit über 117 km/h weht.

Orkane über Deutschland

Seit einigen Jahren beobachten Meteorologen vermehrt Orkane in Deutschland.

Die beiden stärksten davon waren am 26. und 27. Dezember 1999 der Orkan Lothar mit Windgeschwindigkeiten von rund 180 km/h und am 18. Januar 2007 der Orkan Kyrill, der mit über 220 km/h über Europa raste. Lothar hinterließ eine 300 km breite Schneise der Zerstörung auf seinem Weg von der französischen Atlantikküste bis nach Polen, wo er dann langsam verebbte. Europaweit wurden 200 Millionen Festmeter Holz umgerissen. Ganze Wälder wurden niedergemäht und unzählige Häuser und Dächer zerstört. Insgesamt gab es über 100 Opfer zu beklagen.

Stärke	Geschwindigkeit (km/h)	Bezeichnung	Auswirkungen (Festland)
0	kleiner 1	Windstille	Rauch steigt senkrecht empor.
1	1–5	leiser Zug	Rauch zeigt Richtung an.
2	6–11	leichte Brise	Wind wird fühlbar, Windfahnen bewegen sich.
3	12–19	schwacher Wind	Blätter und dünne Zweige bewegen sich.
4	20–28	mäßiger Wind	Dünne Äste bewegen sich, Staub / Papier werden gehoben.
5	29–38	frischer Wind	Kleine Laubbäume schwanken, Schaumkronen auf Seen.
6	39–49	starker Wind	Starke Äste schwanken, Regenschirme sind kaum zu halten.
7	50–61	steifer Wind	Schwierigkeiten beim Gehen, ganze Bäume bewegen sich.
8	62–74	stürmischer Wind	Zweige brechen, erhebliche Schwierigkeiten beim Gehen.
9	75–88	Sturm	Äste brechen von Bäumen, kleinere Schäden an Häusern.
10	89–102	schwerer Sturm	Bäume brechen, größere Schäden an Häusern.
11	103–117	orkanartiger Sturm	Bäume werden entwurzelt, Schäden schwerster Art.
12	über 117	Orkan	Verwüstungen

M2 Beschreibung von Windgeschwindigkeiten: die Beaufort-Skala des Engländers Francis Beaufort

Entstehung von Tornados

Tornados werden auch Twister oder Windhosen genannt. Sie bilden sich auf dem Festland, wenn feuchtwarme Luft am Boden auf hochreichende Kaltluft stößt und diese Luftmassen eine unterschiedliche Windstärke und Windrichtung aufweisen. Tornados sind die schnellsten Winde, die auf der Erde vorkommen: Ihre Windgeschwindigkeit kann über 510 km/h (im Durchschnitt 200 km/h) erreichen. Deshalb können sie Verwüstungen anrichten: Sie tragen selbst Lkw mehrere Hundert Meter weit. Meist dauert ein Tornado keine zehn Minuten. Im Schnitt beträgt seine Vorwärtsbewegung 50 km/h. Tornados kommen in den USA in großen Teilen des Landes vor. Am häufigsten treten sie aber in der „Tornado Alley", im Mittleren Westen (500 – 600 Tornados pro Jahr) sowie in Florida auf. Auch in Europa gibt es Tornados. In Deutschland ist das Risiko im Westen des Norddeutschen Tieflandes am größten.

Tornado im Modell

Mit einer leeren Flasche kannst du gut die Luftbewegungen bei einem Tornado nachahmen:

– Fülle eine leere Flasche mit Wasser (am besten eine PET-Flasche mit 1,5 Litern Inhalt).
– Stelle sie über einem Waschbecken auf den Kopf und drehe sie 3 – 4 Mal im Kreis (M3).
– Beschreibe deine Beobachtungen.

M3 „Tornado" in der Flasche

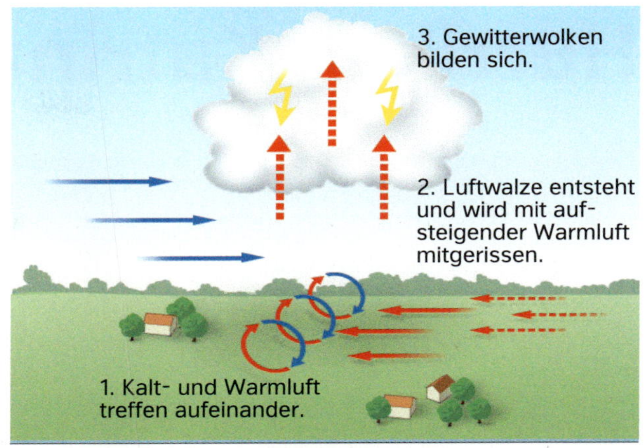

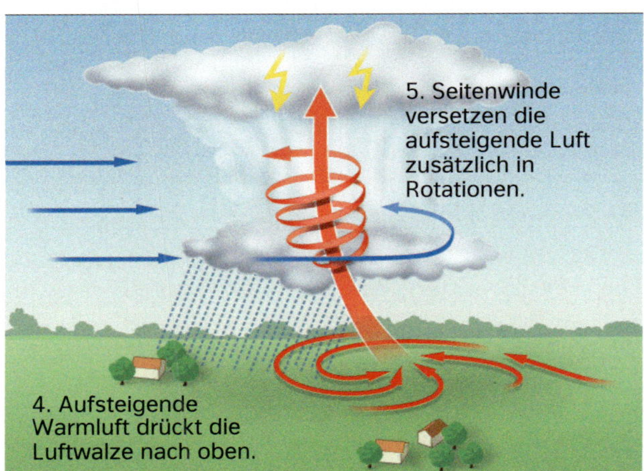

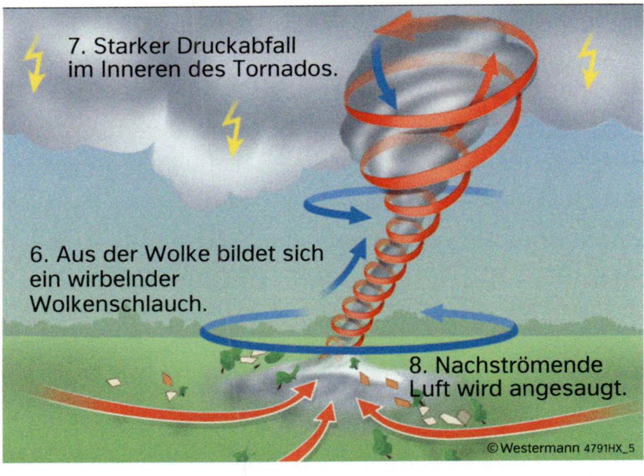

M4 Entstehung eines Tornados

Aufgaben

1 Beschreibe die Windgeschwindigkeit an deinem Beobachtungsort (M2).
2 Erkläre die typische Entstehung eines Orkans in Europa.
3 Beschreibe die Besonderheiten eines Tornados (Aktiv-Kasten, M4).
4 Erläutere die Unterschiede zwischen einem Orkan und einem Tornado.
5 Erstelle einen Steckbrief zu einem anderen Wetterextrem wie Hurrikan oder Blizzard (Internet).

Hurrikan Katrina

M1 Hurrikan Katrina über New Orleans am 29. August 2005

Die Zerstörungen, die der *Hurrikan* Katrina im August 2005 an der Golfküste anrichtete, gehören zu den schlimmsten Naturkatastrophen in den USA. Die Flut durchbrach die viel zu schwachen Dämme in New Orleans, vier Fünftel der Stadt versanken in einer stinkenden Brühe aus Salz- und Süßwasser, Chemikalien und Abfall. Über 1600 Menschen starben. In einigen Stadtvierteln stand das Wasser über sieben Meter hoch, in der Canal Street fuhren statt Straßenbahnen Rettungsboote. Zeitweise waren weder sauberes Trinkwasser noch Strom vorhanden. Die Schäden waren so groß, dass selbst ein Jahr nach dem Hurrikan erst die Hälfte der 485 000 Bewohner New Orleans zurückgekehrt war.

M2 Folgen des Hurrikans Katrina

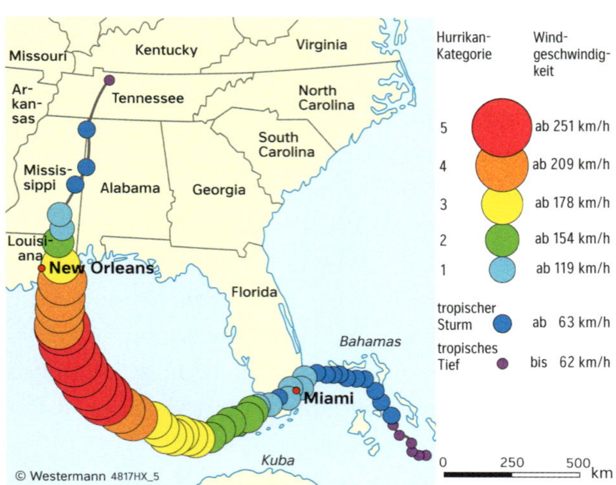

M3 Zugbahn des Hurrikans Katrina

Gefahren der Meere – tropische Wirbelstürme

Jedes Jahr richten tropische Wirbelstürme schwere Verwüstungen an. Hinzu kommen starke Regenfälle und meterhohe Flutwellen, welche die Wirbelstürme wie Bugwellen vor sich her in Richtung Küste treiben. Ihr Auftreten ist jedoch keineswegs überraschend, denn ihre Zugbahnen und Stärke lassen sich gut vorhersagen.

Diese Wirbelstürme entstehen aber Tausende von Kilometern entfernt über den aufgeheizten Meeren nahe des Äquators. Das Wasser muss eine Temperatur von mindestens 27 °C haben. Dann verdunstet viel Wasser und steigt nach oben. Es entsteht an der Meeresoberfläche ein Sog, der die warme und feuchte Luft aus den angrenzenden Gebieten anzieht. Durch die Drehung der Erde entsteht ein Wolkenwirbel, der sich dreht und auf der Nordhalbkugel in nordwestlicher Richtung wandert.

Aufgaben

1 Nenne mögliche Folgen eines tropischen Wirbelsturms.
2 Die Folgen des Hurrikans Katrina waren in der Stadt New Orleans besonders verheerend. Nenne Gründe dafür.
3 Erkläre, wie der Hurrikan Katrina entstanden ist.
4 Erläutere Katrinas „Entwicklung" anhand von M3. ↗ S. 163
5 Bringe Katrina mit der aktuellen Diskussion über den Klimawandel in Verbindung.

Legende:

bebaute Fläche

Grünfläche

überschwemmte Fläche

M4 New Orleans in einem Landsat-7-Falschfarbenbild (A: Aufnahme vom 8.4.2004, B: Aufnahme vom 13.9.2005)

Information

Satelliten sind mit Abtastgeräten, sogenannten Scannern, ausgerüstet. Die Sensoren der Satelliten können sowohl für Menschen sichtbares Licht als auch für unsere Augen unsichtbare Strahlen aufzeichnen. Die Informationen werden auf der Erde per Computer zu Bildern verarbeitet. Je nachdem was gezeigt werden soll, werden natürliche Farben oder Falschfarben für die Darstellung verwendet. Das Online-Kartenportal Google Maps wird durch aufbereitete Landsat-7-Bilder dargestellt.

Aufgaben

6 Werte die beiden Satellitenbilder M4 A und B aus. Nutze die Arbeitsschritte auf S. 68 sowie den Info-Kasten oben.

7 Vergleiche die Satellitenbilder vor der Fragestellung: „Welches Ausmaß hatten die Überflutungen durch Hurrikan Katrina?"

8 Ermittle die ungefähre Größe der überschwemmten Fläche, die auf dem unteren Satellitenbild zu erkennen ist.

  **Film**

WES-113332-109

Der Treibhauseffekt

Der natürliche Treibhauseffekt

Die Wärme, die die Sonne ausstrahlt, reicht eigentlich nur aus, um die Erdoberfläche auf durchschnittlich $-18\,°C$ zu erwärmen. Tatsächlich haben wir aber eine globale Durchschnittstemperatur von $+15\,°C$. Durch diesen Temperaturanstieg von $+33\,°C$ wird überhaupt erst Leben auf der Erde ermöglicht. Wie ist das zu erklären?

In der Atmosphäre wirken Wasserdampf, Staubpartikel und die sogenannten Treibhausgase wie das Glasdach eines riesigen Treibhauses, das die ganze Erde umspannt. Treibhausgase sind z. B. *Kohlenstoffdioxid (CO_2)*, Methan (CH_4), Distickstoffoxid (Lachgas, N_2O), Fluorchlorkohlenwasserstoffe (FCKW) und Ozon (O_3) (M1).

Die Sonnenstrahlung wird von der Erde aufgenommen und in Wärme umgewandelt. Diese Wärme strahlt von der Erdoberfläche in Richtung Atmosphäre zurück. Hier sorgt das natürliche „Glasdach" aus Treibhausgasen dafür, dass die Wärmestrahlung wieder zur Erde reflektiert wird und nur ein geringer Teil davon ins Weltall verloren geht (M2). Dies wird als *natürlicher Treibhauseffekt* bezeichnet.

Der anthropogene Treibhauseffekt

Mit Beginn der Industrialisierung vor rund 250 Jahren haben die Menschen den natürlichen Treibhauseffekt fortschreitend verstärkt, was als *anthropogener Treibhauseffekt* bezeichnet wird. Die Ursachen dafür sind vielfältig:

- Die Verbrennung von fossilen Energieträgern (Kohle, Erdgas, Erdöl) sorgt dafür, dass vor allem Kohlenstoffdioxid (CO_2) ausgestoßen wird.
- Durch Brandrodung zur Gewinnung von landwirtschaftlichen Nutzflächen erhöht sich die CO_2-Emission.
- Die weltweite Zunahme der Milch- und Fleischproduktion verursacht durch das Vieh eine Zunahme des Ausstoßes an Methan (CH_4).

Diese Faktoren sorgen für eine Erhöhung der Temperatur in der Atmosphäre.

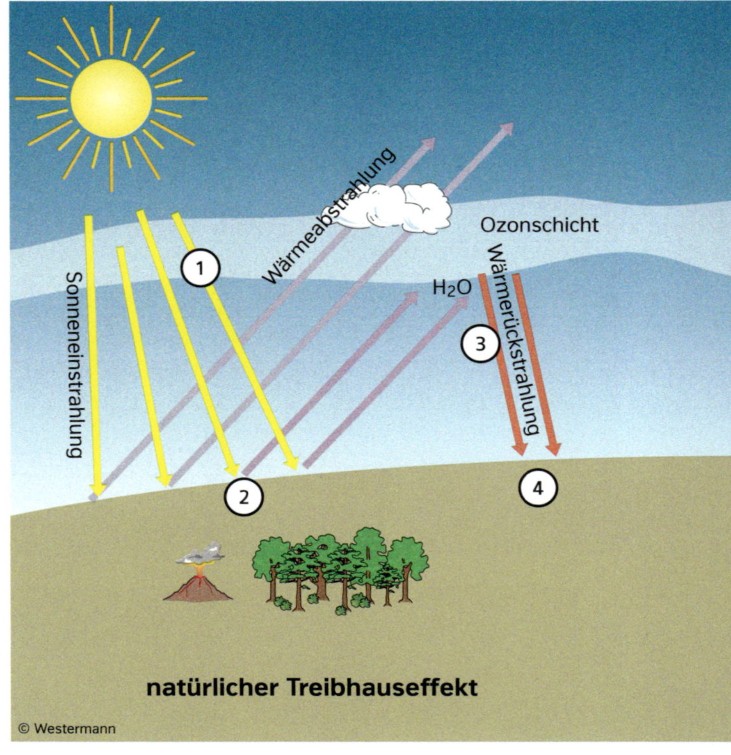

M1 Der natürliche und der anthropogene Treibhauseffekt

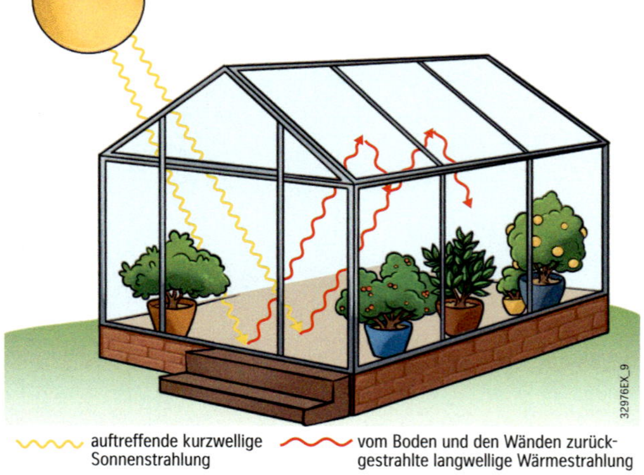

M2 Die Erwärmung in einem Treibhaus

Treibhausgas	Anteil am Treibhauseffekt	Zunahme seit der Industrialisierung	Verweildauer in der Atmosphäre (in Jahren)
Kohlenstoffdioxid (CO_2)	64 %	28 %	50 – 200
Methan (CH_4)	20 %	146 %	9 – 15
Lachgas (N_2O)	6 %	13 %	120
Fluorchlorkohlenwasserstoffe (FCKW)	10 %	13 %	264

M3 Zunahme der Treibhausgase

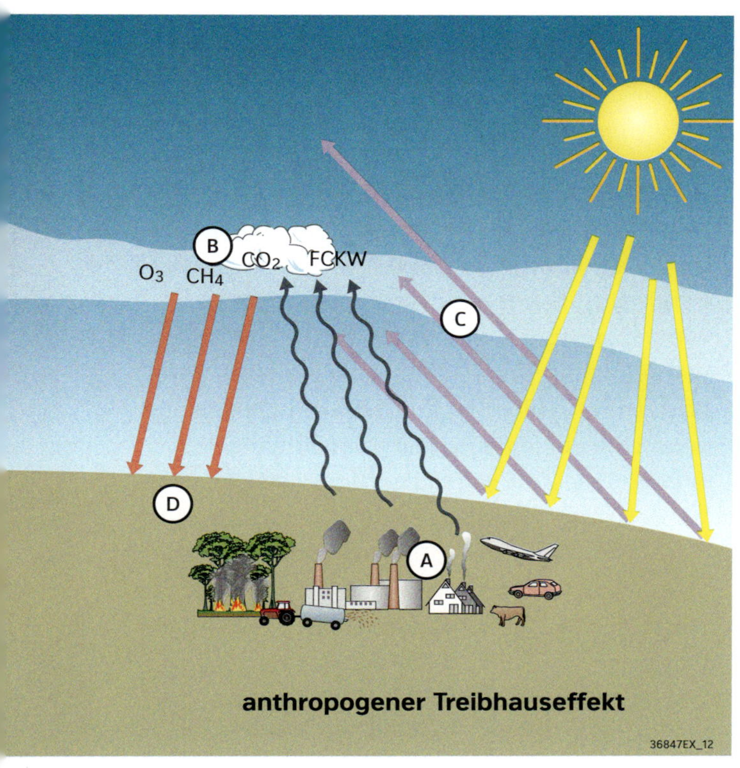

natürlicher Treibhauseffekt:

Erdoberfläche nimmt Sonnenstrahlung auf und wandelt sie in Wärmeenergie um.

Erwärmung der Erde um +33 °C

Sonnenstrahlen durchdringen die Atmosphäre.

Wärmestrahlung wird reflektiert.

anthropogener Treibhauseffekt:

Immer weniger Wärmestrahlung gelangt in den Weltraum.

Die Erde erhitzt immer mehr.

Treibhausgase reichern sich in der Atmosphäre an.

Menschen produzieren Treibhausgase.

M4 Textbausteine zu M3

Film
WES-113332-111

M5 Verursacher von Treibhausgasen

Aufgaben

1 **a)** Beschreibe den natürlichen Treibhauseffekt. Ordne hierfür den Zahlen 1 – 4 in M1 die grün hinterlegten Sätze aus M4 zu.
b) Beschreibe den anthropogenen Treibhauseffekt. Ordne den Buchstaben A – D in M1 die gelb hinterlegten Sätze aus M4 zu.

2 Nenne Gründe für die Zunahme der Treibhausgase.

3 Erkläre, was die Fotos in M5 mit dem anthropogenen Treibhauseffekt zu tun haben.

4 Diskutiert die Ursachen des anthropogenen Treibhauseffekts und beschreibt die Folgen.

Die Folgen des Klimawandels

M1 Meinungen zum Klimawandel

Folgen für Flora und Fauna

Durch den *Klimawandel* infolge der globalen Erwärmung verschieben sich die Klimazonen allmählich polwärts. Damit verschieben sich auch die Vegetationszonen. Pflanzen, die sich an kühle bis kalte Klimate angepasst haben, könnten durch an Hitze und Trockenheit angepasste südländische Pflanzenarten verdrängt werden.

- Die borealen Nadelwälder (siehe S. 152) wären gefährdet.
- Die afrikanischen Savannen sind durch Ausbreitung der Wüsten (Desertifikation) bedroht (siehe S. 52/53).
- Die Regenwälder des Amazonas vermindern durch den steigenden CO_2-Gehalt die Verdunstung und werden immer trockener. Pflanzen sterben ab.

Entsprechend verändern sich die Verbreitungsgebiete der verschiedenen Tierarten. Insbesondere die Tiere der Polarzonen sind vom Aussterben bedroht, weil sich ihr natürlicher Lebensraum zu schnell und zu stark verändert.

Korallenriffen, wie dem Great Barrier Reef in Australien (M3), droht die weitgehende Zerstörung. Da sich das Meerwasser immer stärker erwärmt und dabei saurer wird (Ph-Wert), sterben die aus Kalk bestehenden Korallen ab.

Wetterextreme wie Überschwemmungen, Dürren und Wirbelstürme werden die Menschheit nicht nur unmittelbar bedrohen, sondern auch langfristig für negative Folgen sorgen.

Niedrig gelegene Küstenregionen der Ozeane werden durch den Meeresspiegelanstieg überschwemmt. Millionen Klimaflüchtlinge werden versuchen, eine neue Heimat zu finden.

Andere Teile der Erde werden von verheerenden Wirbelstürmen heimgesucht. Diese zerstören nachhaltig die Infrastruktur, also Straßen, Stromleitungen, Krankenhäuser. Die Wirtschaft leidet und Menschen verlieren ihre Arbeit und Existenz.

Die steigenden Temperaturen wirken beim Menschen auch auf die Gesundheit ein.

Milde Wintertemperaturen sorgen zudem bei uns dafür, dass z. B. immer mehr Zecken den Winter überleben. Zecken übertragen bekanntlich die lebensbedrohende Frühsommer-Meningoenzephalitis (FSME).

Auch Stechmücken, die Malaria übertragen, könnten zunehmend nach Europa einwandern und eine ausgestorben geglaubte Krankheit wieder einschleppen.

M2 Der Klimawandel und die Folgen für die Menschen

M3 Great Barrier Reef

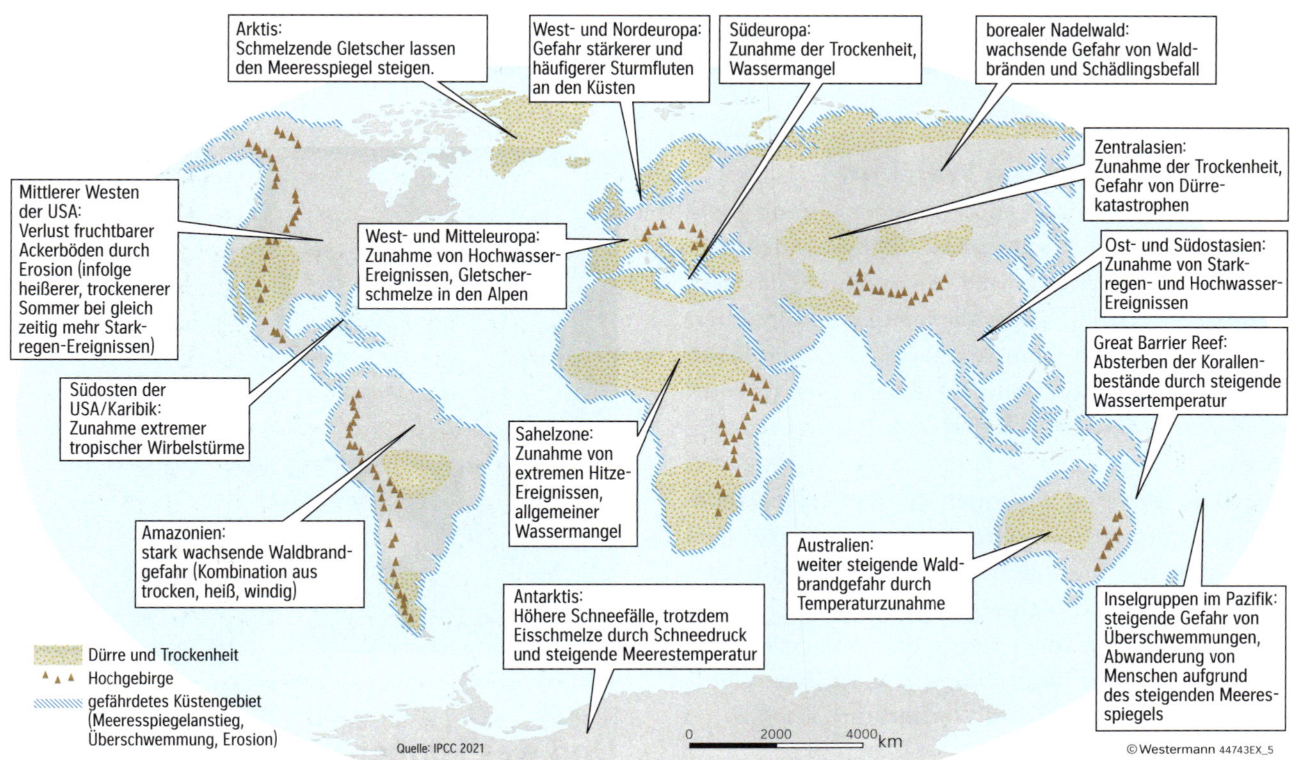

M4 Mögliche Folgen des Klimawandels (Auswahl)

M5 Ausprägungen des Klimawandels in verschiedenen Regionen der Erde

Aufgaben

1 Ordne die Bilder M5 A – D den Großräumen in der Grafik M4 zu. Nenne die Folge, die jeweils dargestellt ist.

2 Notiere Folgen des Klimawandels für Pflanzen, Tiere und Menschen in einer Tabelle.

3 Beschreibe die Auswirkungen zu den prognostizierten Folgen je Kontinent mit deinen Worten (M4, M5).

4 Nimm Stellung zu den Aussagen des Schülers und der Schülerin (M1).

Film

WES-113332-113

Klimaschutz in Deutschland

Die Politik stellt die Weichen

Deutschland hat sich verschiedene eigene Ziele gesetzt, um dem Klimawandel entgegenzuwirken. So soll 2045 nur noch so viel CO_2 ausgestoßen werden, wie gleichzeitig anderswo eingespart oder beispielsweise durch neue Wälder gespeichert wird. Das nennt man klimaneutral. Damit dies gelingt, muss sich in den verschiedenen Bereichen viel verändern.

Eine Maßnahme ist die sogenannte *Energiewende*. Bei der Energiewende wird der Wechsel von Energieträgern wie Braunkohle und Atomstrom hin zu erneuerbaren Energien vollzogen. Unter erneuerbaren Energien werden Energiequellen verstanden, die unbegrenzt vorhanden sind. Dazu zählen Windenergie, Solarenergie und Wasserkraft.

M3 Demonstration für mehr Klimaschutz

Bei der Umsetzung der Energiewende gibt es viele Diskussionen darüber, wie diese am besten gelingen kann. Eine zentrale Rolle spielen dabei die erneuerbaren Energien. Nachteil der erneuerbaren Energien ist, dass sie nicht zu jeder Zeit und an jedem Ort gleich wirken.
Daher ist es wichtig, dass die Energie gespeichert werden kann. So können Wind- und Sonnenenergie auch genutzt werden, wenn die Sonne gerade nicht scheint und kein Wind weht.
Aus dem gleichen Grund ist auch der Ausbau leistungsstarker Stromleitungen eine wesentliche Aufgabe der Energiewende. Der erzeugte Strom muss über Stromleitungen in alle Regionen Deutschlands verteilt werden.

M1 Energiewende, aber wie?

Und was können wir tun?

Viele Menschen werfen der Weltklimapolitik vor, nicht genug gegen den CO_2-Ausstoß zu unternehmen. In Demonstrationen und Aktionen drücken sie ihre Sorge aus, dass die Erde unbewohnbar wird, wenn der Lebensstil nicht verändert wird. Sie fordern drastische und umfassende Maßnahmen gegen den Klimawandel (M3).

Keiner von uns kann das Klimaproblem allein lösen, aber jeder von uns kann dazu einen Beitrag leisten. Wir wissen, dass das Treibhausgas CO_2 durch die Verbrennung von fossilen Energieträgern in die Atmosphäre gelangt. Verbrauchen wir weniger Energie, sorgen wir dafür, dass weniger CO_2 in die Atmosphäre gelangt (siehe S. 110/111). Im privaten Bereich entsteht CO_2 hauptsächlich durch Heizen, Transport, Ernährung sowie den Einsatz von Haushaltsgeräten und Lampen.

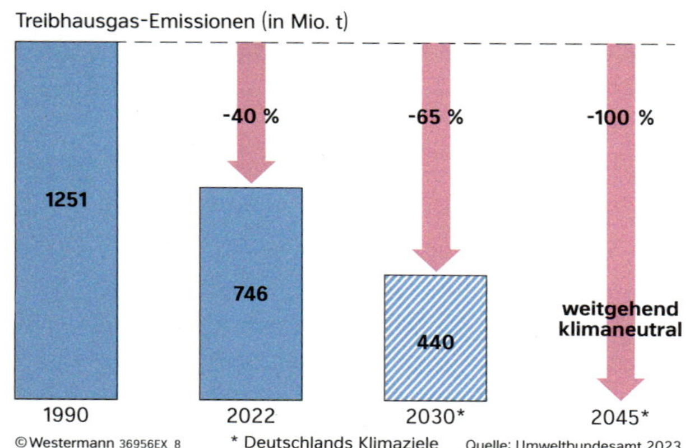

M2 Deutschlands Ziele zur Verringerung der Treibhausgas-Emissionen im Vergleich zu 1990

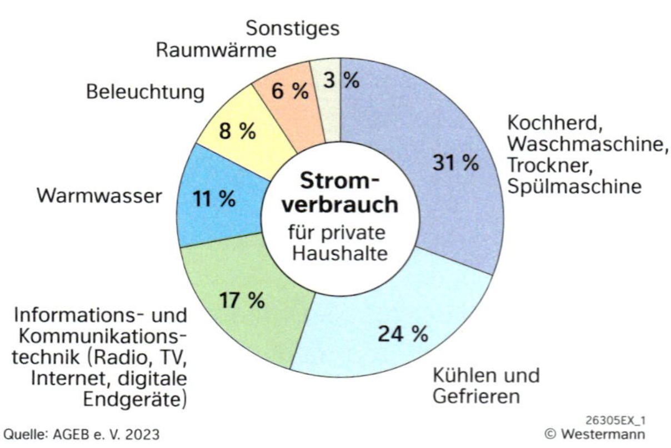

M4 Stromverbrauch in Privathaushalten in Deutschland (2022)

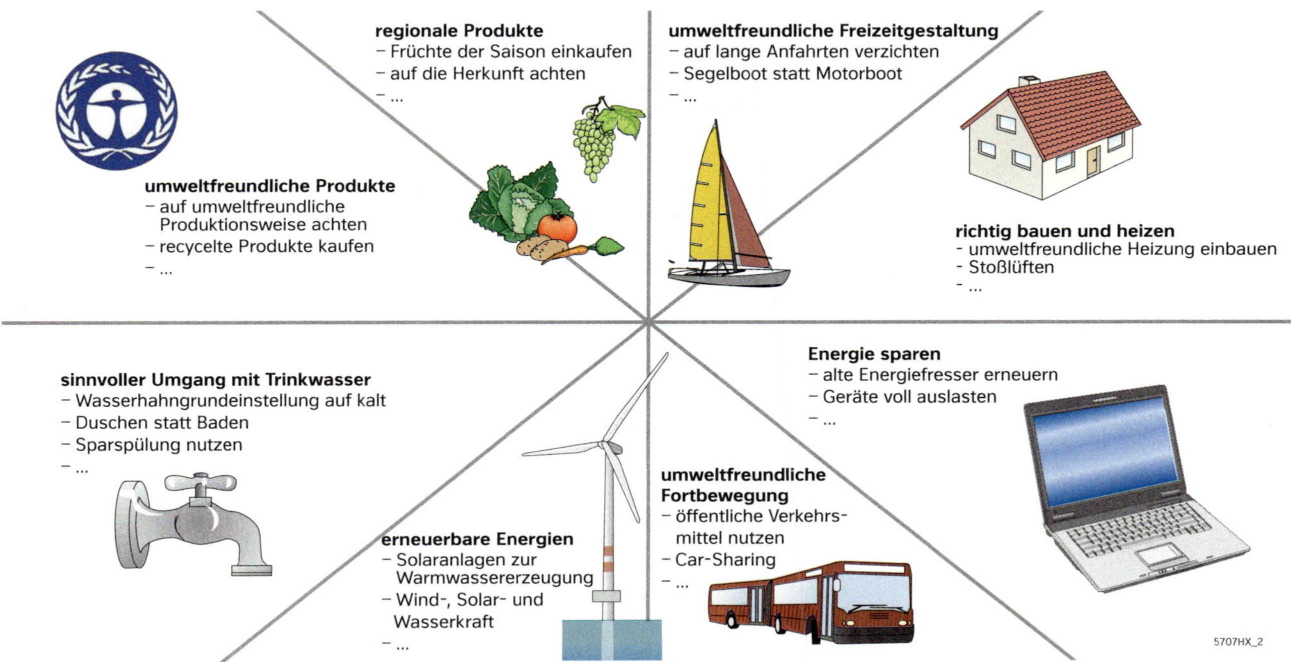

M5 Möglichkeiten des Einzelnen für den Klimaschutz

Der ökologische Fußabdruck

Ein hoher Lebensstandard hat einen hohen Rohstoff- und Flächenbedarf zur Folge. Dieser kann abgebildet werden mit dem sogenannten *ökologischen Fußabdruck*. Darunter wird die Fläche auf der Erde verstanden, die notwendig ist, um den Lebensstil und Lebensstandard eines Menschen dauerhaft zu ermöglichen. Das schließt Flächen ein, die zur Produktion von Kleidung und Nahrung oder zur Bereitstellung von Energie benötigt werden, aber z. B. auch zur Entsorgung von Müll. Die Werte werden in „Globalen Hektar" pro Person und Jahr angegeben.

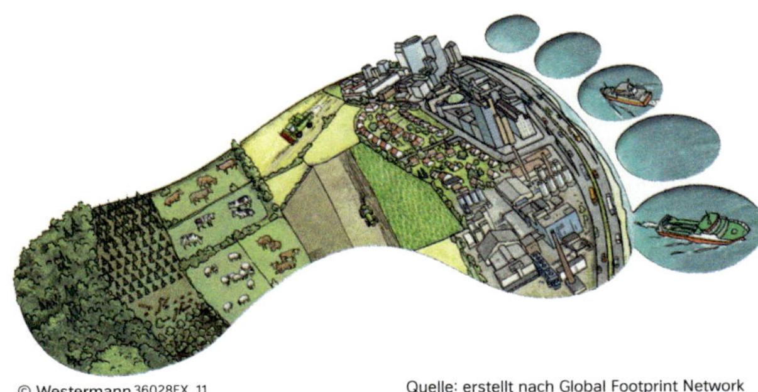
© Westermann 36028EX_11   Quelle: erstellt nach Global Footprint Network

M6 Ökologischer Fußabdruck

Land	Bevölkerung (2022)	Anzahl der Erden
Katar	2,7 Mio.	8,7
USA	338 Mio.	5,1
Deutschland	84 Mio.	3,0
China	1426 Mio.	2,4
Indien	1417 Mio.	0,7
Republik Kongo	6 Mio.	0,3
Welt	7975 Mio.	1,7

Quelle: Global Footprint Network 2023

M7 Würden alle Menschen mit dem Lebensstandard dieses Landes leben, bräuchte man …

Aufgaben

1 Erkläre, was man unter der Energiewende versteht.

2 Beschreibe Herausforderungen, die mit der Energiewende verbunden sind (M1).

3 Erstellt ein Plakat und fordert eure Mitschülerinnen und Mitschüler zum Klimaschutz auf.

4 a) Notiere Aktivitäten, bei denen du und andere Familienmitglieder zu Hause täglich Strom verbraucht.
   b) Vergleiche mit M4.

5 Jeder Mensch kann zum Klimaschutz beitragen.
   a) Nenne zu jedem der acht Bereiche in der Grafik M5 zwei weitere Beispiele.
   b) Nenne und erkläre mindestens vier Beispiele, die du in deinem Haushalt umsetzen kannst.

6 Berechne mithilfe des Internets deinen eigenen ökologischen Fußabdruck.

7 Verfasse eine Gesetzesvorlage zum Klimaschutz. ↗ S. 163

Wir erstellen eine thematische Karte zum ökologischen Fußabdruck

M1 Jeder Mensch hinterlässt Spuren.

So erstellst du eine thematische Karte zum ökologischen Fußabdruck:

M2 Erstellen der Legende

M3 Die Karte entsteht ...

Schritt 1: Informieren

– Informiere dich darüber, wie groß der ökologische Fußabdruck verschiedener Länder ist (siehe Beispiele in M4).
Ein Fußabdruck von 7,8 (USA) bedeutet z. B., dass 7,8 ha Land pro Person benötigt werden, um den Lebensstil des Landes dauerhaft zu gewährleisten. Der weltweite Durchschnitt liegt bei 2,6 ha. Zur Verfügung stehen aber nur 1,8 ha pro Kopf der Erdbevölkerung.
– Finde heraus, welches Land den größten und welches den kleinsten ökologischen Fußabdruck hat.

Schritt 2: Kartenlegende erstellen

– Lege drei bis vier Größenklassen für die Legende fest. Beginne mit dem höchsten Wert der Welt und lege eine Ober- und eine Untergrenze fest (M2).
– Lege die weiteren Kategorien fest. So erhältst du die Legende zu deiner thematischen Karte.

Schritt 3: Länder in Karte markieren

– Markiere die Länder entsprechend der Vorgaben der Legende in einer stummen Weltkarte mit Ländergrenzen (M3).

Schritt 4: Karte präsentieren

– Stelle deine Karte der Klasse vor. Beschreibe, was dir aufgefallen ist.

Land	Fußabdruck	Land	Fußabdruck
Ägypten	1,6	Katar	12,0
Algerien	2,4	Kenia	0,9
Argentinien	3,4	Mali	1,1
Australien	6,1	Mexiko	2,5
Brasilien	2,6	Marokko	1,7
Chile	4,0	Nauru	62,1
China	3,5	Österreich	5,8
Dänemark	7,3	Peru	2,3
Deutschland	4,7	Puerto Rico	0,1
Frankreich	4,8	Russland	5,8
Ghana	1,8	Ruanda	0,6
Großbritannien	3,9	Südafrika	3,4
Indien	1,1	Spanien	4,0
Indonesien	1,7	Schweiz	4,0
Island	24,4	Türkei	3,3
Italien	4,2	Usbekistan	2,1
Japan	4,2	Ver. Arab. Emirate	8,9
Kanada	7,9	USA	7,8

Quelle: Global Footprint Network 2024

M4 Ökologischer Fußabdruck ausgewählter Länder (2019)

Wir malen Bilder zu Themen der Nachhaltigkeit

Jugendliche aus ganz Baden-Württemberg stellten in einem Kunstprojekt ihre Sicht auf den Umgang des Menschen mit der Welt zeichnerisch dar.

M1 Nina, 16 Jahre, Stuttgart

M2 Serafina, 14 Jahre, Freiburg

M3 Karim, 15 Jahre, Karlsruhe

A Unsere Welt gefällt mir und ich bin dankbar für mein Leben mit meiner Familie. Dennoch sollten wir nicht alles für selbstverständlich nehmen und auch einiges ändern, damit es unsere Welt noch länger gibt.

B Auf der Erde leben immer mehr Menschen, die der Natur immer weniger Platz lassen und durch ihr Verhalten viel zerstören. Deshalb habe ich sogar die Sonne auf meinem Bild schwarz gemalt.

C Mit meinem Bild wollte ich ausdrücken, dass die Erde weint, weil wir so schlecht mit ihr umgehen. Aber solange es Menschen gibt, die sich um die Erde kümmern, gibt es auch noch Hoffnung.

M4 Aussagen zu den Zeichnungen M1 – M3

Aufgaben

1 Beschreibe die gemalten Bilder M1 – M3 und ordne ihnen die Texte M4 A – C zu.

2 Fertige selbst eine Zeichnung an, in der du deine Gedanken zum Umgang des Menschen mit der Natur darstellst.

3 a) Formuliere Forderungen zum Zustand der Welt, wie er sein sollte, wenn du 45 Jahre alt bist.

b) Nimm eine entsprechende Videobotschaft mit dem Smartphone auf und präsentiere sie der Klasse.

4 Erläutere drei Entwicklungen, die in den kommenden 30 Jahren mit geeigneten Maßnahmen gestoppt werden könnten.

Atmosphäre und Winde

Kannst du schon

– erklären, wie Alan Eustace mit dem Ballon in die Stratosphäre kam? (S. 102)
– begründen, warum der Fallschirmspringer in der Stratosphäre eine höhere Fallgeschwindigkeit erreicht als in der Troposphäre? (S. 102)
– die Entstehung von Luftdruck erklären? (S. 103)
– die Schichtung der Atmosphäre beschreiben? (S. 104/105)
– den Unterschied zwischen einem Sturm und einem Orkan erklären? (S. 106)
– die Entstehung eines Orkans, eines Hurrikans und eines Tornados beschreiben sowie die wesentlichen Unterschiede nennen? (S. 106 – 108)

Zeig, was du kannst

1 „Ein bei einer Feier mit Helium gefüllter Ballon kann bis in die Stratosphäre fliegen." Ist die Aussage richtig oder falsch? Begründe deine Antwort.

2 Erkläre anhand der Grafik M3, wie Wind entsteht.

3 Zeichne eine Skizze, in der du den Aufbau der Atmosphäre in der richtigen Reihenfolge darstellst. Ordne dabei jeder Schicht auch eine spezifische Eigenschaft zu (Wortspeicher M2).

4 Stelle in einer Tabelle die Unterschiede zwischen einem Orkan, einem Hurrikan und einem Tornado gegenüber.

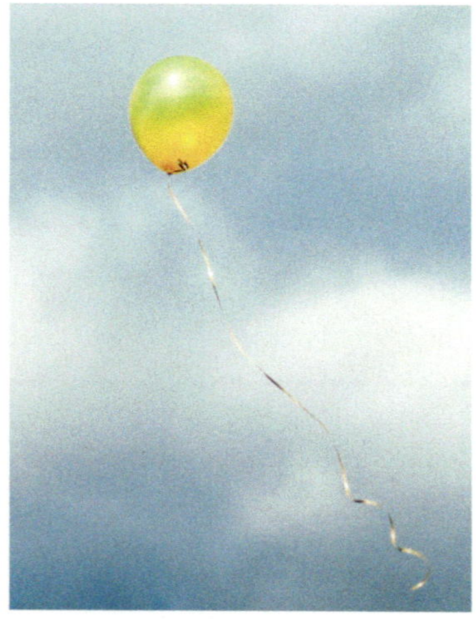

M1 Mit Helium gefüllter Ballon

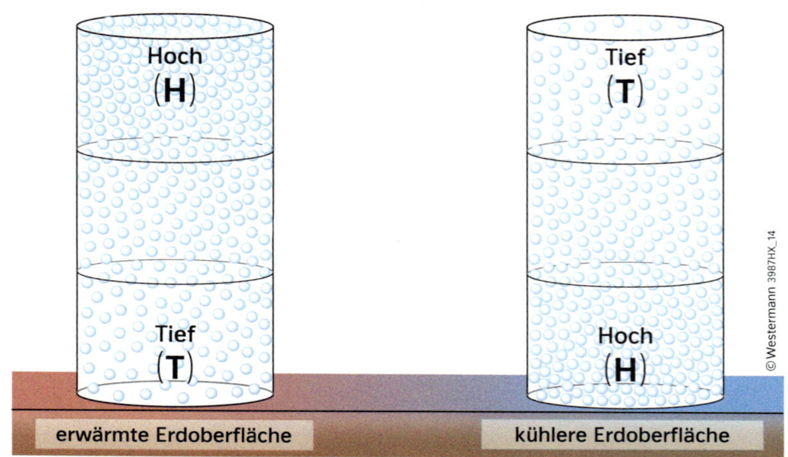

M3 Folgen der Erwärmung von Luft

Thermosphäre   Übergang zum Weltall   Exosphäre   ca. – 90 °C

Troposphäre   Ozon

Mesosphäre

300 – 1500 °C   Wettergeschehen

Stratosphäre

M2 Wortspeicher

Treibhauseffekt

Kannst du schon
– den natürlichen Treibhauseffekt vom anthropogenen Treibhauseffekt unterscheiden? (S. 110/111)
– Ursachen und Folgen des anthropogenen Treibhauseffektes benennen? (S. 110/111)
– unterschiedliche Folgen für die einzelnen Kontinente beschreiben? (S. 112/113)

Zeig, was du kannst

5 Ordne die nachfolgenden Aussagen in einer Tabelle dem natürlichen und dem anthropogenen Treibhauseffekt zu:
Erwärmung der Erde um + 33 °C / Menschen produzieren Treibhausgase. / Immer weniger Wärmestrahlung gelangt in den Weltraum. / Sonnenstrahlen durchdringen die Atmosphäre.

6 Entwirf eine Skizze, mit der du das Prinzip des natürlichen und des anthropogenen Treibhauseffekts darstellst.

Ökologischer Fußabdruck

Kannst du schon
– das Konzept des ökologischen Fußabdrucks erklären? (S. 115)

Zeig, was du kannst

7 Schreibe einen Text, mit dem du die Idee des ökologischen Fußabdrucks erklärst. Verwende folgende Begriffe:
Kleidung – Flächenbedarf – Lebensstandard – Produktion – Nahrung – Energie – Entsorgung – Rohstoffbedarf – Müll – „Globaler Hektar" pro Person – Lebensstil

Nachhaltigkeit

Kannst du schon
– den Begriff „Nachhaltigkeit" mit Beispielen erklären? (S. 117)

Zeig, was du kannst

8 Bewerte die Lebensstile von Leon (M4) und Michelle (M5). Beziehe dich dabei auf die Dimensionen der Nachhaltigkeit.

In meiner Freizeit fahre ich gerne mit dem Fahrrad zur Indoor-Kartbahn im Gewerbegebiet. In den Sommerferien machen wir mit Freunden ‚Urlaub auf dem Bauernhof' in Ostfriesland.

M4 Leon aus Emmendingen

Jeden zweiten Tag fahre ich mit meiner Mutter mit dem Auto zu einem großen Biomarkt. Dort kaufen wir frisches, ökologisch angebautes Obst und Gemüse. Gestern waren wir auf dem Rückweg auch im Reisebüro und haben unseren Sommerurlaub nach Ibiza gebucht.

M5 Michelle aus Baden-Baden

Fachbegriffe

– **Atmosphäre und Wetter:** Atmosphäre, Hochdruckgebiet, Hurrikan, Luftdruck, Orkan, Ozon, Tiefdruckgebiet, Tornado, Zyklone
– **Klimawandel:** anthropogener Treibhauseffekt, Energiewende, Klimawandel, Kohlenstoffdioxid (CO_2), natürlicher Treibhauseffekt, ökologischer Fußabdruck

6

In der gemäßigten Zone

M1 Getreideernte in North Dakota (USA)

In diesem Kapitel lernst du …
… wie unterschiedlich die Lebensverhält-
nisse der Menschen innerhalb des gemäßigten Klimas sind. Du lernst vier landwirtschaftliche Betriebe kennen, die auf
vier unterschiedlichen Kontinenten liegen.
Du erfährst, wie du einen Kurzvortrag zu
diesem Thema vorbereiten und gut präsentieren kannst. Du lernst den Umgang
mit Satellitenbildern am Beispiel von
Google Earth.

Spannnende Reise durch die gemäßigte Zone

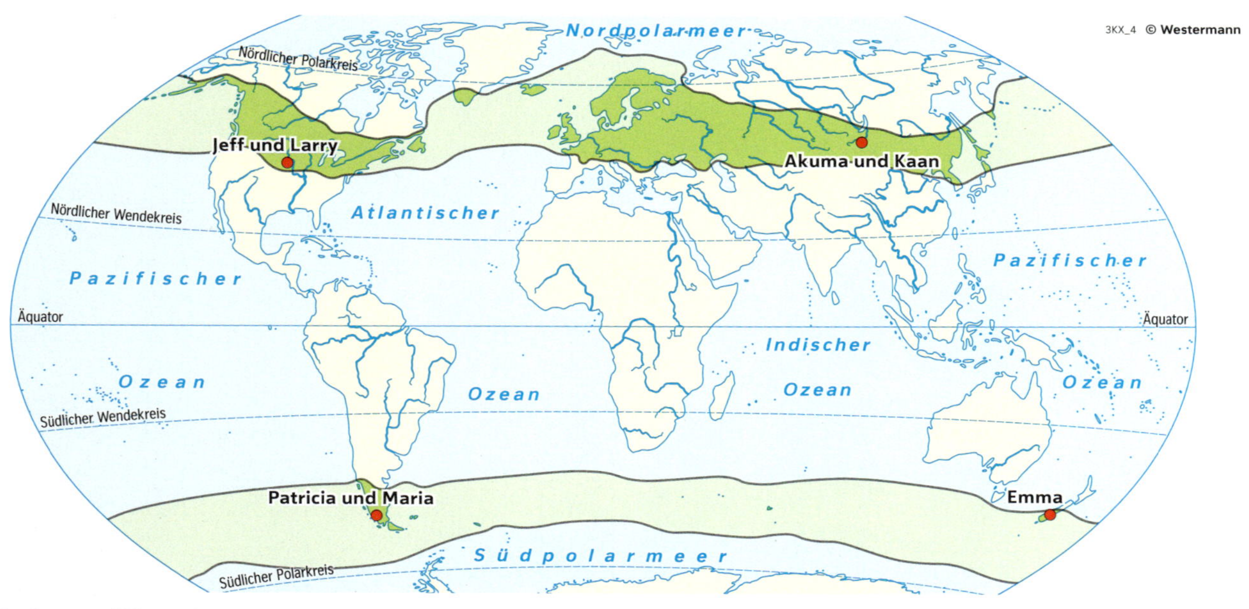

M1 In der gemäßigten Zone

Patricia und Maria haben einen langen Schulweg. Es fährt kein Bus und die Eltern haben auf der Estancia zu tun. Die Mädchen teilen sich ihr Pferd und wechseln sich auf dem Schulweg mit dem Reiten ab.

M2 Patricia und Maria aus Patagonien (Chile)

Die beiden Jungs spielen mit Strohballen und warten, bis ihr Vater und seine Helfer mit den Mähdreschern zurückkommen. Es ist die Zeit der Weizenernte und es ist seit vielen Wochen heiß und trocken.

M4 Jeff und Larry aus Nebraska (USA)

Obwohl es Juni ist, sitzen Akuma und Kaan im Windschatten ihrer Jurte, dem traditionellen Zelt der Nomaden in Zentral- und Ostasien. Auch im Sommer bläst der Wind manchmal kalt über die karge Hochebene der Mongolei.

M3 Akuma und Kaan aus der Mongolei

Im Januar, wenn es richtig warm ist, müssen die Lämmer geimpft werden. Emma hilft auf der Farm ihrer Eltern mit. Sie fängt ein ausgebüxtes Lamm wieder ein und bringt es zurück zu den anderen.

M5 Emma aus Neuseeland

Gebirge, Meere und Lage beeinflussen das Klima

Außerhalb der Tropen sind die Westseiten der Kontinente gegenüber den Ostseiten auf gleicher Breitenlage klimatisch begünstigt. An den Westseiten strömen auf der Nordhalbkugel warme Luftmassen aus dem Südwesten weit in den Norden. Daher sind die Küsten im Golf von Alaska auch im Winter eisfrei. Im Ochotskischen Meer treiben dagegen Eisberge. Warme und kalte *Meeresströmungen* bestimmen das Klima auf den nahe gelegenen Landmassen. Ihr kennt bereits das Beispiel des Golfstroms. Dieser führt warmes Wasser an Norwegen vorbei, sodass dort sogar Kirschbäume gedeihen. Der kalte Humboldtstrom vor Chile dagegen kühlt die Luft vor der

Küste so weit ab, dass nahezu der gesamte Regen bereits über dem Pazifik fällt und auf dem Kontinent die Atacama als Küstenwüste entstanden ist.

Hohe Gebirgsketten, die quer zur vorherrschenden Luftströmung verlaufen, beeinflussen den Verlauf der Klimazonen. Wird die Luft an einem Gebirge zum Aufsteigen gezwungen, so kühlt sie sich ab, es entwickelt sich Steigungsregen. Nachdem die Luft das Gebirge überströmt hat, besitzt sie kaum noch Feuchtigkeit. Dadurch ist die windabgewandte Seite des Gebirges trocken. Am Beispiel der Anden kann dieses Phänomen anschaulich gezeigt werden. Die Westwinde vom Pazifik bringen Regen mit, der regnet sich auf der Westseite ab. Die Ostseite der Anden ist daher sehr trocken.

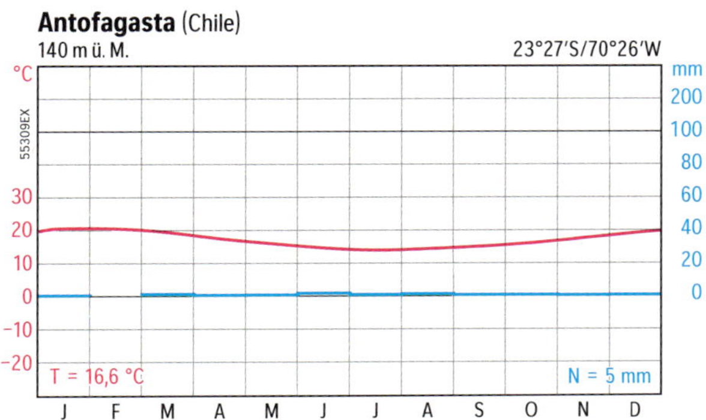

M6 Klimadiagramm Antofagasta

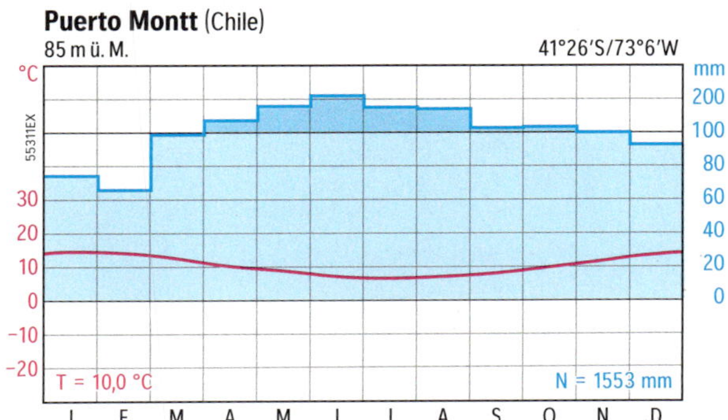

M8 Klimadiagramm Puerto Montt

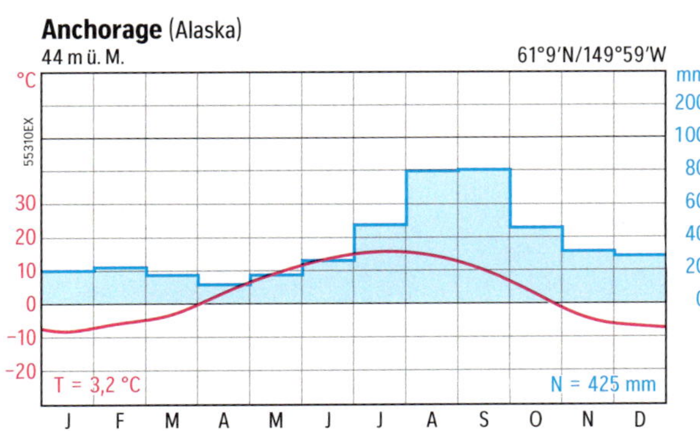

M7 Klimadiagramm Anchorage

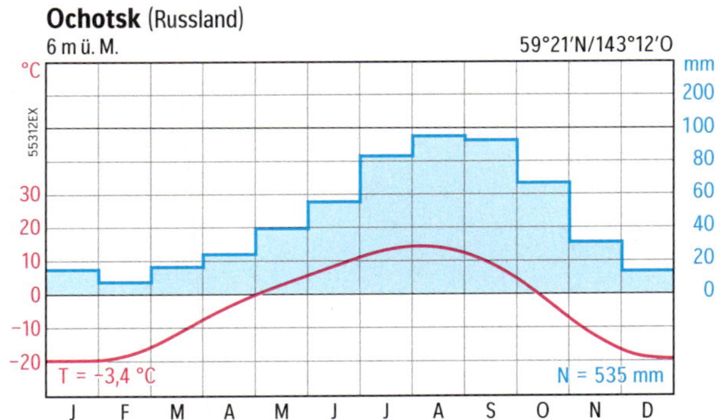

M9 Klimadiagramm Ochotsk

Aufgaben

1 Suche die Orte der Klimadiagramme M6 – M9 im Atlas und beschreibe ihre Lage. ↗ S. 163

2 Erkläre anhand der Textaussagen die Werte der einzelnen Klimadiagramme.

3 Begründe die unterschiedlichen Klimawerte für Anchorage und Ochotsk, die beide auf etwa 60° n. Br. liegen.

4 Finde weitere Beispiele, mit denen du die Textaussagen belegen kannst (Atlas, Internet). Stelle sie in der Klasse vor. ↗ S. 163

5 Suche ein weiteres Beispiel für eine Küstenwüste im Atlas.

▶ Film

WES-113332-123

Wir bereiten einen Kurzvortrag vor und präsentieren ihn

Um das Thema „Landwirtschaft in der gemäßigten Zone" zu bearbeiten, bietet sich die Methode des Kurzvortrags an. Ein Vortrag ist immer etwas Persönliches. Er erzeugt meist Lampenfieber und Spannung beim Vortragenden. Der Erfolg hängt ganz wesentlich von einer sorgfältigen Planung ab.

Auf den nächsten Seiten werden vier ganz unterschiedliche landwirtschaftliche Betriebe vorgestellt. Das einzige, was sie verbindet, ist, dass sie in der gemäßigten Zone liegen.

Die folgenden acht Seiten behandeln jeweils einen landwirtschaftlichen Betrieb und den dazugehörigen Naturraum, in dem er gelegen ist. Die Betriebe befinden sich in Neuseeland (S. 127), den USA (S. 129), der Mongolei (S. 131) und in Argentinien (S. 133). Diese Seiten sind die Informationsgrundlage für den Kurzvortrag. Doch du solltest dir weitere Informationen im Internet und der Bibliothek zusammensuchen. Wie du einen Kurzvortrag gut vorbereitest, lernst du hier. Die Mindmap hilft dir dabei (M2).

M1 Beim Kurzvortrag

Information

Es gibt verschiedene Computerprogramme, die es möglich machen, deinen Vortrag geschickt zu veranschaulichen. Am meisten genutzt wird dabei PowerPoint.

Doch auch andere Programme, wie z. B. Prezi oder Keynote, sind gute Hilfsmittel.

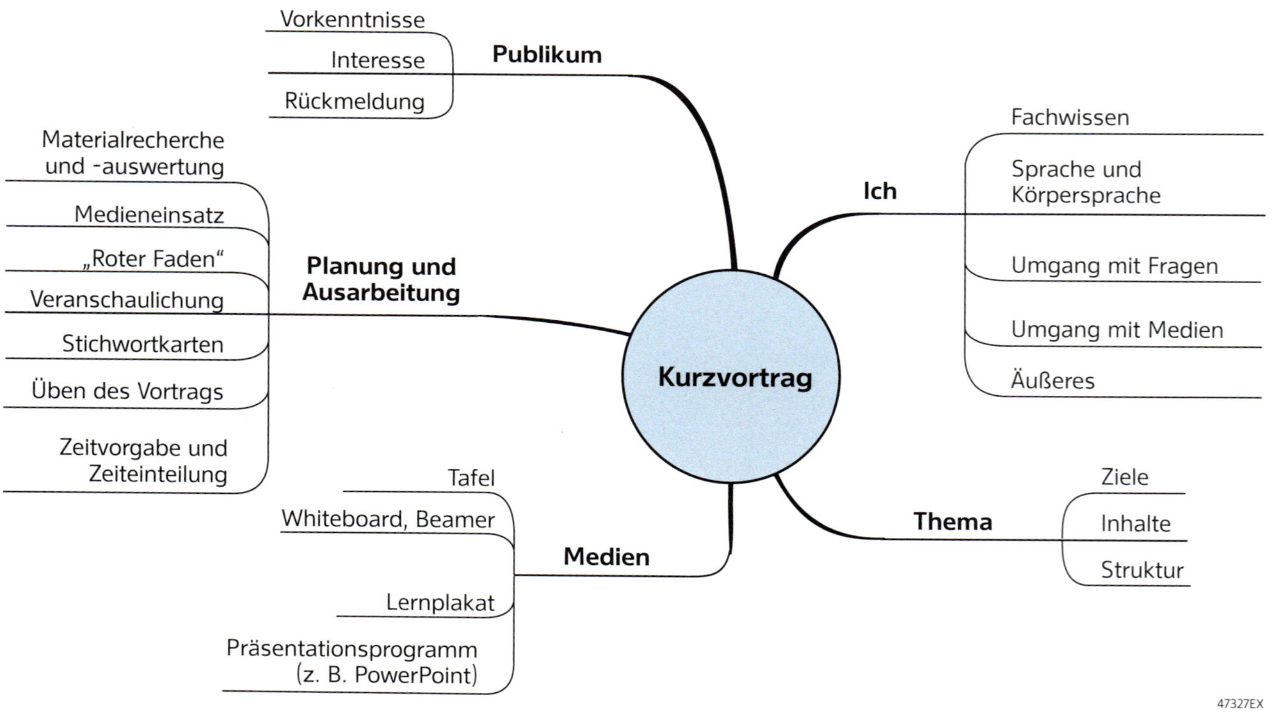

M2 Mindmap zum Kurzvortrag

Richtig präsentieren

Ausarbeitung und Gliederung

– Gliedere die Inhalte deiner Materialsammlung in einer logischen Reihenfolge.

– Lege zu jedem Gliederungspunkt eine Karteikarte an, notiere darauf wichtige Stichworte.

– Mit der Einleitung willst du das Interesse der Zuhörer wecken. Das kann zum Beispiel mit einer Wandkarte geschehen oder durch ein Foto, das du mit dem Beamer an die Wand projizierst.

– Im Hauptteil müssen die Teilthemen strukturiert werden. Überlege, was in welcher Reihenfolge kommt, welche Themen aufeinander aufbauen.

– Im Schlussteil sollen Anfangsgedanken nochmals aufgegriffen und in einer Art Zusammenfassung kurz dargestellt werden.

– Bestimme den passenden Medieneinsatz. Bilder und Grafiken sollten aussagekräftig, gut lesbar und von guter Qualität sein.

– Gib die Quellen deiner Informationen an.

– Halte deinen Vortrag zur Probe, vor dem Spiegel, vor Freunden oder Eltern und stoppe die Zeit dabei.

Weitere Tipps für den Vortrag

– Du solltest genug Platz zum Stehen haben und von allen gut gesehen werden können. Verschanze dich nicht hinter deinem Pult.

– Halte Blickkontakt mit dem Publikum.

– Versuche, trotz der Aufregung langsam und deutlich zu sprechen.

– Rede möglichst frei und lies nicht nur ab. Karteikarten als Spickzettel bzw. Leitfaden sind natürlich erlaubt.

– Denke an deine Körpersprache. Versuche, möglichst gerade, aber dennoch locker zu stehen. Stecke nicht die Hände in die Tasche, verschränke nicht die Arme, sitz nicht auf dem Tisch.

M3 Wie präsentiere ich mich?

Aufgabe

1 Erstelle einen Kurzvortrag zum Thema „Die Landwirtschaft in der gemäßigten Zone und ihre Abhängigkeit vom Naturraum."

Die fachliche Grundlage dafür sind die jeweiligen Beispielseiten im Buch sowie S. 122/123. Recherchiere zusätzliche Fakten.

Neuseeland – von Kiwis und Schafen

M1 Typische Landschaft in Neuseeland

Neuseeland gliedert sich in eine Nordinsel und eine Südinsel. Über zwei Drittel des Landes liegen etwa 200 bis 1000 m über dem Meeresspiegel. Die Landschaften sind sehr vielfältig. Im Norden erstreckt sich ein grünes Hügelland mit saftigen Wiesen. Auf der Südinsel befinden sich die Neuseeländischen Alpen (Southern Alps), die mit den Alpen in Europa vergleichbar sind. Sie bilden eine Gebirgskette mit Gipfeln über 3700 m Höhe, imposanten Gletschern und Vulkanen. In dieser regenreichen Region mit ihren undurchdringlichen, immergrünen Regenwäldern gibt es auch Seen, darunter den Lake Te Anau, der etwa doppelt so groß ist wie der Bodensee.

Da sich Australien und Neuseeland sehr früh vom Urkontinent getrennt haben (vgl. S. 81, M5), konnte sich hier eine sehr exotische Flora und Fauna entwickeln. In den Wäldern findet man Farne, die über 15 Meter hoch werden und wie Bäume wirken. Sie sind in dieser Form nirgendwo außerhalb von Neuseeland zu finden.

Einzigartig sind auch die verschiedenen flugunfähigen Vögel. Sie konnten sich hier entwickeln, da es keine Raubtiere gab, die ihnen gefährlich wurden. Die bekanntesten sind der Kiwi und der Takahe (M2).

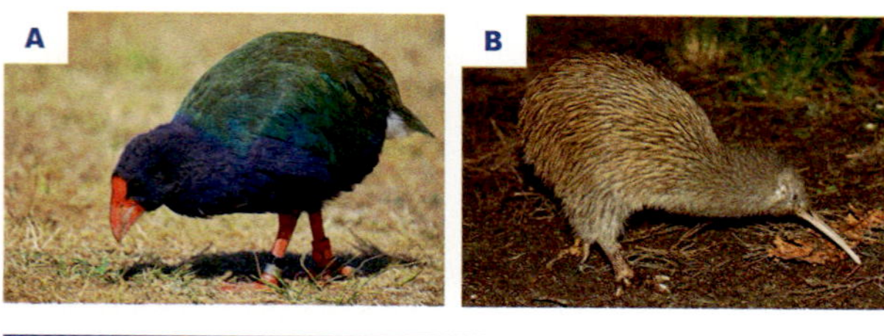

M2 Takahe (A) und Kiwi (B)

M3 Landwirtschaft und Relief von Neuseeland

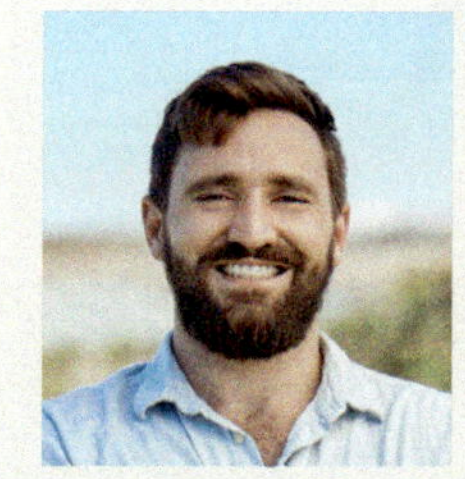

John Acland betreibt seine Farm in der 5. Generation. Seine Vorfahren sind Mitte des 19. Jahrhunderts aus Großbritannien eingewandert. Sie begannen am Fuße der Neuseeländischen Alpen mit einer Schafzucht. Damit war lange gutes Geld zu verdienen, bis der Preis für Wolle sank. Sein Vater begann daraufhin, Rinder zu züchten, aber schon bald brachen auch hier die Preise für Fleisch ein. Zudem war das Kraftfutter teuer, da es importiert werden musste. John Acland musste dringend eine Lösung finden, um seine Farm nicht aufgeben zu müssen.

Vor 20 Jahren kam er auf die Idee, in riesigen Gehegen Hirsche zu züchten. Diese Tiere sind ideal an das Leben in den Neuseeländischen Alpen angepasst und brauchen als Futter nur Gras (M5). Mit der Zucht lässt sich gutes Geld verdienen, weil die Nachfrage in Europa und den USA hoch ist. Inzwischen sind die Herden so groß, dass John seine Hirsche mit dem Helikopter zusammentreiben muss, wenn sie einmal im Jahr entwurmt werden müssen.

Seit zehn Jahren ist John Acland zusätzlich im Weinanbaugebiet Marlborough im Norden der Südinsel an einem Weingut beteiligt und kann zuversichtlich in die Zukunft blicken.

M4 Die Mount Peel Station auf der Südinsel

M5 Rothirschzucht in den Neuseeländischen Alpen

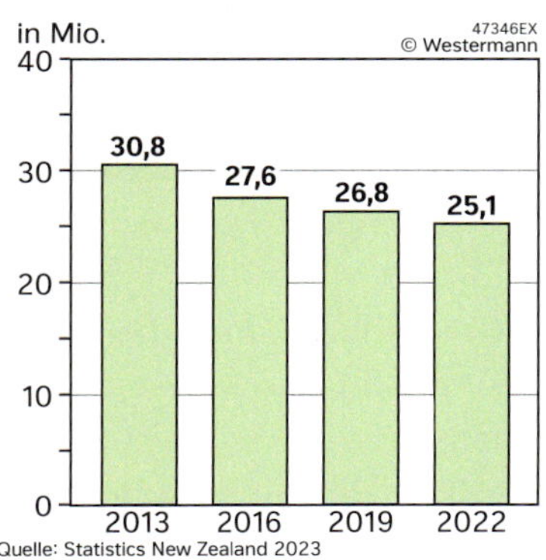

M8 Schafe in Neuseeland

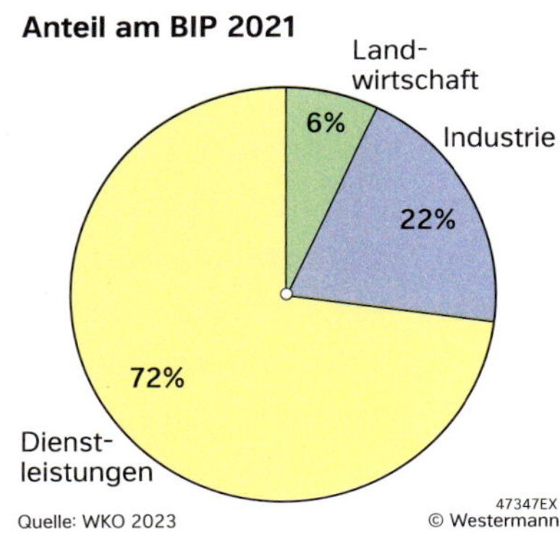

M9 Neuseeland: *BIP* nach Sektoren

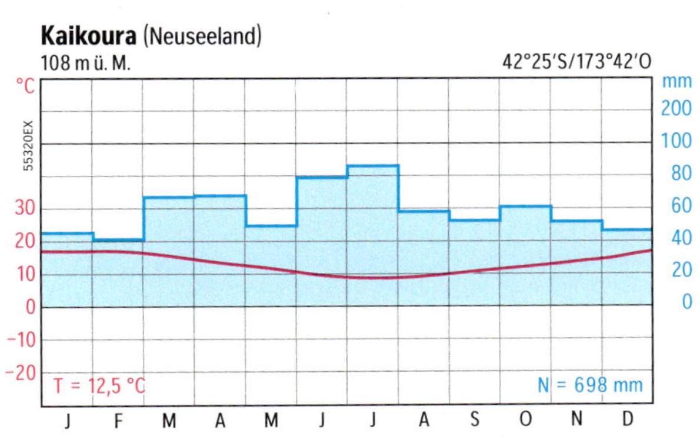

M6 Klimadiagramm Kaikoura

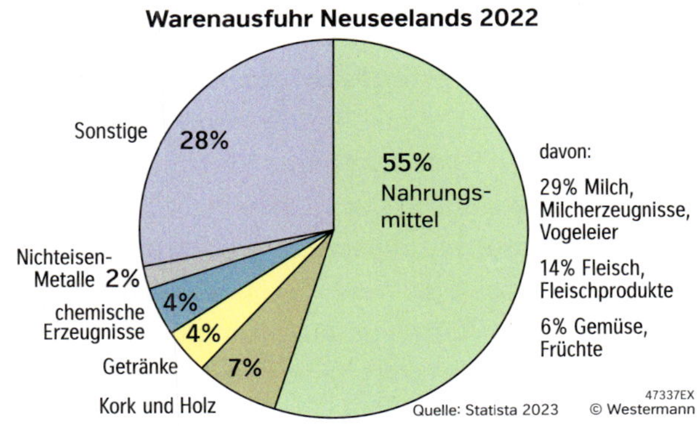

M7 Exportstruktur Neuseelands

In der Kornkammer der USA – die Great Plains

M1 Bewässerungsflächen in den Great Plains heute

Die Great Plains sind eine Hochebene zwischen den Rocky Mountains im Westen und dem Mississippi im Osten. Sie haben eine Ost-West-Ausdehnung von ca. 700 km und eine Nord-Süd-Ausdehnung von ca. 2900 km. Dieser Landstrich wird als Kornkammer, aber auch als „Cattle Country" (Rinderland) bezeichnet, da hier etwa die Hälfte des Weizens und 60 Prozent des Rindfleisches der USA produziert werden. Die Great Plains werden durch den 100. Längengrad in zwei Hälften geteilt. Der 100. Längengrad ist eine klimatische Grenze. Östlich davon fallen 50 Prozent weniger Niederschläge als westlich. Diese fallen sehr unregelmäßig, und wenn, dann meist als Starkregen. So kommt es immer wieder zu Dürren.

Ursprünglich galten die Great Plains als eine für die Landwirtschaft völlig ungeeignete Zone. Durch die Umwandlung von Steppe in Ackerland wurde die Region zur Kornkammer der USA. Gleichzeitig wurde jedoch das ökologische Gleichgewicht zerstört. Während ursprünglich die Präriegräser den Boden mit ihren Wurzeln festhielten, liegen heute die Felder im Winter brach. Deshalb können Wind und Regen den fruchtbaren Boden abtragen. Besonders ausgeprägt ist das in der Dust Bowl, einem Gebiet entlang der Trockengrenze zwischen Colorado, Kansas, Oklahoma, Texas und New Mexico. Da diese Erosionsprozesse im vergangenen Jahrhundert Millionen Hektar Ackerland zerstört haben, versucht man heute, ihnen mit Bodenerhaltungsmaßnahmen wie Konturpflügen und Windschutzhecken zu begegnen (M5).

M2 Staubsturm über Colorado (USA) 1936

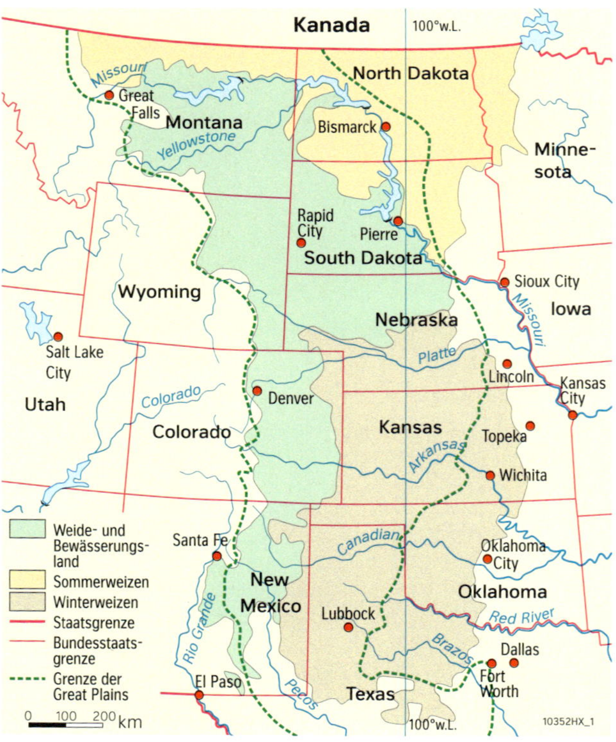

M3 Die Great Plains im Mittleren Westen der USA

schule.diercke.de | 100852-146-04, 100852-147-05, 100852-152-03

Die Farm von Steve Lewis liegt in den Great Plains in South Dakota bei Rapid City. Der Betrieb umfasst 6550 Hektar Land. Das entspricht etwa 9000 Fußballfeldern. Drei Viertel werden als Ackerland genutzt, der Rest als Weideland. Das funktioniert nur mit einem großen Maschinenpark, denn Steve hat nur nur drei Angestellte. Jährlich verkauft er Agrarprodukte für mehr als fünf Millionen Dollar – vor allem Weizen und Futtermais. Die Erträge sind stark von den Niederschlagsmengen abhängig. In manchen Jahren reicht der Regen nicht für das Wachstum der Pflanzen aus. Deshalb wird ein großer Teil der Ackerflächen mit großen Beregnungsanlagen bewässert. Das Wasser dafür wird aus tiefen Grundwasserschichten hochgepumpt. Das ist zwar teuer, aber ein Ernteausfall wäre teurer. Vor fünfzehn Jahren hat Steve Lewis begonnen, Bisons auf seinen Weiden zu züchten. Diese Tiere waren in dem Gebiet ursprünglich weit verbreitet und sind an die Gräser und die Trockenheit angepasst. Die Nachfrage ist groß und außerdem kann das Bisonfleisch doppelt so teuer verkauft werden wie Rindfleisch.

M4 Getreideanbau in South Dakota

M5 Bodenerhaltungsmaßnahmen: Konturpflügen (A) und Windschutzhecken (B)

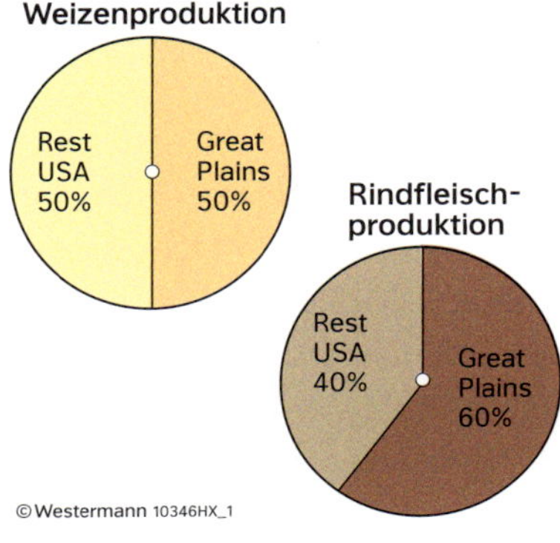

M8 Bedeutung der Great Plains

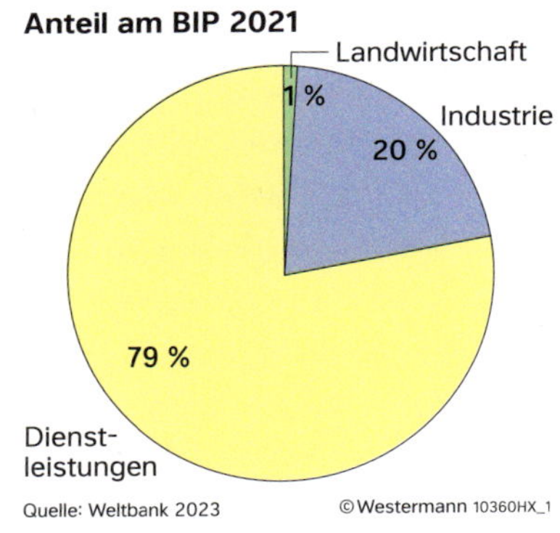

M9 USA: *BIP* nach Sektoren

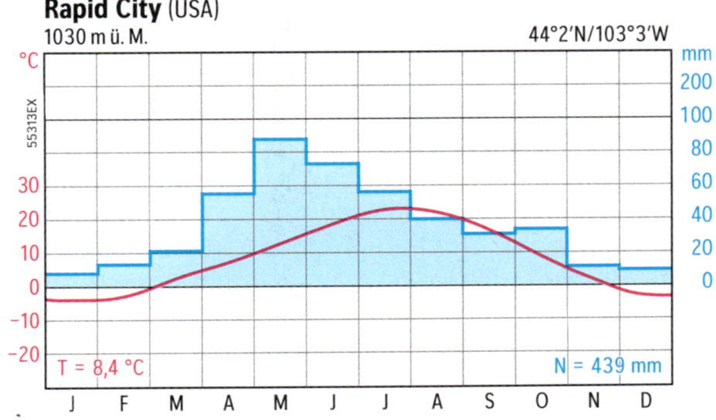

M6 Klimadiagramm Rapid City

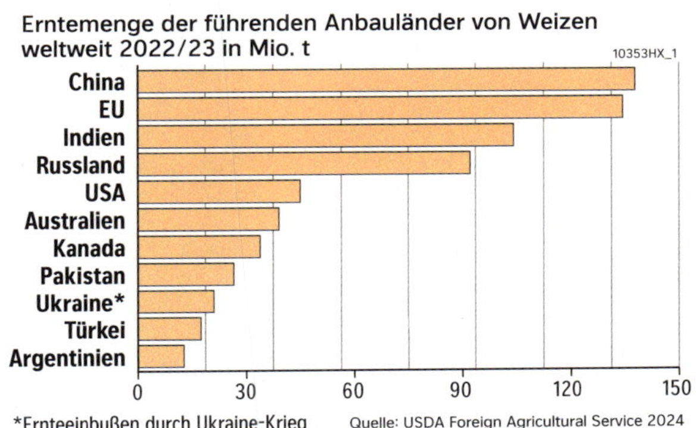

M7 Erntemengen im Vergleich

Film

WES-113332-129

In der Mongolei

M1 Nomadensiedlung

Die Mongolei liegt im Durchschnitt 1500 m über dem Meeresspiegel und ist eine Hochebene, die von vielfältigen Landschaften geprägt wird. Der Khuiten ist mit 4275 m der höchste Berg des Landes und liegt im mongolischen Altai, einem Hochgebirge, das die Mongolei durchzieht. Dort leben der seltene Schneeleopard und der Yak. In den Steppen leben die Saiga-Antilope, Wildesel, Wildpferde (Przewalski-Pferde) und Kamele. Die Berghänge sind hauptsächlich mit Lärchen bewachsen. In den Tälern finden sich Laubbäume, zum Beispiel Zitterpappel und Birke. Baumlose Steppen und Wüstensteppen bedecken im Osten und Südosten über die Hälfte des Landes (51 %). Hier liegt die Wüste Gobi.

Klimatisch ist die Mongolei von einem extrem kontinentalen winterkalten Trockenklima innerhalb der gemäßigten Zone geprägt.

In der Hauptstadt Ulan-Bator (auch Ulaanbaatar) leben heute etwa 1,5 Millionen Menschen. Im Gegensatz zu früher leben heute die meisten Menschen in Städten und ziehen nicht mehr als Nomaden umher.

M3 Die Mongolei

M2 Die Hauptstadt Ulan-Bator

Die Familie von Tschuulun Somya ist mit ihren Tieren unterwegs in der Steppe. Mitten in einem Wüstenstreifen haben sie ihre Kamele zu saftigem Gras geführt. Die Tiere sind gut an die trockene Umgebung angepasst und können lange Zeit mit wenig Wasser auskommen. In einer Oase können sie in kürzester Zeit ihre Vorräte auffüllen. Tschuulum Somya kümmert sich intensiv um die Tiere. Sie müssen die schweren Lasten tragen können, wenn die Familie zum Wechsel der Jahreszeiten zur nächsten Raststelle weiterzieht. Als mobile Behausung dienen weiße Jurten (in der Mongolei „Gers" genannt), traditionelle Rundzelte, die von Weitem zu erkennen sind. Ein Camp besteht aus drei Gers und steht nur für einige Wochen. Daneben grasen frei die Pferde, Yaks und Ziegen der Familie.

Das Leben war früher sehr anstrengend. Es gab kein fließendes Wasser. Mit der Milch der Tiere bereitete Tschuuluns Frau Uurtsaikh Speisen zu oder stellte daraus Käse her. Geld verdienten sie mit dem Verkauf von Tieren oder Wolle von Kamelen, Yaks und Ziegen.

Doch die Lebensumstände haben sich geändert. Die Familie braucht heute mehr Geld als früher, um sich zum Beispiel moderne Haushaltsgeräte kaufen zu können. Daher vermieten sie inzwischen das dritte Zelt an Touristen. Eine kleine Solaranlage versorgt das Camp mit Strom. Im Kühlschrank können jetzt Fleisch, Käse und Milch sogar im Sommer gelagert werden. Auf einer Kommode steht ein kleiner Fernseher.

M4 Nomaden in der Mongolei

Information

Rund 97 % der landwirtschaftlichen Fläche in der Mongolei (ca. 1,12 Mio. km²) werden für die Weidewirtschaft genutzt. Ackerbaulich bewirtschaftet hingegen wurden 2021 nur rund 6782 km².

M5 Yaks in der mongolischen Steppe

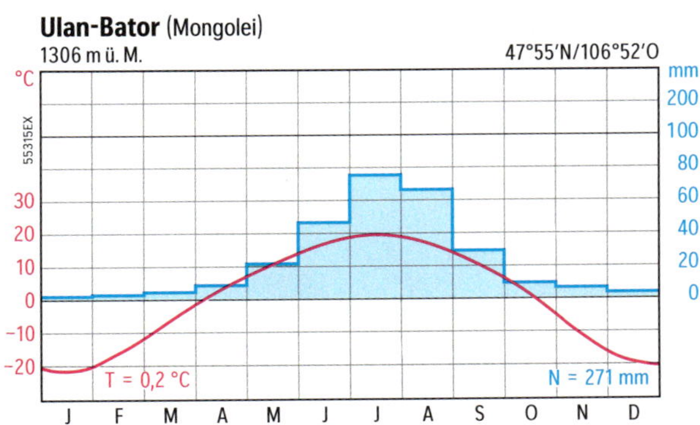

M6 Klimadiagramm Ulan-Bator

Anteil am BIP 2021

M8 Mongolei: *BIP* nach Sektoren

Land	Fläche (in km²)	Bevölkerungsdichte (Menschen/km²)
Argentinien	2 780 400	16,3
Deutschland	357 022	236,0
Mongolei	1 564 000	2,2
Neuseeland	267 710	19,6
USA	9 836 675	37,0

Quelle: UN DESA 2023

M7 Größe und Bevölkerungsdichte im Vergleich (2022)

Argentiniens Süden – Patagonien

M1 In der Steppe Patagoniens

Als Patagonien wird der südliche Teil Südamerikas bezeichnet. Die Region ist durch die Anden in zwei Großlandschaften getrennt: Westpatagonien auf chilenischer Seite und Ostpatagonien in Argentinien. Der argentinische Teil liegt im Regenschatten der Anden und ist eine karge, trockene und weitestgehend baumlose Landschaft. Die Vegetation hat sich den trockenen Gegebenheiten angepasst und es herrschen Gräser vor. Daneben findet man verschiedenste krautige Gewächse und Sträucher. Wegen des steinigen Bodens ist Getreideanbau nicht möglich, stattdessen werden die Graslandschaften als Weide genutzt.

Klimatisch ist Patagonien das einzige größere kühlgemäßigte Landgebiet auf der Südhalbkugel. Charakteristisch ist der immerwährende starke Wind. Patagonien ist sehr dünn besiedelt, die Bevölkerungsdichte liegt nur bei etwa zwei Einwohnern pro Quadratkilometer.

Vertreter der patagonischen Tierwelt sind das Guanako, der Kleine Nandu und der Andenkondor (M2). Die zahlreichen Seen Patagoniens sind Heimat für Flamingos und zahlreiche andere Wasservögel.

M3 Patagonien

M2 Vertreter der Tierwelt Patagoniens: Guanako (A), Kleiner Nandu (B), Andenkondor (C)

schule.diercke.de | 100852-162-01, 100852-164-01

Adolfo Jansma führt seine Estancia in der vierten Generation. Zu Beginn des 20. Jahrhunderts kam sein Urgroßvater Santiago Peso als Einwanderer aus Kroatien nach Argentinien. Dieser gründete am Ufer des Lago Argentino die 12000 Hektar große Estancia. Früher wurden nur Schafe gezüchtet und die Wolle musste dann mühsam mit Ochsenkarren zur Verschiffung nach Rio Gallegos an die Atlantikküste gebracht werden.

Heute spielen neben den Schafen Rinder eine wichtige Rolle. Adolfo Jansma hat 1980 auf Hereford-Rinder umgestellt. Diese Rinder grasen frei und werden von Gauchos, den argentinischen Cowboys, versorgt. Adolfo Jansma überlässt bei der Fleischqualität nichts dem Zufall. Aus diesem Grund werden die Rinder künstlich besamt. Der Samen stammt von prämierten Bullen aus der Region Buenos Aires. Das hervorragende Fleisch wird bis nach Europa verkauft.

Daneben ist der Tourismus für Adolfo eine wichtige Einnahmequelle geworden. Die Touristen können auf seiner Estancia wohnen und am Leben der Gauchos teilhaben, Ausritte machen oder wandern gehen.

M4 Die Estancia Nibeko Aike

Rang	Land	Anteil an der Weltproduktion
1	China	14 %
2	Indien	12 %
3	USA	10 %
4	Brasilien	8 %
5	Argentinien	4 %
6	Pakistan	3 %
7	Mexiko	3 %
8	Russland	2 %
9	Australien	2 %
10	Usbekistan	2 %

Quelle: FAOSTAT 2023

M5 Rindfleischproduktion nach Ländern (2021)

Fleischverbrauch pro Kopf (in kg)			
Land	Rind	Geflügel	Schwein
Argentinien	47	46	14
USA	38	59	31
Australien	37	49	24
Brasilien	35	48	14
Kanada	28	40	21
Südafrika	17	34	4
Südkorea	17	23	38
Mexiko	15	36	19
EU-27	14	23	39
Russland	13	31	28

Quelle: FAOSTAT 2023

M7 Fleischverbrauch nach Ländern (2021)

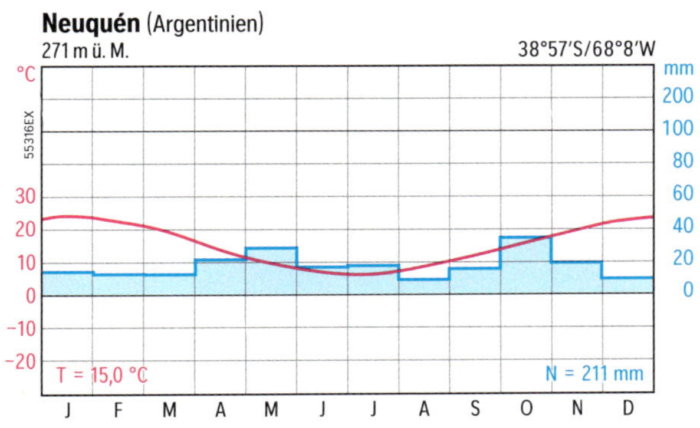

M6 Klimadiagramm Neuquén

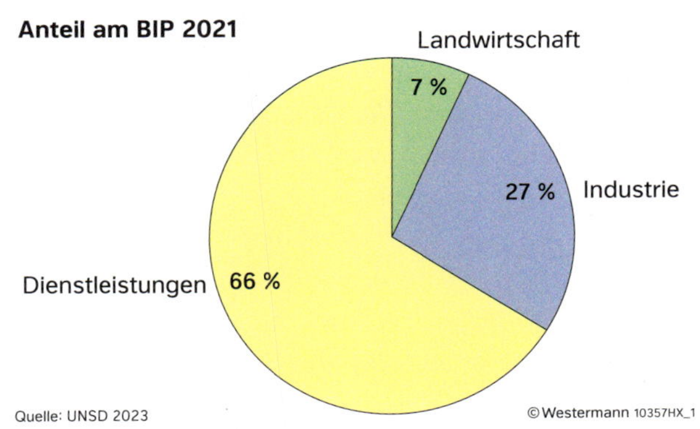

Quelle: UNSD 2023

M8 Argentinien: *BIP* nach Sektoren

Der Aralsee schrumpft

M1 Ehemaliges Ufer des Aralsees

M4 Satellitenbild des Aralsees 1976

M2 Salz statt Wasser

Ostteil des Aralsees erstmalig trocken

Der ehemals viertgrößte Binnensee der Erde schrumpft immer mehr. Nun ist das östliche Becken des Sees erstmalig seit dem Mittelalter komplett ausgetrocknet.

M5 Zeitungsmeldung von 2014

Olga Kemelov hält sich die Hand vor die Augen, um sich vor den aufkommenden Salzwinden zu schützen. Sie zeigt in die Wüste jenseits der Häuser und erzählt: „Bis an die Häuser schlugen die Wellen früher, heute kann ich den See nicht einmal mehr sehen."

Vor 1960 war der Aralsee der viertgrößte See der Erde. Obwohl er mitten in einer Wüste liegt, konnte der See „überleben". Der Wasserverlust, der durch die Verdunstung entsteht, wurde durch die zwei großen Flüsse Syrdarja und Amudarja ersetzt. Ihr Wasser stammt aus den bis zu 7000 Meter hohen Gebirgen Tijan-Shan und Pamir, die im Osten des Aralsees an der Grenze zu China liegen. Die Stadt Aralsk und auch Muinak, die Heimatstadt von Frau Kemelov, lagen einmal direkt am Ufer des Aralsees und waren blühende Hafen- und Fischerstädte. „Heute", sagt sie, „hat mein Mann keine Arbeit mehr. 40 000 anderen Fischern um den Aralsee geht es genauso." „Wenigstens sind wir aber noch gesund", fährt sie fort. „Wir wissen ja gar nicht, was da alles vom trockengelegten Grund des Sees her angeweht wird."

Andere haben nicht so viel Glück. Die Menschen erkranken an der hohen Staub- und Salzkonzentration in der Luft. Die Säuglingssterblichkeit ist sehr hoch. „Viele Leute hier können nicht einmal sauberes Trinkwasser kaufen", berichtet Frau Kemelov. „Leider", setzt sie hinzu, „sind wir jetzt schon zu alt. Ansonsten würden wir es wie die anderen Leute machen und dahin ziehen, wo es noch Arbeit für Fischer gibt und das Klima in Ordnung ist. Aber man weiß ja nicht, wie lange es dauert, bis es auch die anderen Orte trifft."

M3 Olga Kemelov berichtet vom Leben am Aralsee.

schule.diercke.de | 100852-120-02

Wir vergleichen Satellitenbilder mit Google Earth

So kannst du mit Google Earth das Ausmaß der Umweltkatastrophe am Aralsee ermitteln:

1. Öffne Google Earth Pro.
2. Finde den Aralsee: Trage dazu den Namen „Aralsee" im Suchfenster links oben am Bildschirm ein und bestätige die Eingabe mit „Return". Google fliegt den Aralsee an (M1).
3. Stelle den Bildausschnitt ein:
   Lege den Mauszeiger auf eine beliebige Stelle über das Satellitenbild und stelle mit dem Mausrad die Sichthöhe von etwa 700 km ein. Die Sichthöhe kann rechts unten am Bildschirm abgelesen werden. Beschreibe, wie sich der Bildausschnitt verändert.
4. Beschreibe das Satellitenbild:
   Nenne Details des Satellitenbildes und ordne den Aralsee und seine Umgebung in die passende Klimazone ein. Nutze dazu M3, S. 135 und M4, S. 134.
5. Vergleiche die Satellitenbilder und miss die Flächen.
   a) Wähle oben am Bildschirm die Funktion „Historische Bilder anzeigen" aus (M2). Schiebe danach den Zeitschieberegler nach links bis zum Jahr 1973. Beschreibe, wie sich der Aralsee verändert hat.
   b) Wähle oben am Bildschirm die Funktion „Polygon hinzufügen" aus (M2). Ein Polygon ist ein Vieleck. Gib danach in dem Pop-up-Fenster dem Polygon einen Namen. Fahre anschließend die Umrisse des Aralsees im Jahr 2020 mit dem Mauszeiger nach. Jeder Klick mit der linken Maustaste setzt einen Punkt. Das fertige Polygon schließt du mit einem Doppelklick (M4). Lies im Pop-up-Fenster ab, wie groß die Fläche des Polygons (= die Fläche des Aralsees) ist. Zeichne ein zweites Polygon, das den Aralsee im Jahr 1973 abbildet, und lies erneut die Polygonfläche ab.

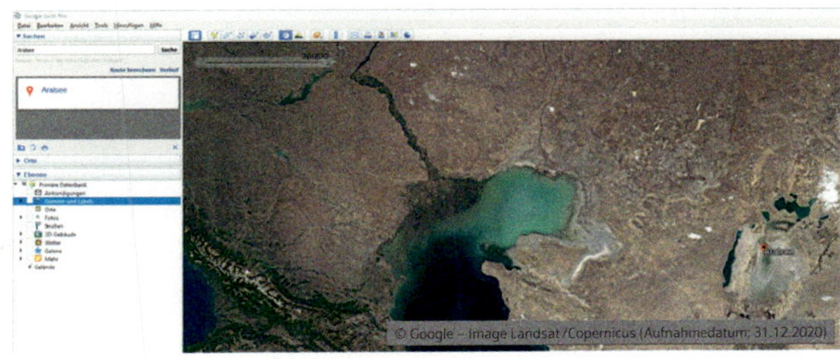

M1 Anflug zum Aralsee in Google Earth

M2 Funktionsleiste

M3 Übliche Farben auf Satellitenbildern

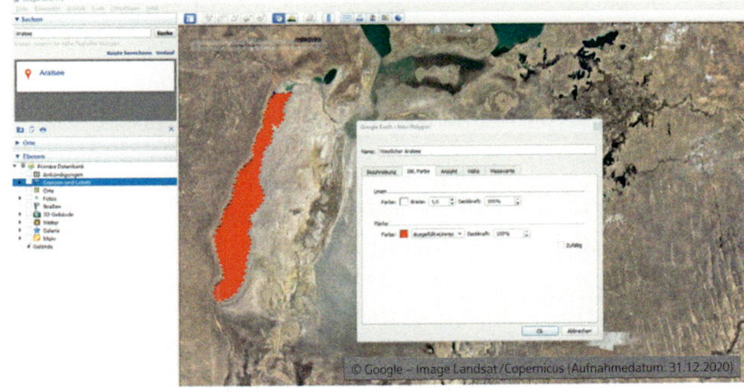

M4 Polygone zeichnen

Aufgaben

1 Führe die Schritte 1 – 5 aus (siehe Kasten links) und beantworte folgende Fragen:
   a) Um wie viele Quadratkilometer ist die Seefläche geschrumpft?
   b) Warum hat sich der See so dramatisch verkleinert? Notiere deine Vermutungen.

Die Zukunft des Aralsees

M1 Der Aralsee und seine Zuflüsse

Der Bewohner Maruf berichtet:

Ich wollte kein Fischer werden wie alle Männer in unserer Familie. Stattdessen bin ich Agraringenieur geworden. Das, so dachte ich früher, sei die Zukunft.

Die Regierung hat in den 1960er-Jahren begonnen, neue Bewässerungsflächen für den Anbau von Baumwolle und Reis zu erschließen. Das Wasser für die Felder kommt aus den Flüssen Syrdarja und Amudarja sowie aus dem Karakumkanal. Mit dem Verkauf von Baumwolle und Reis kann ich bis heute gutes Geld verdienen, obwohl die Erträge sinken.

Der staatlich geförderte Anbau hat seinen Preis: Die Bewässerung der Baumwollfelder ließ die Böden versalzen und führte zur Verlandung des Sees. Der ehemalige Seeboden verwandelte sich in eine Salzwüste. Jedes Jahr werden viele Tonnen Salzstaub aus dem Seeboden ausgeblasen. Im schrumpfenden Aralsee stieg der Salzgehalt so stark an, dass sämtliche Fischarten ausstarben. Darüber hinaus belasten Pflanzenschutzmittel das Trinkwasser, das die Menschen aus dem Flusswasser entnehmen.

Den Baumwollanbau können wir nicht einstellen, das wäre unser Ruin. Wir wollen nicht arbeitslos werden, wie die Fischer.

M2 Maruf Akschabajew aus Kasachstan lebt seit Jahrzehnten in Novokasalinsk, das heute Ayteke Bi heißt.

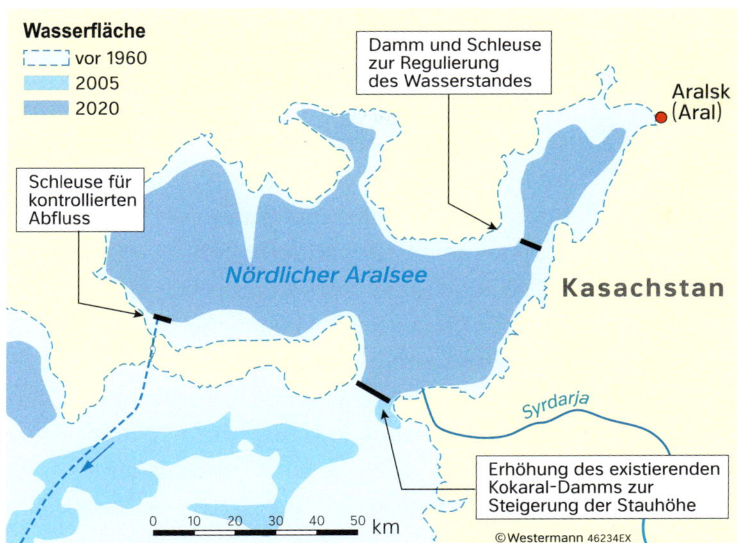

M3 Das Projekt des Kokaral-Damms

M4 Kokaral-Damm

Marufs Sohn erzählt:

Gerne wäre ich nach der Schule Fischer geworden wie mein Großvater. Aber das war nicht möglich, weil der See immer kleiner und schmutziger wurde. Also habe ich 350 Kilometer von hier entfernt auf dem Bau gearbeitet. Doch nun bin ich zurück. Die Regierung von Kasachstan hat von 2003 bis 2005 den Kokaral-Damm gebaut, um ein Abfließen von Wasser aus dem See zu verhindern. Auch die Bewässerungssysteme für die Baumwollfelder sind verbessert worden, sodass nicht mehr so viel Wasser verloren geht. Der Wasserspiegel im Nördlichen Aralsee steigt wieder.

Ich arbeite endlich als Fischer und habe für meine Familie ein Haus gebaut. Die Fische verkaufen wir direkt oder bringen sie in die Fischfabrik nach Aralsk. Dort werden sie zu Dosenfisch verarbeitet.

M5 Ailjan Akschabajew ist der jüngste Sohn von Maruf (M2). Er wohnt am Kokaral-Damm.

Wir erstellen eine Kausalkette

Nachdem du die Situation am Aralsee kennengelernt hast, kannst du die Folgen des Baumwollanbaus mit einer *Kausalkette* darstellen. So gehst du vor:

1. Sammle die Probleme der Menschen am Aralsee sowie deren Ursachen.
2. Notiere sie auf Stichwortzetteln. Beschränke dich auf Schlagworte, verwende keine ganzen Sätze.
3. Ordne die Begriffe z. B. an der Tafel oder an einer Stellwand so an, dass eine Kausalkette entsteht.
4. Verwende dazu auch Pfeile. Ein Pfeil bedeutet „ ... hat zur Folge, dass ...".

Aufgaben

1 a) Beschreibe den Verlauf des Amudarja ab Termes in Richtung Westen (M1).
   b) Erkläre die Signatur am westlichen Ende des Flusses.

2 Erkläre, wie das Schiff in die Wüste kommt (S. 134, M1).

3 Seit dem Jahr 2005 gibt es den Kokaral-Damm, um den Nördlichen Aralsee zu retten (M1, M3). Beschreibe den Ist-Zustand und entwirf ein Szenario für das Jahr 2035. Recherchiere, wie Kasachstan und Usbekistan mit dem derzeitigen bzw. ehemaligen Seegebiet umgehen.

Klima in der gemäßigten Zone

Kannst du schon

– das Klima der gemäßigten Zone in seinen unterschiedlichen Ausprägungen beschreiben? (S. 123)
– Merkmale für die klimatischen Unterschiede innerhalb der gemäßigten Zone nennen und ihre Entstehung erklären? (S. 123)

Zeig, was du kannst

1 Beschreibe die Klimadiagramme M1 – M4 und nenne ihre Besonderheiten.

2 Stelle begründet Vermutungen an, in welcher Region bzw. geographischen Lage die Klimawerte gemessen wurden.

3 Suche nachfolgend aufgeführte Orte im Atlas und zeichne skizzenhaft (also nur grob schematisch) je ein Klimadiagramm: Punta Arenas (Chile), Seattle (USA), Uralsk (Kasachstan), Campbell-Inseln (Neuseeland). ↗ S. 163

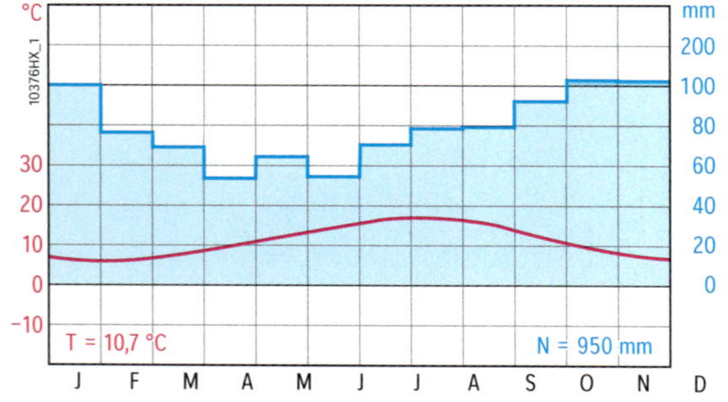

M1

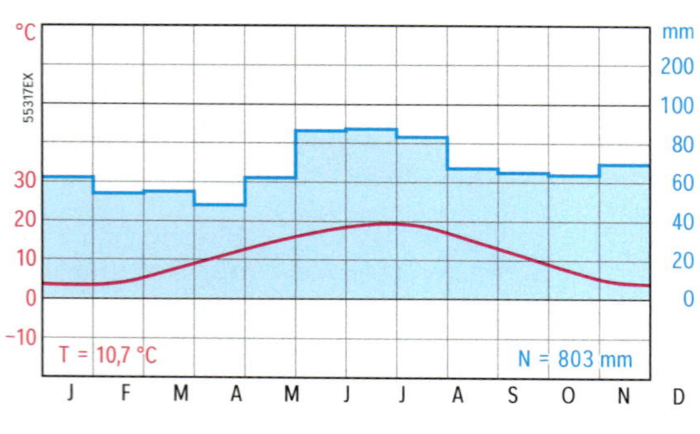

M2

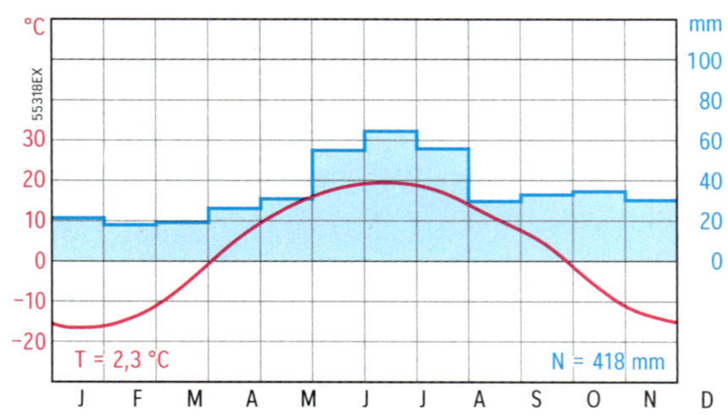

M3

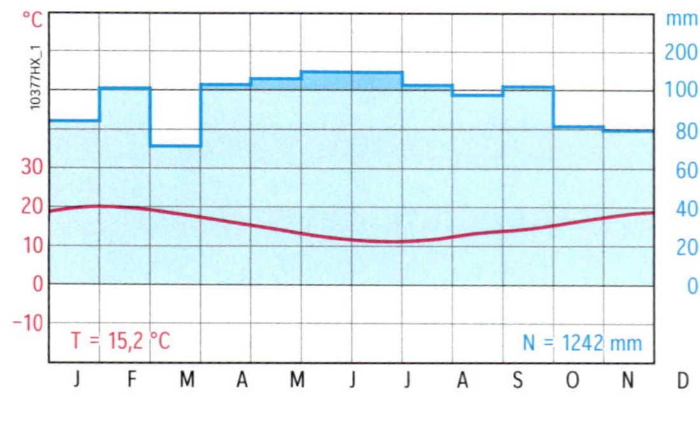

M4

Kurzvortrag

Kannst du schon

– eine eigene Mindmap zeichnen, mit allem was wichtig für einen Kurzvortrag ist? (S. 124)
– erläutern, warum eine gute Präsentation so wichtig ist und worauf du besonders achten musst? (S. 125)

Zeig, was du kannst

4 Entwirf einen „Fahrplan" für die Vorbereitung und Präsentation eines Kurzvortrags.

Aralsee

Kannst du schon
– die Entwicklung der Umweltkatastrophe am Aralsee chronologisch (in richtiger zeitlicher Reihenfolge) beschreiben? (S. 134 – 137)
– die Ursachen und Folgen der Entwicklungen darstellen? (S. 137)
– die Zukunft der am Aralsee lebenden Menschen einschätzen? (S. 137)

Zeig, was du kannst

5 Formuliere zu den Fotos A – D (M6) jeweils Sätze, die die Zusammenhänge der Umweltkatastrophe am Aralsee verdeutlichen.
6 Stelle die Entwicklung in einer Kausalkette dar (siehe Methode auf S. 137)
7 Verfasse eine Antwort für Otabek (M5). Gehe dabei darauf ein, wie zukunftsfähige Handlungsweisen am Aralsee aussehen könnten.

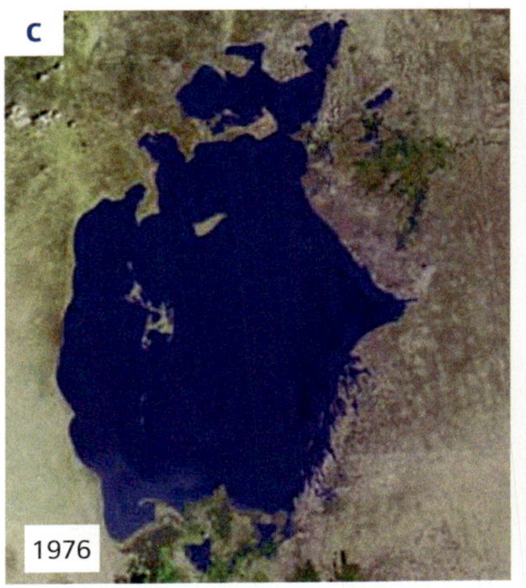

M6 Fotos zur Umweltkatastrophe am Aralsee

Otabek erzählt:

Hallo Leute,
ich bin Otabek, 14 Jahre alt, und komme aus Aralsk. Meine Schulzeit ist bald zu Ende und so stellt sich für mich die Frage, welche Lehre ich anfangen soll.
Mein Großvater arbeitete als Fischer und konnte seine Familie damit gut durchbringen. Seine Leidenschaft für die See vererbte er an meinen Vater. Dieser ist jedoch mittlerweile arbeitslos und rät mir von der Fischerei ab. Er meint, ich solle unsere Heimat verlassen und einen zukunftsfähigeren Beruf erlernen. Eigentlich möchte ich aber gar nicht weg. Lieber würde ich unser altes Boot wieder flottmachen und die Familientradition fortführen. Was meint ihr?

M5 Ein Junge aus Aralsk (Kasachstan)

Fachbegriffe

– BIP (Bruttoinlandsprodukt), Kausalkette, Meeresströmung

7

In der kalten Zone

M1 Inuitsiedlung in Grönland

In diesem Kapitel lernst du ...
... wie die Menschen, die in der kalten Zone leben, sich ihrer Umwelt angepasst haben. Es gibt viele Herausforderungen, die der Mensch überwinden muss, wenn er dort arbeiten und leben will.
Du erfährst, dass Klima und Vegetation innerhalb der kalten Zone nicht überall gleich sind und man sie deshalb in verschiedene Regionen unterscheiden kann.

Antarktis und Arktis – faszinierende Extreme

M1 Schelfeis und Eisberge in der Antarktis

M4 Kaiserpinguine

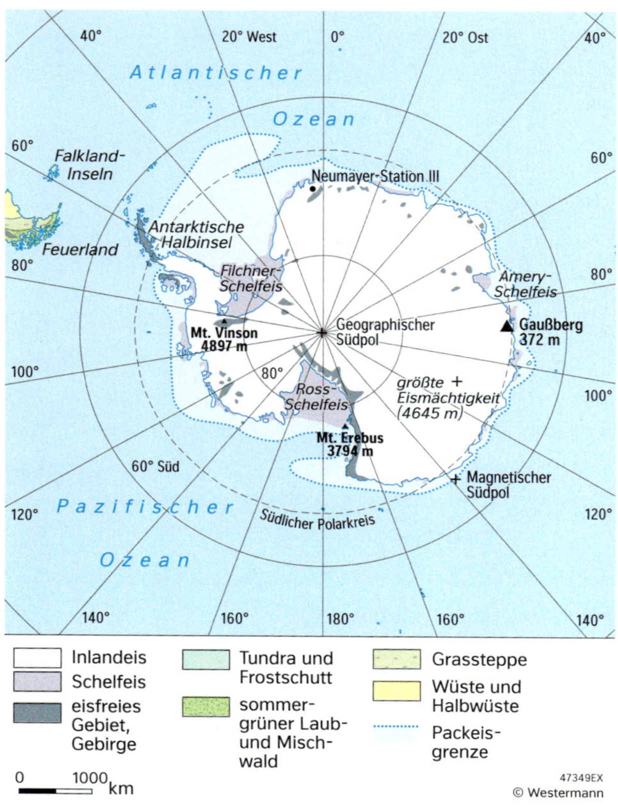

M2 Die Antarktis

Information

Die Antarktis

- Die *Antarktis* ist das Gebiet um den Südpol und reicht bis zum *südlichen Polarkreis* (66,5° südl. Breite).
- Die Antarktis besitzt eine Festlandmasse und zählt deshalb zu den Kontinenten (Antarktika genannt). Die Landmasse ist von einer bis zu über 4700 Meter mächtigen Eisschicht bedeckt.
- Riesige Eisplatten, das sogenannte *Schelfeis*, schieben sich ständig Richtung Küste. An ihrem Rand brechen davon immer wieder riesige Eisberge ab und treiben auf das Polarmeer hinaus.
- In der Antarktis dürfen nur Forschungsstationen errichtet werden.
- Außer den Forscherinnen und Forschern in den Stationen leben keine Menschen ständig in der Antarktis.
- Die Antarktis ist die kälteste Region der Erde.
- Sie ist Lebensraum für wenige Tierarten wie Pinguine, Robben und Wale.

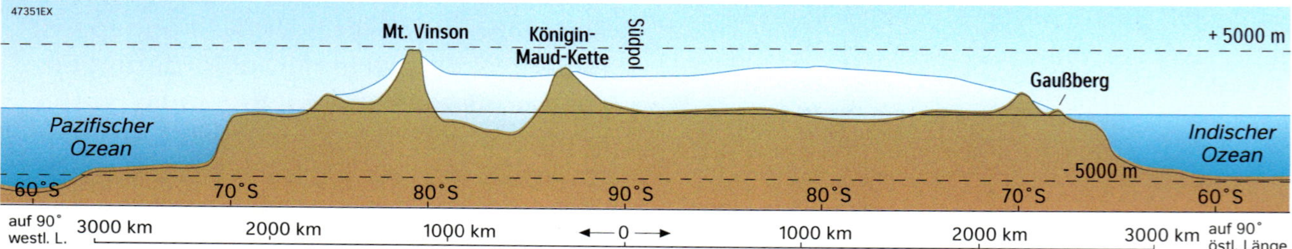

M3 Profil zur Antarktis

schule.diercke.de | 100852-168-01, 100852-169-04

M5 Moschusochsen

M8 Tundra

M9 Eisbären

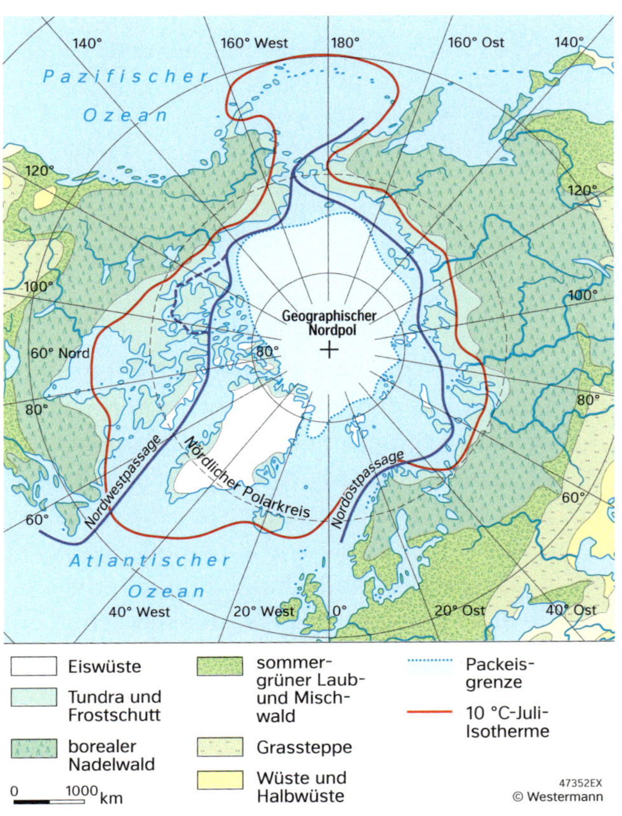

M6 Die Arktis

Information

Die Arktis

- Die *Arktis* ist das Gebiet um den Nordpol und reicht bis zum *nördlichen Polarkreis* (66,5° nördl. Breite).
- Die Arktis bedeckt Teile von Amerika, Europa und Asien.
- Sie besteht aus einer bis zu 3000 Meter mächtigen Eisdecke. Ein Großteil ist *Packeis*, am Randgebiet schwimmt *Treibeis*.
- Am Nordpol ist das Meer fast 4300 Meter tief.
- In der Arktis leben ca. 4 Millionen Menschen.
- Typische Tierarten sind Eisbären, Walrosse, Wale und am Polarkreis lebende Moschusochsen.

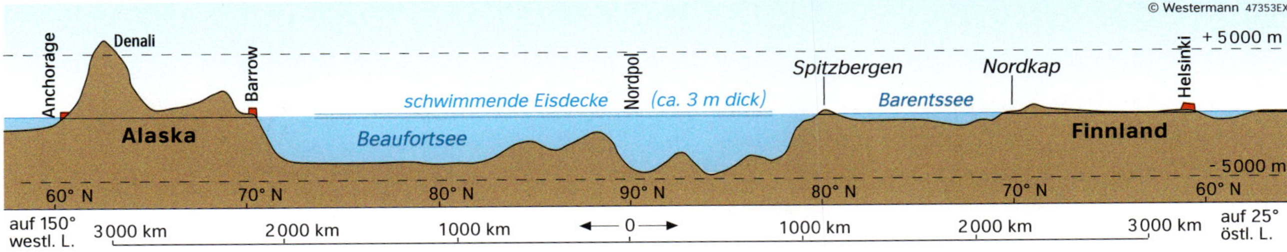

M7 Profil zur Arktis

Aufgaben

1. Arbeite mit dem Atlas: Nenne Länder und Meere, die um die Antarktis und die Arktis liegen.

2. Vergleiche die Profile M3 und M7. Was fällt dir auf?

3. Vergleiche die Antarktis und die Arktis miteinander. Erstelle dazu eine Tabelle. ↗ S. 163

4. Ermittle jeweils für die Antarktis und Arktis mithilfe der Angaben aus der Karte und dem Profil den Verlauf des Profilschnitts.

Der Wettlauf zum Südpol

M1 Robert F. Scott (A) und Roald Amundsen (B)

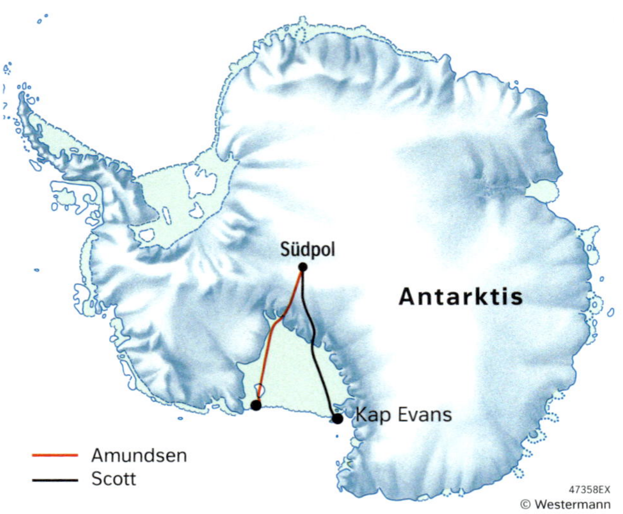

M3 Scott und Amundsen – die Routen zum Südpol

Vor mehr als hundert Jahren begann die Erforschung der Antarktis. Viele Expeditionen scheiterten aber wegen der extremen Kälte und der unangemessenen Ausrüstung. Im Jahre 1911 versuchten zwei Expeditionen erneut, den Südpol zu erreichen. Die Teams des Engländers Robert Falcon Scott und des Norwegers Roald Amundsen lieferten sich ein Wettrennen zum Pol. Amundsen vertraute auf Schlittenhunde, Scott dagegen auf motorisierte Schneekettenfahrzeuge. Scott begann am 1. November 1911 seinen Marsch zum Südpol, doch er kam nur langsam voran. Bald musste Scott einsehen, dass die Motoren der Kälte nicht gewachsen waren. So versuchte er mit den mitgenommenen Ponys den Südpol zu erreichen. Roald Amundson kam dagegen mit seinen Schlittenhunden gut voran. Er hatte sich lange vorbereitet und von den Inuit gelernt, in der Kälte zu überleben. Am 8. Dezember konnte Amundson die letzte Etappe wagen, das Wetter hatte sich gebessert. Scott hatte aufgrund seiner schlechten Ausrüstung einen großen Rückstand auf Amundsen. Als er am 17. Januar 1912 endlich den Südpol erreichte, musste er feststellen, dass Amundsen schon am 14. Dezember 1911, also über einen Monat früher, am Südpol gewesen war. Alles war vergebens. Doch die größte Tragödie war, dass alle an der Expedition von Scott Beteiligten auf dem Rückweg im Eis erfroren. Amundsen erreichte am 26. Januar 1912 sein Basislager. Seine gute Vorbereitung und seine Geduld hatten sich gelohnt.

M2 Scotts Mannschaft muss selbst den Schlitten ziehen.

M4 Amundsen am Südpol (Dezember 1911)

Aufgabe

1 Arbeite aus dem Text die Gründe für den Erfolg von Amundsens Team heraus.

Gefangen im Eismeer

Auch die Eroberung des Nordpols war ein großes Abenteuer. Der norwegische Polarforscher Fridtjof Nansen setzte sich als einer der ersten das Ziel, einen der Pole zu erreichen. Er wollte sich mit dem Schiff „Fram" auf dem driftenden Eis Richtung Nordpol tragen lassen und hoffte so, in die Nähe des Nordpols zu gelangen.

Im Juli 1893 brach Fridtjof Nansen schließlich mit zwölf Mann Besatzung, Verpflegung für fünf Jahre und 14 Schlittenhunden auf. Er schrieb in sein Tagebuch:

M2 Route der Fram

Fridtjof Nansen

18. September 1893:

„Fester und immer fester eingefroren! In der letzten Nacht −25 °C."

9. Oktober 1893:

„Ein ohrenbetäubendes Getöse. Das ganze Schiff erzitterte wie bei einem Erdbeben. Die erste Eispressung! Meterdicke Eisschollen türmten sich auf und hoben dabei die Fram, bis das Eis unter ihr zerbrach."

24. März 1895:

„Gestern hatten wir einen schweren Tag. Immer wieder mussten wir die schwer beladenen Schlitten über die Eisrücken heben."

8. April 1895:

„Das Eis wird immer schlechter, trotz guter Tagesleistungen kommen wir nicht weiter. Die Strömung ist unser Gegner. 86°14' Nord, 420 km vom Pol. Wir kehren um."

Die Fram im Packeis während der Expedition von 1893 – 1896

M1 Aus dem Reisetagebuch von Fridtjof Nansen

Diese Pressungen wiederholten sich immer wieder, doch das Holzschiff hielt der Belastung stand. Die Spezialkonstruktion mit einem besonders dicken, stark versteiften und schrägen Holzrumpf wurde nicht vom Eis zerdrückt. Erst ein Jahr später, als Nansen erkannte, dass sein Schiff am Nordpol vorbeidriften würde, machte er sich mit einem Begleiter, den Schlittenhunden, Schlitten, Ski und Kajaks zu Fuß auf den 660 km langen Weg zum Pol.

Erst 14 Monate später trafen Nansen und sein Begleiter bei Kap Flora auf eine englische Expedition, die sie mit nach Norwegen zurücknahm. Auch die Fram kam im August 1896 endlich aus dem Eis frei und kehrte wohlbehalten nach Tromsö zurück. Nansen kehrte als Sieger heim, denn sein Schiff hatte sich bewährt und die Eisdrift war bewiesen. Doch das große Ziel, den Nordpol zu erreichen, blieb Nansen verwehrt.

Forschen in der Eiswüste

Die Neumayer-Station III

Die Neumayer-Station ist eine deutsche Forschungsstation in der Antarktis. Vor der heutigen Station gab es schon zwei Vorgängerstationen. Diese bestanden aus Röhren ohne Fenster, die in den Schnee eingegraben waren. Im Laufe der Zeit wurden sie aber von den Schneemassen und dem sich ständig bewegenden Eis beschädigt und unbewohnbar. Die Neumayer-Station III steht auf hydraulischen Stelzen, damit sie bei Bedarf über die Schneedecke gehoben werden kann. Die Station kann später vollständig zurückgebaut werden.

M3 Die Neumayer-Station III in der Polarnacht

Die Neumayer-Station III ist ganzjährig bewohnbar. Im antarktischen Winter leben und arbeiten nur neun Personen in der Station: vier Wissenschaftler, drei Ingenieure, ein Arzt und ein Koch. Im Sommer, wenn die meisten Forschungen durchgeführt werden, leben hier bis zu 50 Personen.

Alles, was zum Leben gebraucht wird, ist auf engstem Raum untergebracht. In der Station gibt es Wohnräume, eine Küche, ein Hospital, zahlreiche Labore, einen Funkraum, Sanitärräume und eine Energiezentrale mit Schneeschmelze zur Wasserversorgung. Unter der Station befindet sich die Garage. Dort sind die Werkstätten, Vorratslager und Tanks untergebracht.

Damit die Menschen in der Station keinen Lagerkoller bekommen, können sie nach der Arbeit im Freizeitbereich Sport treiben, spielen, lesen oder Videos schauen.

Versorgt wird die Station von Schiffen, die 16 Kilometer entfernt an der Schelfeiskante anlegen und entladen werden können.

Die Hauptaufgabe der Forscherinnen und Forscher besteht darin, langfristige und präzise Daten vom Klima, dem Eis auf dem Meer, den Gletschern, der Beschaffenheit der Erde und der Umwelt in der Antarktis zu sammeln und kommenden Generationen zur Verfügung zu stellen. Sie versuchen beispielsweise herauszufinden, wie sich das Klima verändert und welche Bedeutung die Antarktis für das Klima der Erde hat.

M1 Leben und Arbeiten in der Neumayer-Station III

- Alle Fahrten müssen gemeldet werden.
- Das Lager sollte niemals alleine verlassen werden.
- Metall sollte niemals ohne Handschuhe angefasst werden.
- Im Freien müssen immer UV-Schutzbrillen getragen werden.
- Bei Temperaturen unter – 30 °C muss eine Gesichtsmaske getragen werden.
- Vorsicht bei schweren Arbeiten: Durch das Schwitzen besteht Erfrierungsgefahr!

M2 Verhaltensregeln für Polarforschende in der Antarktis

Aufgaben

1 Gib die Lage der Neumayer-Station III genau an. Nutze dazu das Internet oder den Atlas.

2 Informiere dich im Internet über weitere Staaten, die Forschungsstationen in der Antarktis haben.

3 Lies die Verhaltensregeln durch (M2). Erkläre, warum diese Regeln sinnvoll sind.

4 Vergleiche die Neumayer-Station III mit ihren Vorgängern (Internet). Bewerte anschließend die besondere Bauweise der Station.

5 Wie könnte ein typischer Tagesablauf auf der Forschungsstation aussehen? Beschreibe einen Tag im Leben eines Polarforschers.

Tourismus – eine Gefahr für die Eisparadiese?

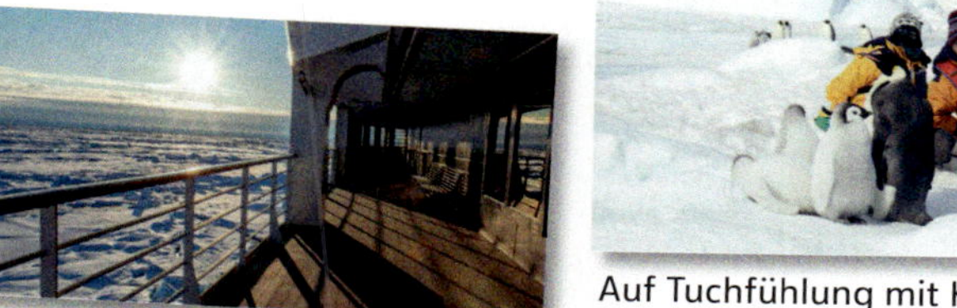
An Bord der Le Commandant Charcot mit beheizten Decks

Auf Tuchfühlung mit Kaiserpinguinen in der Antarktis

Erleben von Eisbergen in der Arktis in einem Zodiac

Mit dem Luxus-Eisbrecher „Le Commandant Charcot" in die Arktis und Antarktis

- Baujahr/Flagge: 2021/Frankreich
- Länge/Breite/Tiefgang: 150 m/28 m/10 m
- Passagiere (max.)/Besatzung: 245/215
- Geschwindigkeit: max. 15 Knoten (ca. 28 km/h)
- Antrieb/Leistung: Elektro-Hybrid & Flüssiggas (LNG)/46 227 PS
- Eisklasse: PC 2 (d. h. ganzjährige Fahrt in mittlerem mehrjährigem Eis möglich)
- Ausstattung: alle Passagierkabinen mit Balkon, Promenadendeck, Restaurants, Panorama-Bar, Theater, Bibliothek, Fitness-/Wellnessbereich, Außen- und Innenpool, Boutique, 16 Zodiacs (Schlauchboote), Hubschrauberlandeplatz

M1 Urlaubsangebote der Polarregionen

Immer mehr Polarreisende suchen Herausforderungen: So können Abenteurer an einem Survival-Training oder an einem Marathon am Nordpol teilnehmen. Auch die Expeditionsreisen zwischen November und März in die Antarktis werden immer beliebter. Aber lässt diese Entwicklung die Eisparadiese auch in Zukunft „kalt"?

Die Internationale Vereinigung der Antarktis-Tour-Anbieter (über 100 Mitglieder aus rund 20 Nationen) hat in Anlehnung an das seit 1998 geltende Umweltschutzgesetz einen Verhaltenskodex für Antarktistouristen erstellt. Dieser soll den hochempfindlichen Lebewesen ihre leicht zerbrechliche Welt erhalten und die Unberührtheit des siebten Kontinents nachhaltig sichern. So ist momentan der Landaufenthalt von lediglich 100 Touristen gleichzeitig erlaubt. Nur die persönliche Rücksichtnahme jedes Einzelnen kann zum Schutz der Antarktis beitragen.

Jahr	Zahl der Touristen
1980/1981	900
1990/1991	4 850
1995/1996	9 400
2000/2001	12 200
2005/2006	29 800
2010/2011	33 800
2015/2016	38 500
2019/2020	74 400

Quelle: Statista 2023

M2 Touristen in der Antarktis

„All inclusive" im ewigen Eis – Urlaub der besonderen Art

Expeditionsreisen in die eisigen Naturparadiese der Erde bieten unvergessliche Erlebnisse unendlich harter und zugleich zerbrechlich anmutender Welten, die nur wenigen Menschen vergönnt sind: endloses Packeis, majestätische Eisberge, gewaltige Gletscher, eine faszinierende Tierwelt, überwältigendes Licht.

Leistungen: Flug zum Hafen, Schiffsreise in der gebuchten Kategorie, alle Mahlzeiten an Bord, Landgänge laut Programm, wissenschaftliche Begleitung.

Preis: je nach Programm 10 000 bis 30 000 €

M3 Aus einem Reiseprospekt

Aufgaben

1 Erstelle ein Werbeposter für Polarreisen.

2 Erkläre, wodurch die Natur der Antarktis besonders gefährdet ist.

3 Beschreibe die Tourismusentwicklung in der Antarktis (M2) und beurteile kritisch, ob diese Entwicklung so weitergehen kann.

4 Formuliere mögliche Verhaltensregeln für Antarktistouristen. Sammelt eure Vorschläge.

Polartag – Polarnacht

M1 Sonnenbahn an einem Polartag in der Arktis

Du weißt, dass im Sommer die Tage immer länger werden und im Winter die Sonne schon nachmittags untergeht. Je weiter wir Richtung Nordpol gehen, desto länger werden die Tage im Sommer und desto kürzer im Winter.

Warum ist das so? Die Ursache liegt in der Schrägstellung der Erdachse. So steht die Erdachse gegenüber der Bahn der Erde um die Sonne (*Ekliptik*) nicht senkrecht, sondern hat eine Neigung von 23,5 Grad. Im Sommer ist die Nordhalbkugel der Erde der Sonne zugewandt, die Südhalbkugel ist der Sonne abgewandt (vgl. M2). Auf der Nordhalbkugel ist in diesem Zeitraum *Polartag*. Am nördlichen Polarkreis geht dann für mindestens 24 Stunden die Sonne nicht unter. Richtung Nordpol nimmt die Tagesdauer immer mehr zu. Am Nordpol selbst ist dann ein halbes Jahr Tag. Kannst du dir vorstellen, wie es dann im Winter auf der Nordhalbkugel ist?

M3 Tromsö im Juli um 24 Uhr

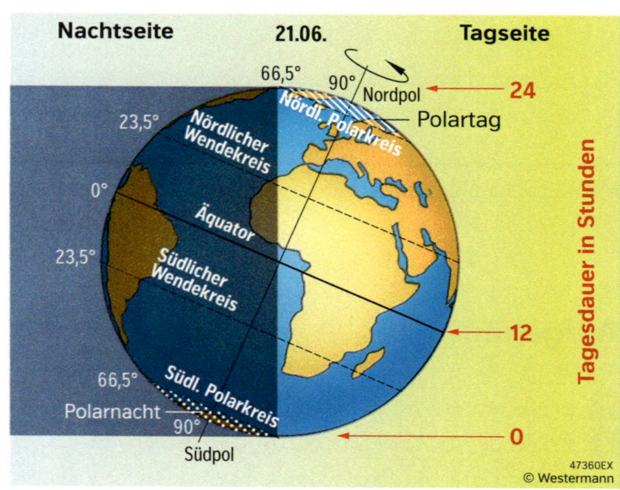

M2 Polartag und Polarnacht am 21. Juni

M4 Tromsö im Januar um 12 Uhr mittags

Dagna erzählt:

Die Zeit der *Polarnacht* nennen wir „Kaamos". Dann sehen wir zwei Monate keine Sonne. Hier in Tromsö ist es während der Polarnacht aber nicht vollständig dunkel. Der weiße Schnee macht alles heller und mittags sehen wir für zwei bis drei Stunden weit entfernt ein bläulich schimmerndes, wunderschönes Dämmerlicht. Außerdem sind tagsüber die Straßen beleuchtet. Trotzdem verliert man schnell sein Zeitgefühl. Ich bin mit meinen Freunden manchmal bis 22 Uhr draußen zum Spielen. Wir schlafen auch lange – an Wochenenden bis zu 12 Stunden. Während der Polarnacht besuchen wir uns gegenseitig und laden uns gerne zum Essen ein. Damit ich gesund bleibe, gibt mir meine Mutter viel Obst und Gemüse. Was uns auch hilft, ist der Besuch in einem Sonnenstudio. Dort gehen wir hin, um das fehlende Sonnenlicht, das der Körper braucht, wieder „aufzutanken".

M5 „Kaamos" – ein halbes Jahr Dunkelheit

	J	F	M	A	M	J	J	A	S	O	N	D	Jahr
Klimastation 1, 78° ?, 104° O, 15 m ü. M.													
Temperatur (°C)	− 29	− 30	− 28	− 21	− 11	− 2	− 1	1	− 3	− 13	− 23	− 26	− 15
Niederschlag (mm)	17	18	17	13	15	23	31	30	28	24	13	19	247

	J	F	M	A	M	J	J	A	S	O	N	D	Jahr
Klimastation 2, 78° ?, 167° O, 24 m ü. M.													
Temperatur (°C)	− 3	− 9	− 18	− 21	− 21	− 22	− 26	− 27	− 25	− 19	− 10	− 4	− 17
Niederschlag (mm)	16	30	11	13	19	29	18	12	16	10	10	14	198

M6 Klimatabellen

Aufgaben

1 **a)** Beschreibe die Grafik M2.
 b) Wie sieht die Situation ein halbes Jahr später, am 21.12. aus? Erstelle eine Skizze.

2 Wie ist das Leben während der Polarnacht? Arbeite die wesentlichen Punkte aus dem Text M5 heraus und fasse sie zusammen.

3 Überlege, ob die lange Dunkelheit Nachteile hat. Notiere sie in deinem Heft und tausche dich danach mit deinem Nachbarn darüber aus.

4 Werte die Klimatabellen M6 aus und vergleiche sie. Ordne die Klimastationen 1 und 2 den entsprechenden Erdhalbkugeln zu. ↗ S. 163

Film

WES-113332-149

Die Inuit – Leben zwischen Tradition und Moderne

„Inuit" bedeutet Menschen

Die *Inuit* sind eine indigene Volksgruppe des nordpolaren Gebiets. Sie leben dort seit über 5000 Jahren und haben sich den extremen Lebensbedingungen in der Eiswüste des Polargebiets optimal angepasst.

Nanuq erzählt:

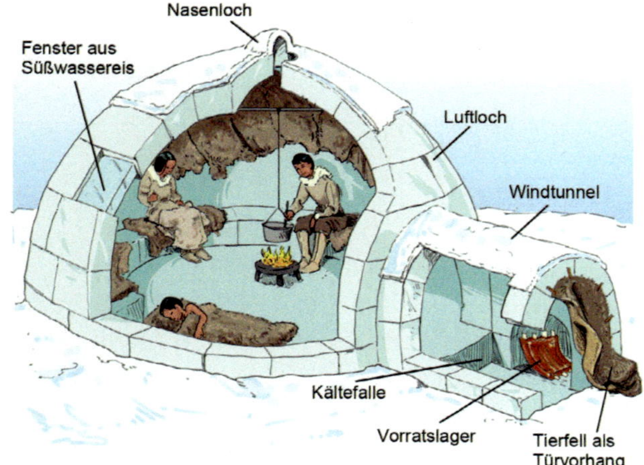

Ich lebe in Nunavut, dem Land der Inuit. Früher ging ich mit meinem Vater und den anderen Männern meiner Sippe (Großfamilie) jagen und fischen. Das war unsere Lebensgrundlage. Alles vom Tier wurde verwertet. Aus dem Fell wurden zum Beispiel Kleidung und Schuhe gemacht, die Knochen verwendeten wir als Werkzeug oder machten Schmuck daraus. Wir zogen ständig als Nomaden den Tieren hinterher. Im Sommer lebten wir in Fellhütten und im Winter in Iglus. Unsere Sippe bestand aus vier bis fünf Familien. Wir halfen uns gegenseitig. Das war lebenswichtig.

Ich spreche noch unsere Sprache Inuktitut, aber mein Enkel versteht nur noch wenig, sprechen kann er die Sprache gar nicht. Das finde ich schade, weil damit auch unsere Kultur verloren geht.

M1 Ein Inuk

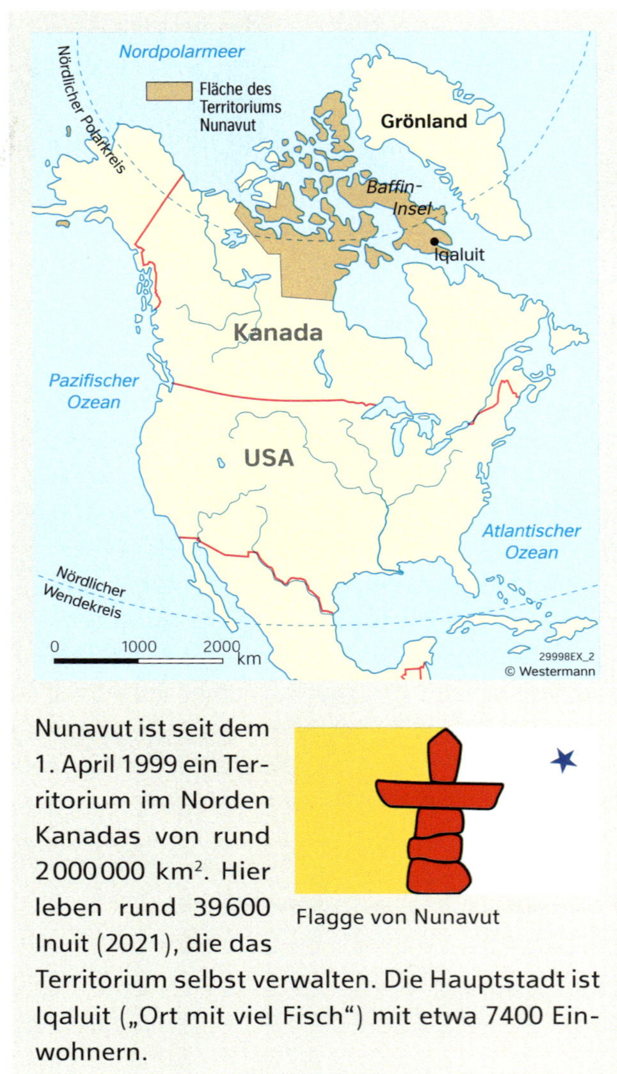

Nunavut ist seit dem 1. April 1999 ein Territorium im Norden Kanadas von rund 2 000 000 km². Hier leben rund 39 600 Inuit (2021), die das Territorium selbst verwalten. Die Hauptstadt ist Iqaluit („Ort mit viel Fisch") mit etwa 7400 Einwohnern.

Flagge von Nunavut

M3 Nunavut

M4 Das liefert die Robbe

M2 Aufbau eines Iglus

Das Leben in einer Inuitsiedlung

Heute gibt es noch ungefähr 150 000 Inuit. Sie sind mittlerweile sesshaft geworden und leben in Häusersiedlungen. Die entstandenen Staatsgrenzen machen ein Leben als Nomaden fast unmöglich.

Seit 1999 gibt es ein von den Inuit selbst verwaltetes Territorium im Norden Kanadas: Nunavut (M3).

Dort versuchen sie, ihre alten Gebräuche und Traditionen wiederzuentdecken und weiterzugeben. Sie wohnen das ganze Jahr in festen Häusern. Die Häuser sind mit Heizung und Warmwasser ausgestattet. Im Supermarkt kann man Lebensmittel kaufen. Die Auswahl ist fast so groß wie in jedem anderen Einkaufszentrum.

Zur Jagd gehen sie meist allein und fast nur noch zum Zeitvertreib. Dazu benutzen die Bewohner ihre Schneemobile, die überall vor den Häusern stehen. Manche versuchen, mit dem Verkauf von traditionellen Schnitzereien ihr Einkommen aufzubessern. Viele Erwachsene in den Siedlungen sind arbeitslos. Das ist auch ein Grund dafür, dass Alkohol- und Drogenprobleme verbreitet sind. Mit Freizeitangeboten wird versucht, die Situation der Menschen zu verbessern.

Die Kinder und Jugendlichen gehen in die Schule. Die meisten Lehrkräfte, die dort unterrichten, kommen nur für ein paar Jahre in die Siedlungen und ziehen dann wieder in eine größere Stadt.

Nach der Schule können die Jugendlichen ins Gemeindezentrum gehen. Das ist ein großes Gebäude im Zentrum der Siedlung. Es ist eines der wenigen Freizeitangebote für die Jugendlichen.

Mittlerweile gibt es auch Bestrebungen, die alte Kultur der Inuit wieder aufleben zu lassen. Die Kinder und Jugendlichen lernen in den Kindergärten und Schulen wieder Inuktitut, die Sprache der Inuit. Dort lernen sie auch die traditionellen Bräuche und Rituale kennen und sie lernen wieder wie früher, zu jagen und zu leben, damit die Kultur und das Wissen ihrer Vorfahren nicht verloren gehen.

A

B

C

D

M5 Inuitleben heute

Aufgaben

1 Vergleiche das Leben der Inuit früher und heute. Ergänze dein Ergebnis mit den Ergebnissen deiner Nachbarin/deines Nachbarn.
↗ S. 163

2 Erkläre, warum die Robbe für die Inuit eine wichtige Lebensgrundlage war. Nutze M4.

3 Überprüfe mithilfe des Textes die Aussage: „Die Kultur der Inuit geht verloren."

Film

WES-113332-151

Leben und Überleben am Polarkreis

Die Eiswüste

Eiswüsten findet man in den nördlichen und südlichen Polarregionen. Dort liegt neun bis zwölf Monate Schnee. Die Temperatur steigt nur für weniger als 30 Tage über 5 °C. Diese Temperatur ist notwendig, damit die Pflanzen in den eisfreien Gebieten wachsen können (*Vegetationszeit*, siehe Extra-Kasten auf S. 155). Wegen des geringen Nahrungsangebotes leben in den Eiswüsten wenig Tiere. In dieser Region ist die Luft ist sehr trocken und kalt und es gibt nur wenig Niederschlag. Die Durchschnittstemperatur liegt bei ca. – 20 °C.

Die Tundra

Die *Tundra* wird auch Kältesteppe genannt. Zum einen wegen der dort herrschenden tiefen Temperaturen und zum anderen wegen der charakteristischen Pflanzen, die man dort findet. Die Vegetationszeit beträgt in der Tundra ungefähr 100 Tage. Deshalb wachsen dort vor allem Moose und Flechten. Es gibt vereinzelt niedrige Büsche und ganz wenige Bäume. Der Permafrostboden ist in den Sommermonaten sehr feucht und sumpfig.

Der boreale Nadelwald

Das für den *borealen Nadelwald* typische Gesicht sind die ausgedehnten Nadelbaumwälder. Der boreale Nadelwald (auch *Taiga* oder nördlicher Nadelwald genannt) grenzt im Norden an die Tundra. Man redet an der Grenze von Tundra und borealem Nadelwald auch von der nördlichen Baumgrenze. Weil im borealen Nadelwald an 100 – 180 Tagen die Temperatur über 5 °C liegt, können vor allem Nadelbäume gut wachsen. Damit die Nadelbäume das tief stehende Sonnenlicht besser nutzen können, haben sie bis zum Boden ein dichtes Astwerk. Ihr schlanker Wuchs schützt die Bäume vor Schneebruch. Unter die Nadelbäume mischen sich aber auch vereinzelt robuste Laubbäume wie Birken und Espen. Den borealen Nadelwald findet man nur auf der Nordhalbkugel.

M1 Landschaften in der kalten Zone: Eiswüste (A), Tundra (B) und borealer Nadelwald (C)

a 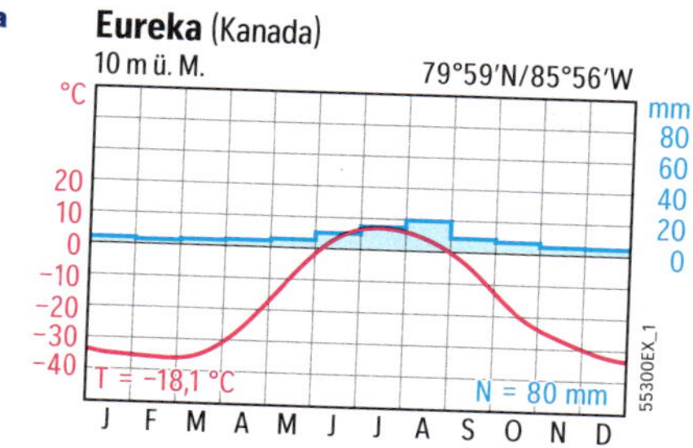

b
Leben in der Tundra
Weil es in der Tundra hauptsächlich nur Moose und Flechten als Nahrung gibt, leben nur wenige Tiere in dieser Region. Typisch für die Tundra sind Rentiere und Moschusochsen. In ihren jährlichen Wanderungen ziehen die Tiere auf der Suche nach Nahrung durch die Tundra. Wird es in den Wintermonaten zu kalt, ziehen sie nach Süden.

c
Tiere der Eiswüste
Die Tiere in der Eiswüste sind wahre Überlebenskünstler. Viele leben im Wasser – wie die Robben. Sie haben zum Schutz vor der Kälte ein dichtes, wasserabweisendes Fell und eine dicke Fettschicht, die sie vor der Kälte schützt. Eisbär, Polarfuchs und Polarhasen sind typische Vertreter der Eiswüste. Die Haare ihres weißen, dichten Fells sind hohl. Sie können die Wärme der Sonnenstrahlen besonders gut absorbieren und speichern.

d 

e 

f 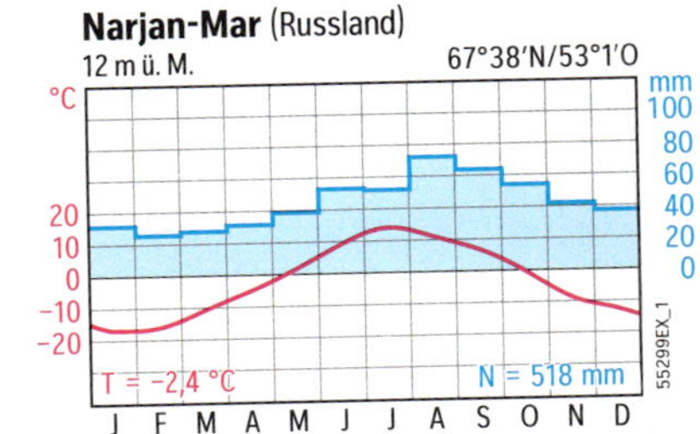

g 

h

i
Tierwelt im borealen Nadelwald
In den Wäldern des borealen Nadelwaldes leben zahlreiche Vogelarten und Säugetiere. Während der kurzen Sommermonate finden sie genügend Nahrung. Wird es kälter, ziehen die Vögel weiter, die Säugetiere halten Winterruhe oder Winterschlaf. Ein typisches Tier des borealen Nadelwaldes ist der Elch.

M2 Das Klima prägt das Leben in der kalten Zone.

Aufgaben

1 Lies alle Texte der beiden Seiten aufmerksam durch und betrachte die Materialien in M2. Welche Materialien (a – i) gehören jeweils zusammen? Notiere in deinem Heft.

2 Nimm den Atlas und suche auf einer Weltkarte die genannten Regionen.
Begründe mithilfe der Karte, warum es nur auf der Nordhalbkugel eine Tundra gibt.

3 Vergleiche die drei Klimadiagramme in M2 und arbeite den wichtigsten Unterschied heraus.

Die Natur setzt Grenzen für die Landwirtschaft

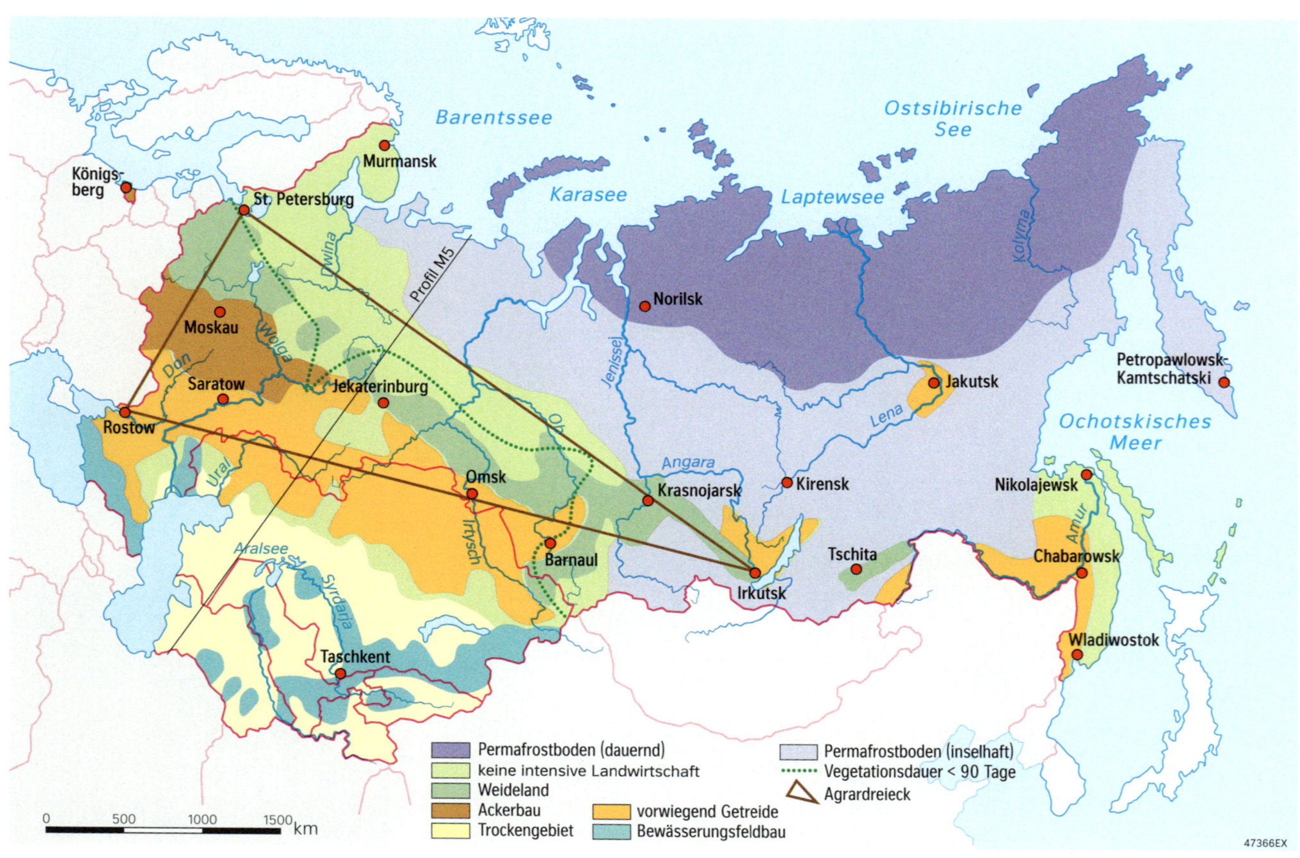

M1 Agrarregionen in Russland und Zentralasien

Russland und Zentralasien verfügen im Verhältnis zu ihrer Gesamtfläche nur über wenige Agrarflächen. Grund dafür ist die Natur, die für die agrarische Nutzung Grenzen setzt. Im Norden und im Osten begrenzt die niedrige Durchschnittstemperatur den Ackerbau (*Kältegrenze*).

Zum Anbau von Weizen sind mindestens 100 frostfreie Tage nötig. Auf den *Permafrostböden* ist Ackerbau kaum möglich. Der Boden ist entweder ganzjährig gefroren oder taut nur kurz an der Oberfläche auf und wird sumpfig (siehe S. 156, M3).

Weiter südlich sind die Niederschläge nicht ergiebig genug. Es fallen weniger als 400 mm Niederschlag (*Trockengrenze*), die mindestens für den Ackerbau benötigt werden. Der Boden ist zu trocken.

Ackerbau ist nur in den Laub- und Mischwaldzonen und den sich südlich anschließenden Steppenregionen möglich (M1, siehe auch S. 11, Karte M2). Dort gibt es große Flächen mit fruchtbarem Ackerboden. Dieses Gebiet bildet mit den Städten Sankt Petersburg, Rostow und Irkutsk als Eckpunkte ein Dreieck. In diesem *Agrardreieck* wird besonders im südwestlichen Teil intensive Landwirtschaft betrieben. Durch intensive Bewässerung der trockenen Regionen im Süden wird versucht, die Anbaufläche zu vergrößern.

M2 Landschaft in Nordsibirien mit Permafrostboden

Vegetationszeit

Für den Pflanzenwuchs sind Wasser, Licht, Nährstoffe und Wärme notwendig. Fehlt nur einer dieser Faktoren, so wird das Wachstum der Pflanzen behindert oder ist überhaupt nicht mehr möglich. Wärme ist ein entscheidender Klimafaktor. Das Pflanzenwachstum hängt von der Anzahl der zusammenhängenden Tage ab, an denen eine Mitteltemperatur von +5 °C erreicht wird. Die Dauer dieser Tage wird als *Vegetationszeit* oder *Vegetationsperiode* bezeichnet. Die benötigte Vegetationszeit ist je nach Pflanze unterschiedlich.

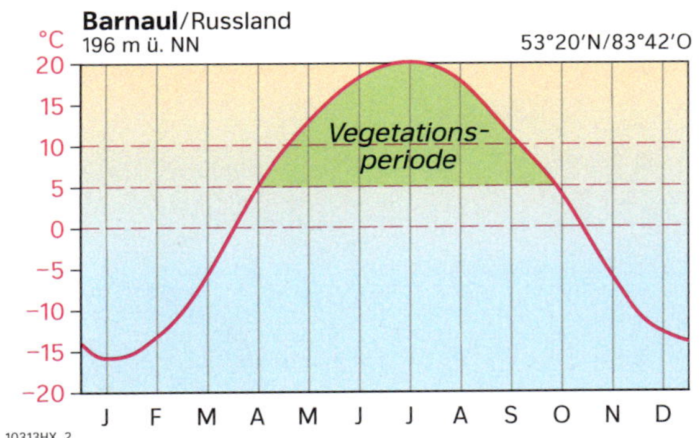

M3 Temperaturdiagramm von Barnaul

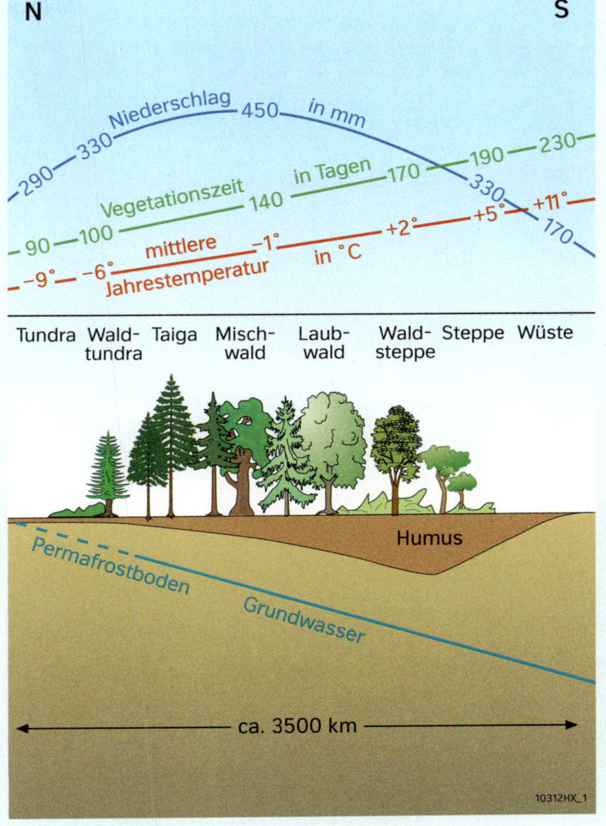

M5 Profil entlang etwa 55° Ost (vgl. M1)

Nadelbäume kommen mit einer Vegetationsperiode von zwei bis drei Monaten aus, benötigen aber mindestens 30 Tage, an denen die Durchschnittstemperatur über +10 °C liegt. Diese Zeit ist notwendig, damit die Samen ausreifen.
Ein ertragreicher Anbau von Kulturpflanzen beginnt dort, wo die Lufttemperatur an mindestens 90 Tagen über 10 °C liegt. Je näher der Anbau an der Kältegrenze liegt, desto gefährdeter ist er im Frühling durch zu spät einsetzendes Tauwetter oder durch spät auftretende Nachtfröste.
Gerste ist eine der widerstandsfähigsten Getreidesorten. Deswegen kann sie auch noch hoch im Norden ausreifen. Ertragreich und rentabel ist der Getreideanbau an der Nordgrenze allerdings nicht. Unreifes Getreide kann jedoch als Viehfutter verwendet werden. Deshalb wird Milchviehhaltung bis dicht an die Kältegrenze des Ackerbaus betrieben.

M4 Getreideernte in der russischen Steppe

Aufgaben

1 a) Erkläre die Begriffe Trockengrenze und Kältegrenze.
b) Beschreibe mithilfe der Karte deren Verlauf.
2 Arbeite mit M5 und dem Atlas. Nenne das Klima, das jeweils in den Vegetationszonen von der Tundra bis zur Wüste herrscht. ↗ S. 163
3 Bestimme mithilfe der Karte M1 und des Textes die geographische Lage des Agrardreiecks.
4 „Das Agrardreieck ist für die Landwirtschaft besonders gut geeignet." Beurteile diese Aussage.

Der Durst nach Öl – Erdölförderung um jeden Preis?

M1 Bohranlage bei Prudhoe Bay

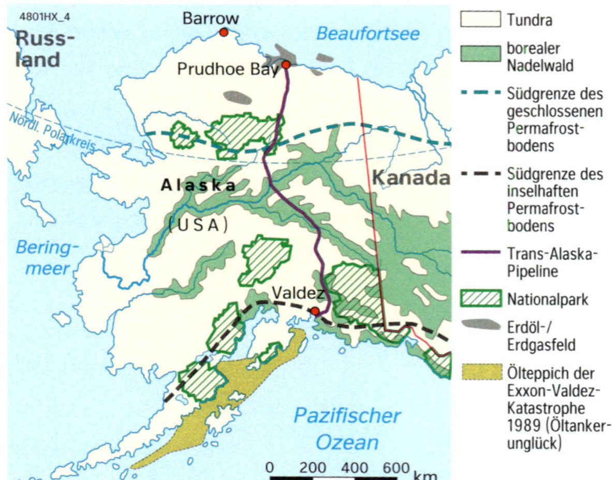

M4 Erdöl aus Alaska

Steven erzählt:

Die Arbeit auf einer Bohranlage in der Arktis ist noch viel schwerer als auf einer Ölplattform auf dem Meer. Vor allem die eisigen Temperaturen machen einem zu schaffen. Ich arbeitete im Schichtbetrieb. Ich habe Tag- und Nachtschichten von zwölf Stunden, zwei Wochen Arbeit am Stück, dann zwei Wochen frei. Der Job ist sehr gefährlich, so wurde ein Kollege von einer geplatzten Rohrleitung schwer verletzt. Auch für meine Familie ist es nicht einfach, da ich immer lange weg bin. Und bei schlechtem Wetter kann es sein, dass sich der Helikopter für den Heimflug ein paar Tage verspätet. Du musst für diesen Beruf absolut fit sein und das Abenteuer lieben, sonst schaffst du es nicht. Das wirklich Gute an meinem Beruf ist das Geld, das ich bekomme. Ich verdiene hier dreimal so viel wie zu Hause.

M2 Von der Arbeit auf einer Bohranlage

Permafrostboden (oder Dauerfrostboden) ist ein Boden, der bis in große Tiefen ganzjährig gefroren ist. In den kurzen Sommermonaten kann nur der obere Boden bis in eine Tiefe von zwei bis drei Meter auftauen. Da das Schmelzwasser in dem gefrorenen Untergrund nicht versickern kann, verschlammt der Boden und ist kaum passierbar. Die Folgen sind Rutschungen, bei denen auch Gebäude zerstört werden können. Diese werden daher auf Stelzen errichtet.

M3 Permafrostboden

schule.diercke.de | 100852-168-01

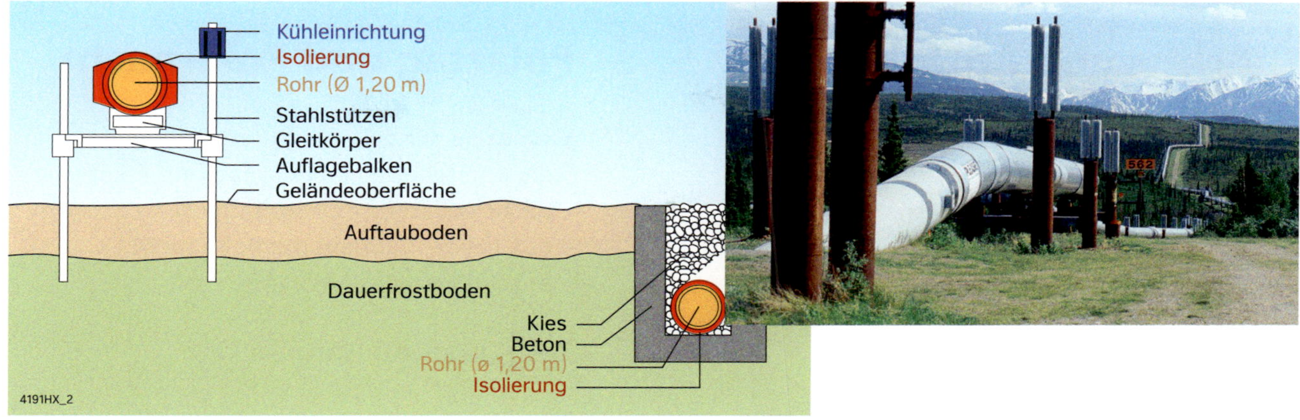

M5 Profil und Foto einer Pipeline (oberridisch und unterirdisch)

Die Trans-Alaska-Pipeline

Als 1968 im Norden Alaskas in der Prudhoe Bay Öl gefunden wurde, suchte man einen Weg, den Rohstoff zum nächsten eisfreien Hafen Valdez im Süden zu transportieren. Der Bau der *Pipeline* mit einem Durchmesser von 1,2 Meter dauerte von 1974 bis 1977 und kostete acht Millarden Dollar.

Schwierigkeiten beim Pipeline-Bau

Der Bau der Pipeline war eine große Herausforderung: Es mussten unzählige Flussläufe und drei Gebirge überquert werden. Nur etwa die Hälfte der Pipeline konnte unter der Erde verlegt werden. Die restliche Strecke musste die Pipeline sehr aufwendig auf Stelzen gebaut werden. Grund dafür ist der Permafrostboden (M3). Die Pipeline musste auch so stabil sein, dass sie den extremen Temperaturschwankungen und Erdbeben standhält.

> Trans-Alaska-Pipeline:
> **Pipeline-Leck lässt Ölpreis steigen**
> (Meldung vom November 2011)

> Nach dem Unglück des Öltankers Exxon Valdez im März 1989 liefen 37 000 t Rohöl aus. Über 2000 km Küste wurden verseucht. Die Region hat sich bis heute nicht von den Folgen erholt.
> (Meldung vom Januar 2013)

> Trans-Alaska-Pipeline durch auftauenden Permafrost bedroht? Befestigungen entlang eines 250 Meter langen Abschnitts laufen Gefahr, sich zu verdrehen und zu verbiegen.
> (Meldung vom Juli 2021)

M6 Schlagzeilen zur Trans-Alaska-Pipeline

🎬 **Film**

WES-113332-157

Probleme beim Betrieb der Pipeline

Seitdem die Trans-Alaska-Pipeline in Betrieb ist, gibt es Probleme. Vor allem die immer wieder auftretenden Lecks in der Leitung machen den Betreibern zu schaffen. Seit der Inbetriebnahme sind Tausende Kubikmeter Öl aus den Lecks ausgetreten. Der letzte große Schaden war im Januar 2011. Aufgrund eines großen Lecks musste der Betrieb für lange Zeit eingestellt werden. Es kam in den USA zu Lieferengpässen bei der Ölversorgung. Die dadurch entstandene Umweltverschmutzung mit Erdöl war enorm. Weite Landstriche entlang der Pipeline waren vergiftet. Menschen mussten wegziehen, Tiere verendeten.

Die Pipeline ist zusätzlich ein großes Hindernis für die durch das Gebiet ziehenden Tierherden. Sie können die Pipeline nicht überwinden. Deshalb wurde die Pipeline auf einer Länge von rund 26 Kilometern im Boden verlegt, damit die Herden einen Durchgang haben. Dazu müssen die Tiere lange Umwege auf sich nehmen.

Im Zuge der Erderwärmung könnte auftauender Permafrostboden dazu führen, dass Stützen der Trans-Alaska-Pipeline untergraben und dadurch instabil werden.

Aufgaben

1. Beschreibe den Verlauf der Trans-Alaska-Pipeline und bestimme mithilfe der Karte M4 ihre Länge.
2. Arbeite aus dem Text heraus, welche Schwierigkeiten es beim Bau gab.
3. Nenne die Gefahren, die von der Pipeline für Mensch, Tier und Umwelt ausgehen.
4. Führt ein Pro- und Kontra-Gespräch über den Nutzen und die Gefahren der Pipeline.

Arktis und Antarktis

Kannst du schon
– Merkmale der Antarktis und der Arktis benennen und richtig zuordnen? (S. 142/143)
– erläutern, warum die Arktis nicht zu den Kontinenten der Erde zählt? (S. 143)

Zeig, was du kannst

1 Ordne die Begriffe der Antarktis bzw. der Arktis richtig zu:

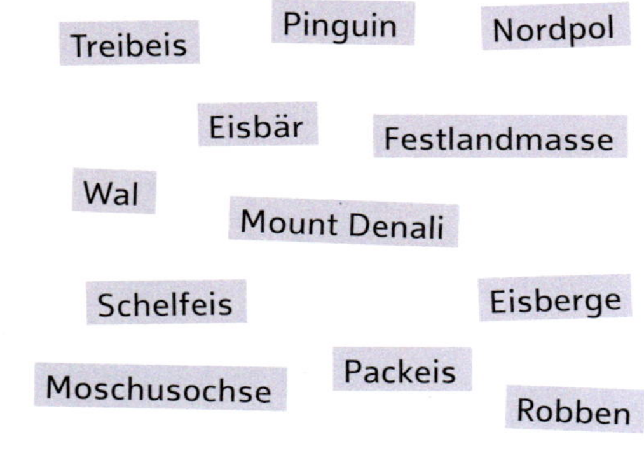

Polartag und Polarnacht

Kannst du schon
– die Entstehung von Polartag und Polarnacht erklären? (S. 148/149)
– das Leben während der Polarnacht beschreiben? (S. 148/149)

Zeig, was du kannst

2 Zeichne eine einfache Skizze der Erde (M1) und beschrifte sie mit den folgenden Begriffen:
Polartag, Polarnacht, Südpol, Nordpol, Erdachse, Äquator

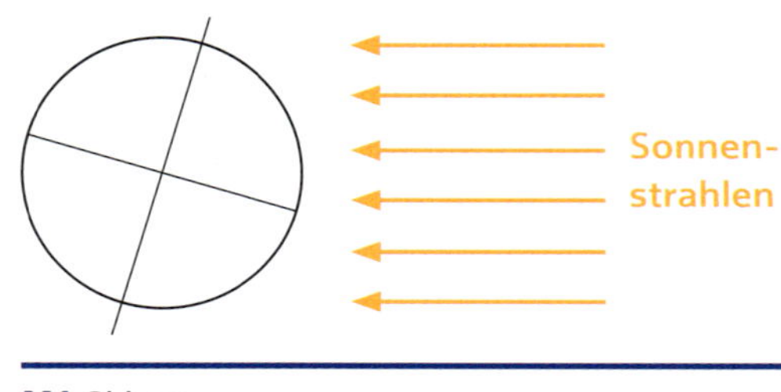

M1 Skizze

Das Leben der Inuit

Kannst du schon
– das Leben der Inuit früher mit der heutigen Situation der Inuit vergleichen? (S. 150/151)

Zeig, was du kannst

3 Übertrage den Lückentext M2 in dein Heft und ergänze die Sätze mit den Wörtern aus dem Silbenrätsel M3.

4 Erstelle aus den unten aufgeführten Begriffen eine Tabelle, mit der du die Verwertung einer Robbe sinnvoll ordnest und darstellst.

Früher zogen die Inuit als __?__ den Tieren hinterher. Sie lebten im Winter in __?__ . Die Sprache der Inuit sprechen nur noch wenige, sie heißt __?__ . Heute leben die Inuit in großen __?__ . Dort wohnen sie in festen __?__ . Viele Erwachsene sind __?__ . Damit die Kultur der Inuit nicht verloren geht, lernen die Kinder und Jugendlichen die traditionellen __?__ und __?__ wieder kennen.

M2 Lückentext

ale – ar – beits – bräu – che – den – gen – häu – ig – inuk – los – lun – lus – ma – no – ri – sern – sied – ti – tu – tut

M3 Silbenrätsel

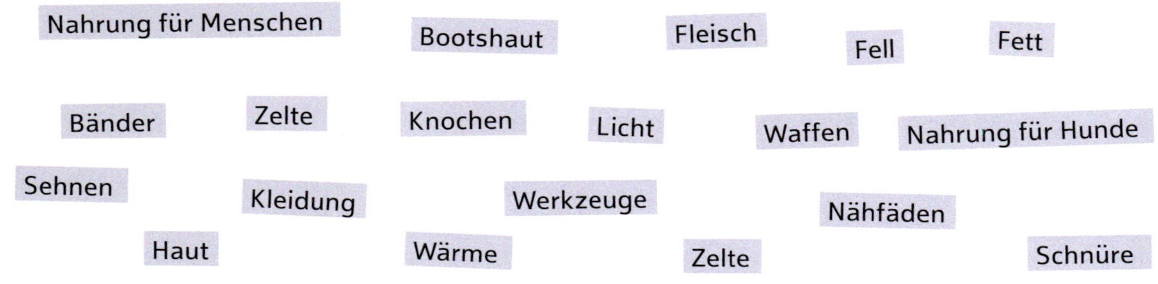

Lebensraum Polarregionen

Kannst du schon

– die Naturräume der kalten Zone von der Polarregion Richtung Äquator in der richtigen Reihenfolge beschreiben? (S. 152/153)
– erklären, warum der boreale Nadelwald (Taiga) nur auf der nördlichen Erdhalbkugel zu finden ist? (S. 152/153)

Zeig, was du kannst

5 Benenne die Fotos M4 A – C mit den richtigen Landschaftsbegriffen.
6 Ordne folgende Begriffe der Antarktis bzw. der Arktis richtig zu:
Baumgrenze, borealer Nadelwald, Durchschnittstemperatur – 20 °C, Eisbär, Elch, Moose und Flechten, Permafrostboden, Rentiere, Winterruhe

M4 Landschaften in der kalten Zone

Die Natur setzt Grenzen

Kannst du schon

– die Begriffe Trockengrenze, Kältegrenze und Vegetationszeit erklären? (S. 154/155)
– das Agrardreieck in Russland und Zentralasien verorten? (S. 154/155)
– beschreiben, welche Gefahr für die Natur und Tierwelt von der Erdölförderung ausgeht? (S. 156/157)

Zeig, was du kannst

7 Übertrage das Temperaturdiagramm M5 als Skizze in dein Heft und trage die Vegetationsperiode farbig ein.
8 Bringe die Sätze zum Permafrostboden in die richtige Reihenfolge (M6). Die Großbuchstaben ergeben ein Lösungswort.

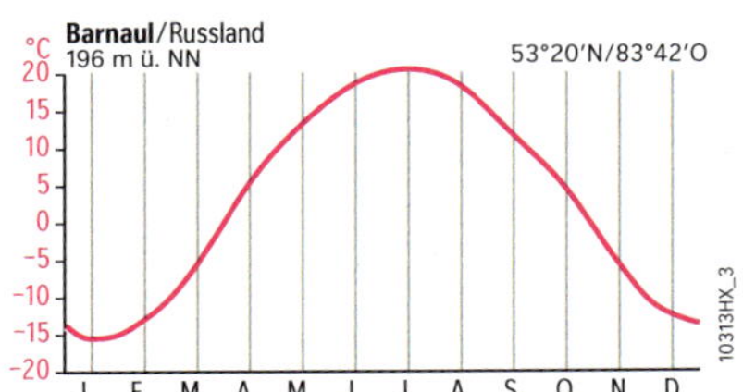

M5 Temperaturdiagramm von Barnaul

I Die Folge können Rutschungen und Zerstörungen von Gebäuden sein.
K Das Schmelzwasser kann nicht versickern.
R In den Sommermonaten kann nur der obere Boden auftauen.
T Der Boden verschlammt.
A Der Dauerfrostboden ist ganzjährig bis in große Tiefen gefroren.
S Die Gebäude werden deshalb auf Stelzen errichtet.

M6 Permafrostboden-Rätsel

Fachbegriffe

– Agrardreieck, Arktis, Antarktis, borealer Nadelwald, Eiswüste, Ekliptik, Inuit, Kältegrenze, nördlicher Polarkreis, Packeis, Permafrostboden, Pipeline, Polarnacht, Polartag, Schelfeis, südlicher Polarkreis, Taiga, Treibeis, Trockengrenze, Tundra, Vegetationsperiode, Vegetationszeit

1 Klima- und Vegetationszonen der Erde

Seite 9 | Aufgabe 6
Stelle die vier Daten der Erde aus M4 (Seite 9) zeichnerisch mit einer senkrechten Erdachse dar. Wähle verschiedene Punkte auf der Erde aus und beschreibe jeweils die dortigen Beleuchtungsverhältnisse (vgl. M3, Seite 9).

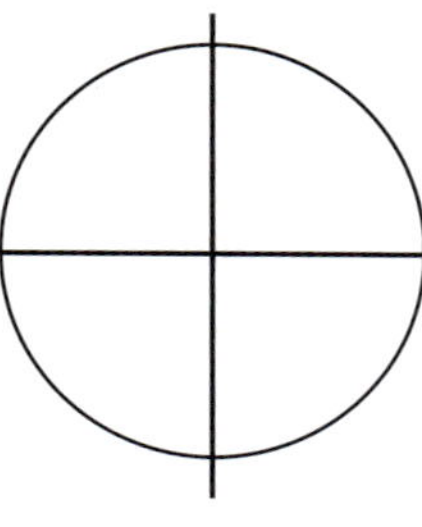

Seite 11 | Aufgabe 5
Überlege dazu, wie die im Text genannten Faktoren das Klima beeinflussen könnten.

Seite 11 | Aufgabe 6
So könnte der Aufbau deines Plakates aussehen:

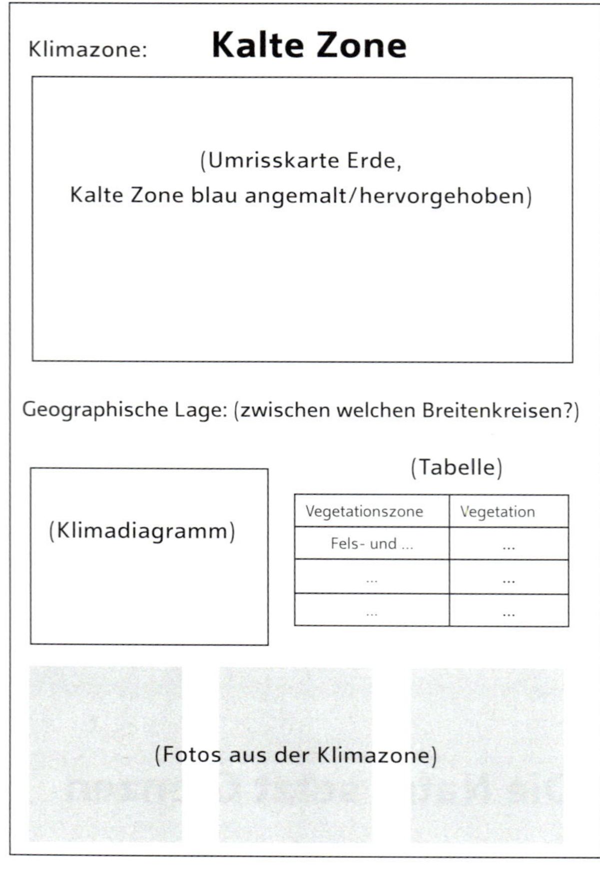

Seite 17 | Aufgabe 4
Denke dabei an die Klima- und Vegetationszonen.

2 Im tropischen Regenwald

Seite 23 | Aufgabe 1
Du brauchst dazu zwei Karten, die du miteinander vergleichst: eine Staatenkarte und eine Vegetationskarte. Je nach Atlas können das Karten sein, die nur einen Kontinent abbilden oder aber die ganze Erde.
Wenn ihr zu zweit und mit zwei Atlanten arbeitet, könnt ihr die Karten direkt nebeneinanderlegen. Dann geht es noch schneller.

Seite 23 | Aufgabe 5
Arbeitsschritte zur Auswertung der Klimadiagramme:
1. Ordne das Klimadiagramm aufgrund der Jahresdurchschnittstemperatur einer der vier Klimazonen zu. Beachte auch die Höhenlage und den Jahresniederschlag.
2. Beschreibe den Verlauf der Temperaturkurve.
3. Beschreibe den Verlauf der Niederschlagssäulen. Wann fällt der meiste Niederschlag im Jahr, wann eher wenig?
4. Welche Auswirkungen hat das Klima auf die Vegetation und auf die landwirtschaftliche Nutzung durch den Menschen?

Seite 25 | Aufgabe 5

Der Begriff „Ökosystem" wird auch in der Biologie
verwendet. Hier eine kurze Definition:
*System, das die Gesamtheit der Lebewesen
einschließlich ihrer unbelebten Lebensräume
umfasst. Eine aus Tieren und Pflanzen sowie ihrer
Umwelt bestehende Einheit, die sich im Gleichgewicht befindet.*

Seite 27 | Aufgabe 4

Du kannst für deine Antwort gut den Begriff
„Nachhaltigkeit" verwenden. Dieser Begriff ist
auch im Geo-Lexikon erklärt.

Seite 31 | Aufgabe 4

So kannst du deine Mindmap beginnen:

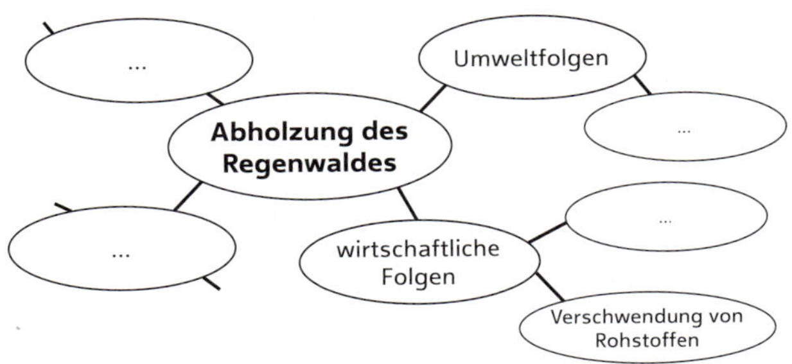

Seite 33 | Aufgabe 2

Palmöl ist vor allem in Lebensmitteln enthalten.
Auf den Verpackungen findest du normalerweise
eine Auflistung der Inhaltsstoffe.

Seite 38 | Aufgabe 2

Im Bild M1 auf S. 39 kannst du verschiedene
tropische Früchte sehen.
Beschreibe ihr Aussehen, ihre Verwendung usw. in
Form einer Geschichte / eines Rätsels. Beispiel:
*„Diese Frucht ist 10 bis 30 cm lang und wächst an
einer palmenähnlichen Pflanze. Geerntet wird sie
meist grün, wir essen sie jedoch erst, wenn sie reif
ist und ..."*

Seite 40 | Aufgabe 1

Arbeitsschritte zur Auswertung einer Karikatur:
1. Finde einen Titel für die Karikatur.
2. Beschreibe die Karikatur:
    – Was ist übertrieben dargestellt?
    – Sind bekannte Personen zu sehen?
3. Was kritisiert der Zeichner?
4. Welche Frage(n) wirft die Karikatur auf?

---

3 Leben in Trockenräumen

Seite 47 | Aufgabe 1

Hier brauchst du wieder eine Staatenkarte und
eine Landwirtschafts- oder Vegetationskarte
gleichzeitig. In Partenerarbeit mit zwei Atlanten
nebeneinander geht es am besten. Orientiere dich
im Atlas von Westen nach Osten und von Norden
nach Süden. Dabei ist es hilfreich, immer beide
Kartenausschnitte zu vergleichen.

Seite 47 | Aufgabe 4

So könnte deine Tabelle aussehen:

	Dorn-savanne	Trocken-savanne	Feucht-savanne
Trockenzeit	...	...	...
Regenzeit	...	...	...
Niederschläge	...	...	...
Vegetation	...	...	...
Landnutzung	...	...	...

Seite 49 | Aufgabe 4

Berücksichtige besonders die Niederschlagsmenge und die Niederschlagsverteilung im Jahr.

Seite 53 | Aufgabe 2

So könnte dein Text beginnen:
*„Durch das hohe Bevölkerungswachstum kommt
es zu einem höheren Nahrungsmittelbedarf ..."*

Seite 53 | Aufgabe 3

Nutze Formulierungen wie: *„... hat sich verdop-
pelt ..."* oder *„... ist ... mal so viel, wie ..."*

Seite 54 | Aufgabe 6

Denke dabei an verschiedene Bereiche wie Haus-
bau, Energieversorgung ...

Seite 59 | Aufgabe 4

Zur Lösung dieser Aufgabe brauchst deinen Atlas.
Die Karten mit den entsprechenden Informationen
sind die physische Karte und die Vegetationskarte.

Seite 61 | Aufgabe 5
So könnte deine Tabelle beginnen:

Rang	Name der Wüste	Ausdehnung	
		max. Länge	max. Breite
1	…	…	…
2	…	…	…
…	…	…	…

Seite 63 | Aufgabe 4
So könnte deine Skizze aussehen:

Seite 64 | Aufgabe 4
Du kannst für deine Antwort gut den Begriff „Nachhaltigkeit" verwenden. Dieser Begriff ist auch im Geo-Lexikon erklärt.

Seite 67 | Aufgabe 4
Sinnvolle Suchbegriffe im Internet sind neben „Wüste" und „Überlebenskünstler" z. B. auch „Anpassung" oder „Wüstenpflanzen".

Seite 69 | Aufgabe 2a
Zur Verortung der Fotos kannst du die Bildunterschriften und deinen Atlas zur Hilfe nehmen. Wenn du die Buchstaben den Zahlen richtig zugeordnet hast, ergibt sich das Lösungswort in der Reihenfolge der Nummern 1 – 6.

4 Endogene und exogene Kräfte

Seite 77 | Aufgabe 3
Arbeite mit der Karte M2 und beschreibe bei deiner Antwort die räumliche Anordnung oder Form der dargestellten Naturgefahren. Benutze zur Beschreibung auch die Namen der Kontinente, Länder und Ozeane, bei denen die Naturgefahren auftreten.

Seite 78 | Aufgabe 1
Den zweiten Teil der Aufgabe kannst du mithilfe einer Tabelle darstellen. Stelle dazu den Schalenbau der Erde mit folgenden Spalten dar: Schale, Mächtigkeit, Tiefe, Temperatur, Zustand, Besonderheiten. Dazu kannst du auch auf Informationen aus dem Extra-Kasten auf S. 79 („Der Schalenbau der Erde näher betrachtet", M3) zurückgreifen.

Seite 81 | Aufgabe 3
Suche dazu im Atlas ein Weltkarte zum Thema „Tektonik" oder „Vulkanismus/Erdbeben".

Seite 85 | Aufgabe 2
Verwende u. a. die Begriffe „Erdplatten", „Spannungen", „Hypozentrum" und „Epizentrum".

Seite 87 | Aufgabe 3
Lies dazu die Zeitangaben und Entfernungen aus der Karte M6 ab und berechne in km/h.

Seite 87 | Aufgabe 5
Denke darüber nach, wie viel Zeit die Küstenbewohner nach einer Tsunamiwarnung haben und was sichere Orte sein könnten.

Seite 91 | Aufgabe 3
Unterstütze deine Erklärung z. B. mit einer Skizze.

Seite 95 | Aufgabe 4
Lies dir in dem Text noch einmal genau die Eigenschaften des Magmas bzw. der Lava durch.

Seite 96 | Aufgabe 4
Nutze zur Berechnung den Maßstab und die Altersangaben in M3. Für einheitliche Ergebnisse miss die Entfernungen jeweils vom Mittelpunkt der Insel aus. Bilde aus den Altersangaben einen Mittelwert (z. B. 0,7 – 1,3 Mio. Jahre = 1,0 Mio. J.).

Seite 99 | Aufgabe 8
So könnte dein Versuch aussehen:

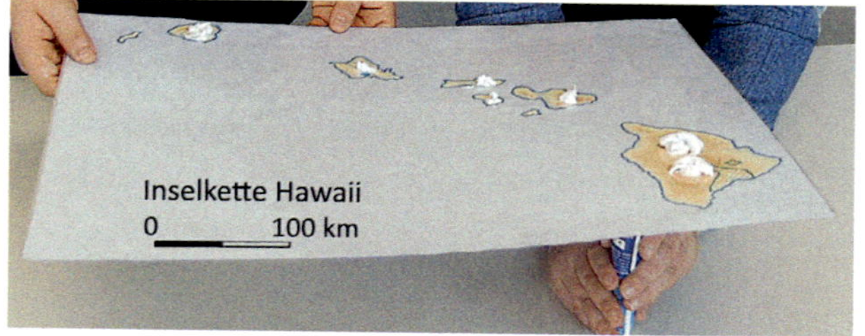

5 Wetter, Klima und Klimawandel

Seite 103 | Aufgabe 4
Lies dir am besten dazu die Erklärung des Begriffs „Luftdruck" im Geo-Lexikon durch.

Seite 105 | Aufgabe 3
Bei der Beantwortung dieser Frage geht es um die Einschlaglöcher auf der Mondoberfläche.

Seite 108 | Aufgabe 4
Berücksichtige bei deinen Überlegungen, über welchen Untergrund Katrina gezogen ist.

Seite 115 | Aufgabe 7
Überlege, ob deine Gesetzesvorlage z. B. Verbote, Grenzwerte oder Richtlinien enthalten soll. Außerdem kannst du zwischen Maßnahmen für Privatpersonen und für Unternehmen unterscheiden.

6 In der gemäßigten Zone

Seite 123 | Aufgabe 1
Nenne den Kontinent, den Staat sowie die geographische Lage zum Meer und zu Gebirgen.

Seite 123 | Aufgabe 4
Suche im Internet z. B. auf der Seite www.klimadiagramme.de.

Seite 138 | Aufgabe 3
Die Klimadaten zu den Stationen findest du im Einband hinten. Es genügt, wenn du die Niederschlagsverteilung einfach als Kurve zeichnest. Entweder du beschriftest die Kurven mit „Temperatur" und „Niederschlag" oder du verwendest entsprechende Farben. Beispiel:

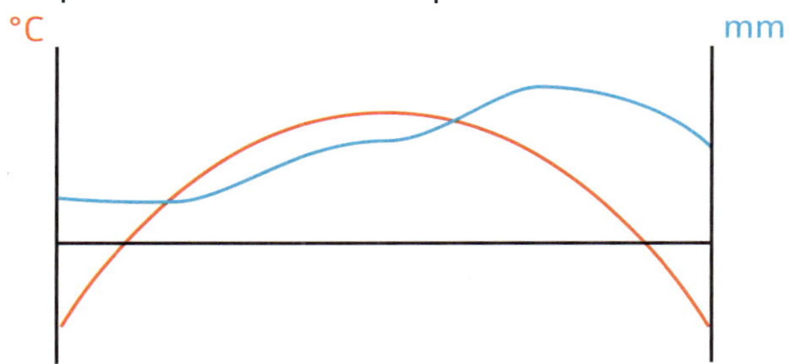

7 In der kalten Zone

Seite 143 | Aufgabe 3
So könnte deine Tabelle aussehen:

	Antarktis	Arktis
geographische Lage	...	...
Kontinent	...	...
bedeckt mit ...	...	...
bewohnt	...	...
Tiere	...	...

Seite 149 | Aufgabe 4
Evtl. bietet es sich an, zur Auswertung wieder eine einfache Skizze zu zeichnen, wie es in der Starthilfe zu Aufgabe 138.3 bereits dargestellt ist.

Seite 151 | Aufgabe 1
Du kannst das Ergebnis in einer Zeichnung festhalten, in der sich auch eine Schnittmenge darstellen lässt. Das kennst du vielleicht schon aus dem Mathematikunterricht.

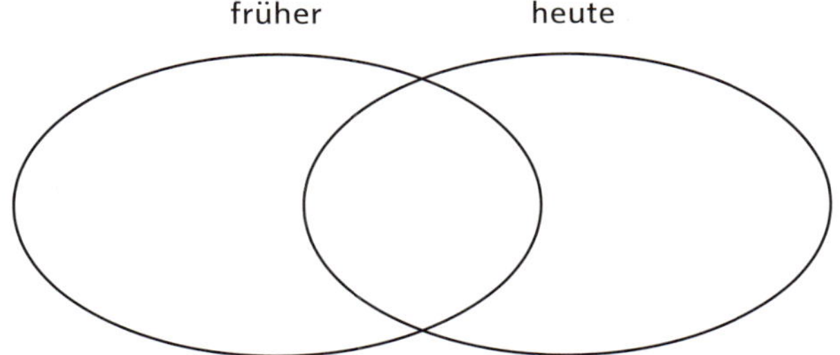

Seite 155 | Aufgabe 2
Beschreibe die Veränderung von Niederschlag, Temperatur, Vegetationszeit (M5) und Boden (Karte M1).

A

Agrardreieck (S. 154) Kernraum der landwirt-schaftlichen Produktion in Russland. Abgegrenzt wird er durch die Eckpunkte Sankt Petersburg, Rostow und Irkutsk. In diesem Agrardreieck wird besonders im südwestlichen Teil intensive Land-wirtschaft betrieben (v. a. Anbau von Getreide, aber auch Zuckerrüben, Mais und Sonnenblumen).

Antarktis (S. 142) Die Antarktis bildet das Gebiet um den Südpol. Unter den dortigen Eismassen befindet sich im Gegensatz zur → Arktis eine Festlandmasse (der Kontinent Antarktika). Es gibt je nach Jahreszeit rund 1000 bis 4000 Menschen, die sich auf mehr als 80 Forschungsstationen verteilen. Die Jahresdurchschnittstemperatur am Südpol liegt bei −49 °C. Gegenpol: → Arktis.

anthropogener Treibhauseffekt (S. 110) (= künstlicher Treibhauseffekt) Durch den Men-schen verursachte Verstärkung des → natürlichen Treibhauseffektes durch Emission von Treibhaus-gasen wie beispielsweise → Kohlenstoffdioxid (CO_2) oder Methan (CH_4). Trägt maßgeblich zur globalen Erwärmung bei.

arid (S. 46) Klima in Gebieten, in denen mehr Wasser verdunstet, als Niederschlag fällt. Im Klimadiagramm liegt die Temperaturkurve über der Niederschlagskurve. Gegensatz: → humid

Arktis (S. 143) Die Arktis ist das Gebiet um den Nordpol. Hier ist das Nordpolarmeer größtenteils von Eis bedeckt. Auch Grönland und andere polnahe Inseln sowie kleine Teile des kanadischen und russischen Festlands zählen zur Arktis. Gegenpol: → Antarktis.

artesischer Brunnen (S. 62) Brunnen zumeist in Tal-Lagen, bei dem das Grundwasser angebohrt wird und durch seinen eigenen Wasserdruck an die Oberfläche steigt. Es ist also keine Pumpe nötig.

Asthenosphäre (S. 79, 82) Schicht im oberen → Erdmantel, in der das Gestein zähflüssig ist. Auf der Asthenosphäre bewegen sich die starren Platten der → Lithosphäre.

Atmosphäre (S. 104) Die Atmosphäre ist die Lufthülle der Erde; sie besteht aus Gasen und hat mehrere Schichten. In der untersten Schicht, der Troposphäre (0–10 km, max. 16 km Höhe), spielen sich die Wettervorgänge ab.

B

Basalt (S. 90) Hartes, vulkanisches Gestein, das durch Erkaltung von Lavaströmen entsteht und dabei häufig mehreckige (meist sechseckige) Säulen bildet.

Beleuchtungszone (S. 8) Die Erde wird aufgrund unterschiedlicher Sonneneinfallswinkel in drei große Beleuchtungszonen gegliedert: Polarzone (flacher Einfallswinkel), Mittelbreiten und Tropen (steiler Einfallswinkel bis hin zum Zenit).

BIP (Bruttoinlandsprodukt) (S. 127, 129, 131, 133) Wert sämtlicher Güter (Waren und Dienstleistun-gen), die während eines Jahres innerhalb eines Landes von In- und Ausländern produziert wer-den. Das BIP pro Kopf benutzt man zum weltwei-ten Vergleich des Wohlstandes der Staaten.

Bodenversalzung (S. 63) Im Boden aufsteigendes Grundwasser führt gelöste Salze mit nach oben. Nach der Verdunstung des Wassers bleibt das Salz auf der Bodenoberfläche zurück und bildet eine Salzkruste. Bodenversalzung tritt bei künstli-cher Bewässerung vor allem in → ariden Gebieten auf.

borealer Nadelwald (S. 152) Der boreale Nadel-wald, auch → Taiga oder nördlicher Nadelwald genannt, ist ein Nadelwaldgürtel auf der nördli-chen Halbkugel, in dem Nadelhölzer (v. a. Fichten, Kiefern, Tannen) wachsen, die ans kalte kontinen-tale Klima angepasst sind. Die Durchschnitts-temperatur beträgt in dieser Vegetationszone nur etwa −15 °C bis 0 °C.

Brandrodung (S. 26) Rodung durch Fällen der Bäume mit anschließender Verbrennung der Stämme und der Restvegetation, um neue Flächen für die Landwirtschaft zu gewinnen.

D

Desertifikation (S. 52) Vordringen der → Wüste in Gebiete, die durch ihre Trockenheit besonders gefährdet sind. Das Vordringen der Sahara in der → Sahelzone ist das bekannteste Beispiel. Die Desertifikation wird oft durch falsche oder zu starke Nutzung der Wüstenrandgebiete durch den Menschen ausgelöst. Dabei kann es sich um ackerbauliche Nutzung von Weidegebieten, um Überweidung der Gebiete durch Rinder und Ziegen oder um Holzeinschlag handeln. Von dieser Entwicklung sind besonders die → Dornsavannen betroffen.

Dornsavanne (S. 46) Eine der drei Formen der → Savanne. Der Boden ist aufgrund der wenigen → humiden Monate (zwischen 2 und 4,5 Monate pro Jahr) nur teilweise mit niedrigem Gras und Dorngestrüpp bedeckt.

E

Eiswüste (S. 152) Als Eiswüste beschreibt man ein Gebiet, in dem die Temperaturen ganzjährig unter 0 °C liegen, und in dem nur sehr geringe Niederschläge (unter 150 mm) als Schnee fallen. In einer Eiswüste wachsen keine Pflanzen, und nur wenige Tiere können in ihr überleben. Die größte Eiswüste der Erde ist die → Antarktis.

Ekliptik (S. 148) Die gedachte Sonnenbahn am Erdenhimmel. Die Ebene der Eklitik ist identisch mit der Ebene, auf der die Erde die Sonne umläuft. Durch die Neigung der Erdachse steht die Ebene der Ekliptik in einem Winkel von 23,5° zur Äquatorebene.

Energiewende (S. 114) Grundsätzliche Änderung in der Energienutzung Deutschlands, weg von von der Nutzung fossiler Energieträger (z. B. Kohle, Erdöl, Erdgas) hin zur Nutzung erneuerbarer Energien (z. B. Sonnen-, Wind-, Wasserenergie). Ziel ist die Senkung der CO_2-Emissionen durch Fördermaßnahmen zum Ausbau der erneuerbaren Energien, die Steigerung der Energieeffizienz und die Einsparung von Energie.

Epizentrum (S. 84) Senkrecht vom Erdbebenherd auf die Erdoberfläche projiziertes Zentrum eines → Erdbebens, das den Erdbebenherd auf der Landkarte markiert. (→ Hypozentrum)

Erdbeben (S. 74, 84) Durch Bewegung von Erdplatten (rund 90 % aller Beben), Vulkanismus (7 %) oder Einsturz von Hohlräumen (3 %) hervorgerufene Erschütterungen der → Erdkruste und des → Erdmantels. Die meisten Erdbeben ereignen sich entlang der Plattengrenzen.

Erdkern (S. 78) Innerer Teil des Erdkörpers. Er beginnt ab 2900 km Tiefe und reicht bis zum Erdmittelpunkt in ca. 6370 km Tiefe. Man unterscheidet zwischen einem äußeren (flüssigen) und einem inneren (festen) Kern.

Erdkruste (S. 78) Äußere Schale der Erde. Sie ist zwischen 10 km (ozeanische Kruste) und 70 km (kontinentale Kruste) mächtig.

Erdmantel (S. 78) Zwischen der → Erdkruste und dem → Erdkern gelegener ca. 2900 Kilometer mächtiger, aus zähflüssigem Magma bestehender Bereich des Erdkörpers.

Erosion (S. 58, 90) Abtragung und Transport von Boden und Gestein durch die natürlichen Kräfte von Wind, Wasser und Eis oder durch Bodenbewegung. Es handelt sich um einen wichtigen natürlichen Prozess, der jedoch oft durch menschliche Aktivitäten ausgelöst bzw. verstärkt wird. Erosion wird häufig vom Menschen ausgelöst, z. B. durch Rodung von Wäldern und → Überweidung. Wenn z. B. die schützende Pflanzendecke zerstört wird, ist der Boden erosionsanfällig (Bodenerosion).

F

Fairer Handel (S. 36) Handelsbewegung, die sich hauptsächlich auf den Export von Waren aus gering entwickelten Ländern in hoch entwickelte Länder konzentriert. Die Preise für die gehandelten Produkte sind hierbei über dem jeweiligen Weltmarktpreis angesetzt, sodass dem → Produzenten ein höheres und verlässlicheres Einkommen als im herkömmlichen Handel ermöglicht werden kann.

Feuchtsavanne (S. 46) Eine der drei Formen der → Savanne. Bei 7 bis 9,5 → humiden Monaten sind parkartige Baumlandschaften mit meterhohem Elefantengras anzutreffen.

Flussoase (S. 62) In einer Flussoase bringt ein Wasserlauf die Fluten aus regenreichen Gebieten in die → Wüste. Zur Nutzung wird das Wasser direkt dem Fluss entnommen und durch ein verzweigtes System von Bewässerungskanälen auf die Felder geleitet.

G

gemäßigte Zone (S. 10, 12) → Klimazone zwischen der → kalten und → subtropischen Klimazone. Sie ist geprägt durch gemäßigte Temperaturen und deutliche → Jahreszeiten.

globale Warenströme (S. 32) Bezeichnung für den weltweiten Handel und Transport von Waren.

Granit (S. 90) Magmatisches Tiefengestein, das aus den Mineralien Feldspat, Quarz und Glimmer besteht.

Grundwasseroase (S. 62) Oase, bei der das Wasser mithilfe von Hebevorrichtungen aus dem Grundwasser entnommen wird.

H

Hochdruckgebiet (Hoch) (S. 103) Gebiet mit hohem → Luftdruck. Es entsteht beim Absinken der Luftmassen und dem dadurch größer werdenden Druck auf die Erdoberfläche.

Höhenstufen der Vegetation (S. 16) Durch die Änderung des Klimas mit der Höhe verändern sich auch die Böden, die Vegetation und die landwirtschaftliche Nutzung. Daher unterscheidet man verschiedene Höhenstufen.

Hot Spot (S. 96) Stelle unter der → Erdkruste, an der über einen langen Zeitraum Magma aufsteigt. Da die Kontinentalplatte sich über den Hot Spot hinwegbewegt, entsteht eine Inselkette, deren jüngster Bereich vulkanisch aktiv ist.

humid (S. 46) Klima in Gebieten, in denen mehr Niederschlag fällt als verdunsten kann. Im Klimadiagramm liegt die Niederschlagskurve über der Temperaturkurve. Gegensatz: → arid

Hurrikan (S. 108) Tropischer Wirbelsturm im Bereich des Karibischen Meeres und des Golfs von Mexiko. Hurrikans entstehen bei einer Wassertemperatur von über 27 °C in der Nähe des Äquators und ziehen in gebogener Bahn über die Karibik in die südöstlichen Gebiete Nordamerikas.

Hypozentrum (S. 84) Ort, von dem ein → Erdbeben ausgeht. Es wird charakterisiert durch seine Tiefe unter der Erdoberfläche. Senkrecht über dem Hypozentrum liegt das → Epizentrum, wo die stärksten Erschütterungen eines Erdbebens gemessen werden.

I

Indigene (S. 26) Anderes Wort für Einheimische. Auch im Sinne von ursprünglich. Bezeichnet Menschen, die seit vielen Generationen im selben Lebensraum leben und oft eine traditionelle Lebensweise beibehalten haben.

Inuit (S. 150) Die Inuit sind eine → indigene Volksgruppe der arktischen Küstengebiete Grönlands und Nordamerikas. Sie lebten ursprünglich von der Jagd und vom Fischfang. Heute führen sie meistens ein modernes Leben.

J

Jahreszeiten (S. 8) Als Jahreszeiten bezeichnet man den charakteristischen Wechsel der Klimaelemente und der Vegetation im Verlauf eines Jahres. Sie entstehen durch den Umlauf der Erde um die Sonne bei gleichbleibend schräg stehender Erdachse.

K

Kalkstein (S. 90) Kalkstein ist ein Sedimentgestein (→ Sedimentit), das überwiegend aus dem chemischen Stoff Calciumcarbonat besteht.

Kältegrenze (S. 154) Die durch die Temperatur bedingte natürliche Grenze des Ackerbaus in den nördlichen Breiten oder im Gebirge (Höhengrenze). Ackerbau kann nur bis zu einer bestimmten Temperatur betrieben werden. Ab der Kältegrenze ist die Wärmezufuhr zu gering, um Pflanzen reifen zu lassen.

kalte Zone (S. 10, 12) (auch polare Zone genannt) Klimatisches Gebiet nahe der Pole, das auf der Nordhalbkugel nördlich und auf der Südhalbkugel südlich an die → gemäßigte Zone anschließt.

Kausalkette (S. 137) Mit einer Kausalkette (lat.: causa = Ursache, Grund), auch Ursachen-Folgen-Kette genannt, können komplizierte Zusammenhänge verdeutlicht werden. Die Kausalkette ordnet Begriffe nach Ursache und Wirkung und verbindet sie in einer Linie mit Pfeilen.

Kieswüste (S. 58) (arabisch: Serir) Flache Wüstenform, in der Geröll- und Schuttmassen das Bild bestimmen. Diese wurden zuvor durch Wasser aus den Gebirgen in die Ebenen transportiert.

Klimawandel (S. 112) Prozess des allmählichen Temperaturanstiegs und der Zunahme extremer Wetterlagen im Zuge der globalen Erwärmung.

Klimazone (S. 10) Die Erde ist in verschiedene Klimazonen unterteilt (→ kalte Zone, → gemäßigte Zone, → subtropische Zone und → tropische Zone). In den einzelnen Zonen herrscht ähnliches Klima, das durch den Einfallswinkel der Sonne bestimmt ist.

Kohlenstoffdioxid (CO_2) (S. 110) Gas, das zum Beispiel durch die Verbrennung fossiler Rohstoffe vermehrt freigesetzt wird und zum → anthropogenen Treibhauseffekt beiträgt.

Konsument (S. 37) Wer Waren kauft oder Dienstleistungen in Anspruch nimmt, ist wirtschaftlich gesehen ein Verbraucher. Ein Fachwort dafür ist Konsument.

Konvektionsstrom (S. 82) Heißer Temperaturstrom im → Erdkern und → Erdmantel, weshalb sich die festen Platten der dünnen → Erdkruste auf dem zähflüssigen oberen Erdmantel bewegen. Konvektionsströme sind die Ursache für die Entstehung von → Erdbeben und Vulkanismus.

L

Lithosphäre (S. 79) Durch festes Gestein geprägter Teil der Erde. Die Lithosphäre umfasst die → Erdkruste und den oberen Teil des → Erdmantels.

Luftdruck (S. 103) Als Luftdruck bezeichnet man das Gewicht, das eine Luftsäule vom Erdboden bis zur Obergrenze der Atmosphäre auf eine bestimmte Fläche ausübt. Der Luftdruck nimmt mit der Höhe ab. Er wird mit dem Barometer in der Einheit Hektopascal (hPa) gemessen. Der Normaldruck beträgt im Meeresniveau durchschnittlich 1013 hPa.

M

Maar (S. 97) Runder Tal-Kessel mit wenigen hundert Metern Durchmesser, der von einem deutlichen Wall umgeben ist. Maare sind durch eine Explosion entstandene Einsturztrichter, die beim Auftreffen des heißen aufsteigenden Magmas auf eine Grundwasserschicht in die Erdoberfläche gesprengt wurden. Später füllten sie sich oft mit Wasser.

Magmatit (S. 90) Gesteine, die durch Erstarrung von Magma entstanden sind. Nach der Entstehung unterscheidet man Vulkanite (nahe der Erdoberfläche erstarrt) und Plutonite (in der Tiefe erstarrt).

Meeresströmung (S. 123) Transportbewegung von Wassermassen im Weltmeer. Die bedeutendsten Meeresströmungen sind die Oberflächenströmungen. Daneben sind auch Tiefen- und Ausgleichsströmungen am Wasseraustausch beteiligt. Diese Strömungen sind noch weitestgehend unerforscht. Auftriebsströmungen bringen kaltes und nährstoffreiches Wasser an die Oberfläche.

Metamorphit (S. 91) Magmatische Gesteine (→ Magmatite) und Sedimentgesteine (→ Sedimentite) können in größeren Tiefen durch hohen Druck und hohe Temperaturen umgewandelt werden. Man spricht dann von Metamorphiten oder Umwandlungsgesteinen.

Metamorphose (S. 91) (hier: Gesteinsumwandlung) Unter dem Einfluss hohen Drucks und hoher Temperaturen werden Gesteine chemisch und mechanisch in eine neue Form von Gestein umgewandelt (aus → Granit wird z. B. Gneis).

Mineralstoffkreislauf (S. 24) Bei einem Mineralstoffkreislauf werden die Mineralstoffe/Nährstoffe von Pflanzen zum Wachstum aus der Umwelt aufgenommen und bei ihrer Zersetzung wieder abgegeben. Somit stehen die Mineralstoffe wieder neuen Pflanzen zur Verfügung. Ein Kreislauf ist entstanden.

Monokultur (S. 32) Form der Bodenbewirtschaftung auf überwiegend großen Flächen, bei der immer die gleichen Feldfrüchte über einen längeren Zeitraum angebaut werden. Um die Erträge bei Monokulturen zu sichern, muss stärker gedüngt werden, da der Boden ständig Nährstoffe verliert. Außerdem sind die Pflanzen gegen Schädlinge besonders anfällig. Die Monokultur ist z. B. typisch für die tropische → Plantagenwirtschaft.

N

Nachhaltigkeit (S. 40) Grundsatz, die wirtschaftliche Entwicklung so zu beeinflussen, dass nicht mehr an Rohstoffen und Lebensgrundlagen verbraucht wird, als erneuert werden kann. Dadurch sollen zukünftige Generationen die gleichen Lebensmöglichkeiten haben wie die heute lebenden.

Naturereignis (S. 76) In der Natur ablaufender, ungewöhnlicher Vorgang, der vom Menschen nicht beeinflusst werden kann. Die Dauer reicht von Bruchteilen einer Sekunde (Blitzschlag) bis zu mehreren Monaten (Trockenheit).

Naturkatastrophe (S. 76) Außergewöhnliches → Naturereignis mit hohen Personen- und Sachschäden.

natürlicher Treibhauseffekt (S. 110) Bezeichnung für die natürliche Erwärmung der → Atmosphäre. Durch die Lufthülle kann die kurzwellige Sonnenstrahlung bis zur Erdoberfläche vordringen, diese aufheizen und von dort als langwellige Wärmestrahlung reflektiert werden. Die langwellige Strahlung dringt jedoch nicht mehr durch die mit → Kohlenstoffdioxid, Wasserdampf und → Ozon angereicherte Atmosphäre und sorgt dadurch für eine allmähliche Erwärmung der Erdatmosphäre.

Nomaden (S. 50) Nomaden sind nicht sesshaft (Wandervolk) und ziehen mit ihren Herden und ihrem gesamten Besitz als Hirten von einer Futter- und Wasserstelle zur nächsten. Unterwegs betreiben sie Tauschhandel. Die Nomaden leben meist in den trockenen Gebieten der Erde, z. B. die Tuareg.

nördlicher Polarkreis (S. 143) Breitenkreis auf 66,5° Nord, an dem, vom Äquator kommend, das erste Mal → Polartag bzw. → Polarnacht auf der Nordhalbkugel zu beobachten ist.

O

Oase (S. 62) Ort in der Wüste, an der es Wasservorkommen und somit ein üppiges Pflanzenwachstum gibt. Das vorhandenen Grund- oder Flusswasser nutzen die Bewohner zum Anbau von Getreide, Obst oder Gemüse. Man unterscheidet zwischen → Quelloasen, → Grundwasseroasen und → Flussoasen.

ökologischer Fußabdruck (S. 115) Messgröße, die den Verbrauch an natürlichen Ressourcen einer Person oder einer Volkswirtschaft veranschaulicht und vergleichbar darstellt.

Ökosystem (S. 25) System, das die Gesamtheit der Lebewesen einschließlich ihrer unbelebten Lebensräume umfasst. Eine aus Tieren und Pflanzen sowie ihrer Umwelt bestehende Einheit, die sich im Gleichgewicht befindet.

Orkan (S. 106) Starke Stürme mit Windgeschwindigkeiten von mehr als 117 km/h. Auf der Beaufortskala (vgl. S. 106, M2) werden Orkane mit der Stärke 12 klassifiziert. Orkane können große Verwüstungen anrichten.

ozeanischer Rücken (S. 80, 82) Lang gezogener Gebirgszug am Grund des Ozeans an dem ständig neue ozeanische Kruste produziert wird, indem aufsteigendes Magma die Platten auseinanderdrückt.

Ozon (S. 105) Ein aus drei Sauerstoffatomen bestehendes Molekül. Es kann bei Menschen und Tieren zu Reizungen der Atemwege führen, schützt aber andererseits vor der Schädigung durch die energiereiche ultraviolette Strahlung der Sonne.

P

Packeis (S. 143) Eisschollen im Meer, die durch Wind und Strömung aufgetürmt aneinander festfrieren und bis zu mehrere Meter mächtig werden können.

Passatkreislauf (S. 48) Passate sind bodennahe Nordost- und Südostwinde, die auf beiden Erdhalbkugeln vorkommen. Sie wehen beständig zwischen den subtropischen Hochdruckgebieten und der äquatorialen Tiefdruckrinne. Sie bilden einen geschlossenen Kreislauf und verlagern sich mit den → Jahreszeiten. Dadurch entstehen in den Tropen → Regenzeiten und → Trockenzeiten.

Permafrostboden (S. 154, 156) (Dauerfrostboden) Ein Boden, der ständig gefroren ist. Im Sommer taut nur die oberste Bodenschicht auf; diese ist dann sehr schlammig. Permafrostböden findet man vorwiegend in der → Tundra und in Hochgebirgsregionen.

Pipeline (S. 157) Rohrleitung zur Beförderung von Gasen und Flüssigkeiten (z. B. Erdgas, Erdöl) über große Entfernungen hinweg. Pipelines werden entweder im Boden oder auf dem Meeresgrund verlegt.

Plantage (S. 32) Landwirtschaftlicher Großbetrieb, der auf riesigen Flächen v. a. im Bereich der Tropen zumeist nur ein landwirtschaftliches Produkt (z. B. Bananen, Kaffee, Kautschuk) für den Weltmarkt anbaut.

Plantagenwirtschaft (S. 32) Landwirtschaftliche Produktionsweise, basierend auf einem Großbetrieb. Dieser baut auf weit ausgedehnten Flächen zumeist nur ein landwirtschaftliches Produkt (z. B. Bananen, Kaffee, Kautschuk) für den Weltmarkt an (Cash Crops). Die Weiterverarbeitung erfolgt zumeist auf der Plantage.

Polarnacht (S. 149) Als Polarnacht wird die Zeit bezeichnet, in der es Tag und Nacht dunkel ist. Die Sonne geht in dieser Zeit nicht auf. An den Polen dauert die Polarnacht etwa ein halbes Jahr, an den Polarkreisen einen Tag.

Polartag (S. 148) Als Polartag wird die Zeit bezeichnet, in der die Sonne Tag und Nacht scheint. An den Polen dauert der Polartag etwa ein halbes Jahr, an den Polarkreisen einen Tag.

Produzent (S. 37) Wer Waren herstellt, ist wirtschaftlich gesehen ein Produzent.

Q

Quelloase (S. 62) In einem Gebirge vorkommende Niederschläge speisen die Quellen dieses Oasentyps. Das Niederschlagswasser gelangt dabei über wasserleitende Gesteinsschichten zu den am Fuß des Gebirges liegenden → Oasen und kann dort genutzt werden.

R

Regenzeit (S. 46) Die durch starke Regenfälle gekennzeichnete Jahreszeit in den Tropen. Je nachdem, wie nah eine Region am Äquator liegt, kann sie im Jahresverlauf ein oder zwei Regenzeiten haben. Es steht die Sonne dann über der Region im → Zenit und mit der starken Sonneneinstrahlung ist auch die Verdunstung entsprechend hoch. Es kommt hier täglich zu enormen Niederschlägen, die man aufgrund des Zenitstands der Sonne auch → Zenitalregen nennt.

Richterskala (S. 85) ermöglicht die einheitliche Bestimmung der Stärke eines → Erdbebens (M1). Der angegebene Wert gilt als Maß für die Bodenbewegung im → Hypozentrum.

Wert auf der Richterskala	Auswirkungen
1	nur durch Instrumente nachweisbar
2	kaum spürbar
3,5 – 4	vor allem von ruhenden Menschen bemerkt
5	in Häusern spürbar, Fenster klirren, Gegenstände schwanken
5,3 – 5,9	Menschen werden im Schlaf aufgeweckt, Türen schlagen
6,0 – 6,9	Möbel können sich verschieben, leichte Gebäudeschäden
7,0 – 7,3	mäßige Gebäudeschäden, Kamine stürzen ein
7,4 – 7,7	große Schäden an Gebäuden, Bäume schwanken, Felsen stürzen ein
7,8 – 8,4	Gebäudezerstörungen, Panik, Bodenrisse, Erdrutsche
8,5 – 8,9	Verwüstungen, bis zu 1 m breite Bodenspalten, Schienen verbogen, Deiche beschädigt
ab 9	völlige Zerstörung von Gebäuden und landschaftsverändernde Zerstörungen

M1 Erdbebenstärken nach der Richterskala

S

Sahelzone (S. 50) Ein etwa 400 km breiter Übergangsraum zwischen der Sahara im Norden und den → Savannen im Süden.

Salzwüste (S. 58) Bei Regen oder wenn salzhaltiges Wasser aus dem Untergrund an die Oberfläche tritt, kann in den Mulden abflussloser Gebiete ein Salzsee entstehen. Bei der Verdunstung des Wassers bleibt mit der Zeit eine dicke Salzkruste zurück. Es entsteht eine Sonderform der → Wüste, die Salzwüste.

Sandwüste (S. 58) (arabisch: Erg) Wüstenform, die von Sanddünen dominiert wird. Der Wind bläst den Sand aus den Geröll- und Kiesfeldern der → Kieswüste und lagert ihn in der Sandwüste ab. Dort wird der Sand immer wieder umgelagert und zu großen Dünen aufgeschichtet.

Savanne (S. 46) Hauptvegetationsform der wechselfeuchten Tropen zwischen → Wüste und → tropischem Regenwald. Unterschieden werden folgende Typen: → Feuchtsavanne, → Dornsavanne und → Trockensavanne.

Schalenbau (der Erde) (S. 78) Die Erde ist aus verschiedenen Schalen aufgebaut. Ganz außen befindet sich die → Erdkruste, weiter innen der → Erdmantel und im Zentrum der → Erdkern.

Schelfeis (S. 142) Mehrere Hundert Meter mächtige Eisplatten, die von Gletschern oder Eisströmen an Land gespeist werden und mit diesen noch verbunden sind.

Schichtvulkan (S. 94) Ein durch wechselhafte Ausbruchstätigkeit von ausgeworfenen Aschen bzw. Schlacken und ausfließenden Lavaströmen entstandener Vulkan. Dabei entstehen typische Vulkankegel.

Schildvulkan (S. 94) Flacher, schildförmiger Vulkan, der durch das gleichmäßige und weitflächige Abfließen dünnflüssiger Lavaströme entsteht.

Schrägstellung der Erdachse (S. 8) Sie beschreibt die Neigung der Erdachse zur Äquatorebene in einem Winkel von 23,5°.

SDGs (S. 40) (Sustainable Development Goals, kurz SDGs) Nachhaltige Entwicklungsziele. Die 17 von den Vereinten Nationen (UNO) formulierten SDGs fordern → Nachhaltigkeit im Handeln in allen Bereichen des Lebens und Wirtschaftens in allen Ländern der Erde.

Seafloor Spreading (S. 82) (deutsch: Ozeanbodenspreizung) Vorgang, der an den → ozeanischen Rücken zu einem Auseinanderdriften der Platten führt.

Sedimentation (S. 90) Ablagerung von Lockermaterial (Verwitterungsprodukten) auf der Erdoberfläche, vor allem in Tälern, an Gebirgsrändern und in Meeren.

Sedimentit (S. 90) Gestein, das aus der Zersetzung (→ Verwitterung) verschiedener Ausgangsmaterialien entsteht. Zumeist weist es eine Schichtung auf. Sedimentgesteine können als Lockergestein (z. B. Sand) oder Festgestein (z. B. Sandstein) auftreten. Auch Kohle und Erdöl gehören zu dieser Gesteinsgruppe.

Seebeben (S. 86) Erdbeben unter dem Meer.

Seismogramm (S. 85) In einem Seismogramm sind die durch einen Seismograf erfassten horizontalen sowie vertikalen Erderschütterungen aufgezeichnet.

Selbstversorger (S. 26) Die Selbstversorgung ist eine Wirtschaftsform, bei der die Menschen alles selbst erjagen, anbauen oder herstellen, was sie zum Lebensunterhalt brauchen. Die landwirtschaftliche Produktion dient vor allem der Deckung des Eigenbedarfs.

Stein- und Felswüste (S. 58) (arabisch: Hamada) Wüstentyp, der fast ausschließlich von Felsoberflächen bestimmt ist.

Stockwerkbau (S. 22) Begriff für die Schichtung einer Vegetation, z. B. des → tropischen Regenwaldes.

Subduktion (S. 82) Vorgang, bei dem eine Platte der → Lithosphäre unter eine andere taucht, wobei auch Teile der → Erdkruste erfasst werden können.

subtropische Zone (S. 10, 14) → Klimazone, die zwischen der → tropischen Zone und der → gemäßigten Zone liegt. Heiße Sommer und milde Winter sind kennzeichnend. Je nach der Niederschlagsverteilung wird zwischen Winterregengebieten (z. B. Mittelmeerraum), Sommerregengebieten (z. B. China) und Trockengebieten (z. B. Sahara) unterschieden.

südlicher Polarkreis (S. 142) Breitenkreis auf 66,5° Süd, an dem, vom Äquator kommend, das erste Mal → Polartag bzw. → Polarnacht auf der Südhalbkugel zu beobachten ist.

T

Tageszeitenklima (S. 22) Klima, das besonders durch Schwankungen von Temperatur und Niederschlag im Tagesverlauf gekennzeichnet ist. Die Tagesschwankungen sind größer als beim → Jahreszeitenklima.

Taiga (S. 152) → borealer Nadelwald

Temperaturzone (S. 8) Temperaturzonen sind Zonen auf der Erde mit ähnlichen Temperaturen, die sich aus dem unterschiedlichen Einfall der Sonnenstrahlen ergeben. Sie verlaufen fast parallel zu den Breitenkreisen.

Theorie der Plattentektonik (S. 80) Theorie für die großräumigen Abläufe in der → Erdkruste. Sie beschreibt die Bewegungen der Erdplatten – die Kontinentalverschiebung – und die damit verbundenen Folgen, so z. B. die Entstehung von Faltengebirgen und Tiefseerinnen durch den Druck der Platten sowie die Phänomene der → Erdbeben und des Vulkanismus.

Tiefdruckgebiet (Tief) (S. 103) Gebiet mit niedrigem Luftdruck. Tiefs bringen bei uns oft reichlich Niederschläge.

Tornado (S. 107) Zerstörerischer Wirbelsturm, der sich auf dem Festland fortbewegt. Tornados haben einen Durchmesser von wenigen Hundert Metern, eine kurze Lebensdauer und treten vor allem im Mittleren Westen der USA auf. Es gibt sie aber auch in Europa.

Treibeis (S. 143) Im Meer driftende, frei schwimmende Eisschollen.

Trockengrenze (S. 154) Klimatische Grenzlinie, an der die Höhe der Niederschläge (N) und der Verdunstung (V) gleich sind. N = V

Trockensavanne (S. 46) Eine der drei Formen der → Savanne. Bei 4,5 bis 7 → humiden Monaten wächst das Gras brusthoch. Bäume stehen vereinzelt und haben sich der Trockenheit angepasst.

Trockenzeit (S. 46) Durch geringe oder ganz fehlende Niederschläge gekennzeichnete Jahreszeit in den wechselfeuchten Tropen.

Tröpfchenbewässerung (S. 63) Wassersparende Form der Bewässerung, bei der das Wasser durch Röhren geleitet wird, die direkt an den Pflanzen kleine Löcher haben.

tropischer Regenwald (S. 22) Immergrüner Wald in den Tropen. Das tropische Klima, in dem dieser Wald entsteht, zeichnet sich durch gleichbleibend hohe Temperaturen (immer über 18 °C) und enorme Niederschlagsmengen (jährlich über 2000 mm) aus. Für den tropischen Regenwald ist der → Stockwerkbau der Pflanzen und die Artenvielfalt der Pflanzen und Tiere charakteristisch. Der Regenwald ist für den Sauerstoffhaushalt der Erde sehr wichtig, da er große Mengen an → Kohlenstoffdioxid (CO_2) aus der Luft binden kann.

tropische Zone (S. 10, 14) Gebiet zwischen den Wendekreisen. Die Sonne steht hier immer sehr hoch über dem Horizont, zweimal im Jahr senkrecht. Die Temperaturen sind gleichbleibend hoch; es gibt keine → Jahreszeiten.

Tsunami (S. 86) Vom → Epizentrum ausgehende und sich im Flachwasser der Küsten schließlich zum Wasserberg aufbauende Meereswelle von großer Zerstörungskraft die durch ein heftiges → Seebeben ausgelöst wird.

Tundra (S. 152) (überwiegend baumlose Steppe) Baumlose Landschaft der Polarregion, die einen Übergang von der arktischen → Eiswüste zum → borealen Nadelwald bildet. Wegen der kurzen Vegetationszeit von drei Monaten wachsen hier nur Gräser, Moose und Flechten.

U

Überweidung (S. 53) Bei der Überweidung kommt es zur Zerstörung der Pflanzendecke durch zu viel Vieh im Weidegebiet. Die Überweidung ist beispielsweise eine verbreitete Erscheinung in der → Sahelzone.

V

Vegetationsperiode (S. 155) → Vegetationszeit

Vegetationszeit (S. 152, 155) (auch Vegetations-periode genannt) Zeitraum eines Jahres, in dem die natürliche Vegetation wächst. Hierzu benöti-gen die Pflanzen Licht, Wärme und Feuchtigkeit. Ausreichende Wärme für das Pflanzenwachstum ist gegeben, wenn das Tagesmittel über 5 °C liegt.

Vegetationszone (S. 10) Region mit einheitlichen Pflanzengesellschaften. Die Vegetationszonen sind von den klimatischen Bedingungen (z. B. Temperatur und Niederschlag) abhängig und können daher entsprechenden → Klimazonen zugeordnet werden.

Verwitterung (S. 58) Zerkleinerung und Umwand-lung von Gesteinen und Mineralen an der Erdober-fläche.

W

Wadi (S. 58) Ausgetrocknetes Flusstal in der → Wüste, das sich bei seltenen, aber heftigen Regenfällen in einen reißenden Fluss verwandeln kann.

Wanderfeldbau (S. 26) Traditionelle Anbauform im → tropischen Regenwald. Wenn der Boden erschöpft ist und die Erträge zurückgehen, werden Siedlung und Felder verlegt. Neue Anbauflächen werden oft durch → Brandrodung gewonnen.

Wanderweidewirtschaft (S. 50) Jahreszeitlicher, durch Witterung bedingter Wechsel der Weide-flächen (z. B. bei → Nomaden).

Wasserkreislauf (S. 24) Beschreibt den Weg des Wassers vom Meer zum Land und wieder zurück. Durch Verdunstung wird dem Meer Wasser in die → Atmosphäre entzogen, wo es durch den Wind über das Festland getragen wird. Nach der Kon-densation gelangt es als Niederschlag auf die Landoberfläche, wo es verdunstet und versickert. Schließlich wird das Wasser als Abfluss den Fließgewässern und somit dem Meer zugeführt.

Wendekreiswüste (S. 49, 60) → Wüste im Bereich der Wendekreise, die durch hohe Sommertempe-raturen und geringe Niederschläge gekennzeich-net ist.

Wüste (S. 56) Die Wüste ist ein Trockengebiet. Es fallen nur selten geringe Niederschläge. Wegen des Wassermangels wachsen keine oder nur wenige Pflanzen.

Z

Zenit (S. 49) Gedachter Punkt am Himmel, der sich senkrecht über dem Beobachtungspunkt an der Erdoberfläche befindet.

Zenitalregen (S. 49) Heftige Niederschläge in den Tropen, die nach dem Sonnenhöchststand (Zenit-stand) fallen. Sie kündigen sich mit mächtiger Quellbewölkung an und treten am frühen Nach-mittag auf. Häufig sind sie mit Gewittern verbunden.

Zyklone (S. 103) Ein wanderndes Tiefdruckgebiet. An seiner Vorderseite (Warmfront) gleitet warme auf kalte Luft auf. Dabei kommt es zu langanhal-tenden Niederschlägen. Nach dem Warmsektor folgt die Kaltfront. Sie schiebt sich wie eine Schaufel unter die warme Luft, hebt diese nach oben, und es kommt zu starken Regenschauern bei gleichzeitiger Abkühlung (M1). Zyklonen ziehen in der Westwindzone nach Osten über Europa und bestimmen wesentlich unser Wetter. In keiner anderen Klimazone der Erde wechselt das Wetter so häufig wie in unseren gemäßigten Breiten.

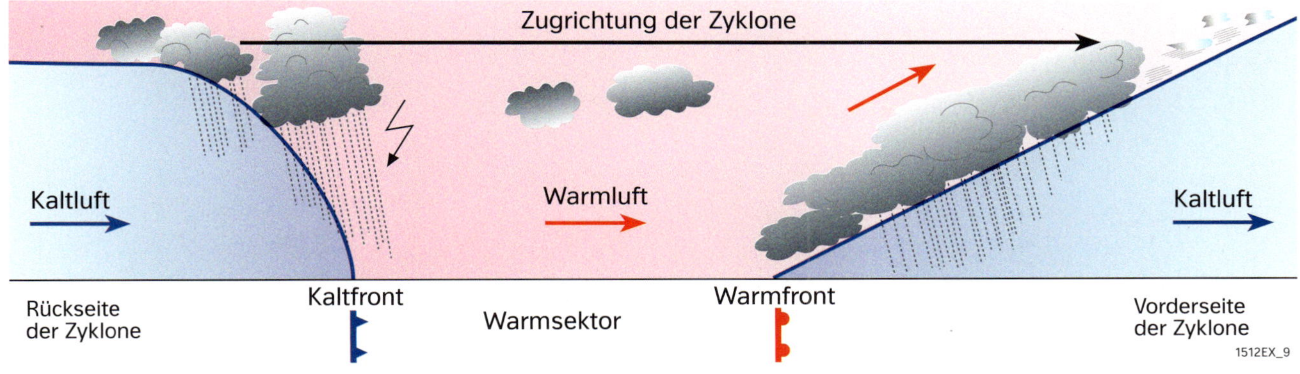

M1 Vertikalschnitt einer Zyklone mit typischen Wettererscheinungen (idealisiert)

Europa – physische Karte

Nordkap
Kolgujew
Barentssee
Kanin-Halbinsel
2111
114
Inarisee
Lappland
Kola
Weißes Meer
Narodnaja 1895
Ural gebirge
Westsibirisches
Ob
2
Ob
Tiefland
Irtysch
Tawda
Omsk
Finnische Seenplatte
Timanrücken
Nordrussisches
Petschora
Wytschegda
1569
Kama-stausee
Jekaterinburg
Perm
Tscheljabinsk
3
Onegasee 33
Tiefland
Suchona
Nördl. Dwina
Nordrussischer Landrücken
Wotkinsker Stausee
Helsinki
Ladogasee
Ufa
Obschtschi Syrt
50°
Stockholm
Sankt Petersburg
Finnischer Meerbusen
102
Rybinsker Stausee
Gorkier Stausee
Wolga
Kasan
Kama
Bottnischer Meerbusen
Saaremaa
Peipussee
Waldai-höhen 323
Wolga
63 Nischni Nowgorod
Kuibyschewer Stausee
Samara 16
Belaja
Ural
Tobol
Gotland
Riga
Moskau 110
Saratower Stausee
Wolgaplatte
Nördlicher Aralsee
4
land
Baltischer Landrücken
Vilnius
Don
Dnjepr
Saratow
Ural (Schaingi)
Westlicher Aralsee
–31
Minsk
Woronesch
Wolgograder Stausee
Kaspische Senke
Warschau 86
Pripjat-sümpfe
Wolhynisch-Podolische Platte
Mittelrussische Platte
Wolgograd –10
Wolga
–28
132
40° Nord
dż
Kiew 90
Dnipro
Charkiw
Zimljanskier Stausee
Amudarja
attowitz
Weichsel
Dnipro
Donezplatte
Don
Manytschniederung
Kaspisches Meer
Karpaten
Dnipro
Donezk
Rostow
Kuma
Budapest
Kachowkaer Stausee
Alföld
Siebenbürgen
Kischinau
Odessa
Asowsches Meer
Südkarpaten
Bukarest
Krim 1545
Kaukasus
5642 Elbrus
Baku
5
Belgrad
Donau
Schwarzes Meer
Tiflis
Elburs 5610
Balkan
3931
Jerewan
Arax
birge
2764
Sofia 2376
2925
Rhodopen
Pontisches Gebirge
5137 Ararat
Täbris
Urmiasee 1275
Istanbul
Bosporus
Westl. Euphrat
Östl. Euphrat
Zagrosgebirge
2917 Olymp
Ägäisches Meer
Ankara
Bursa
Tuzsee
Kizilirmak
Vansee
Teheran
Pindos
Izmir
3917
Gaziantep
Mossul
Isfahan
ionisches
Pelo-ponnes
Athen
Taurus
Adana
Aleppo
Euphrat
Mesopotamien
4550
30°
Meer
Rhodos
Antalya
Bagdad 38
Shiraz
2456 Kreta
1953 Zypern
3086
Homs
Syrische Wüste
Tigris
6
Meer
Beirut
Damaskus
Basra
Kuwait-Stadt
2011KX_1b
© Westermann

Europa – politische Karte

20° G 30° H 40° J 50° K 60° L 70° M
2012KX_1b © Westermann
2
3
B a r e n t s s e e
Murmansk
Jekaterinburg
50°
Finnland
R u s s l a n d
en
Helsinki
Sankt Petersburg
Kasan
Stockholm
Tallinn
Estland
Gotland
Lettland
Moskau
Samara
Aktobe
Riga
Litauen
[Russland]
Vilnius
K a s a c h s t a n
4
Minsk
Belarus
Warschau
(Warszawa)
Atyrau
Usbekistan
olen
Kiew
Charkiw
Wolgograd
Nukus
U k r a i n e
40°
Nord
Slowakei
Rostow
atislava
Budapest
Moldau
Turkmenistan
Ungarn
Kischinau
Odessa
Rumänien
Krim
K a s p i s c h e s   M e e r
Belgrad
Bukarest
Tiflis
Baku
Serbien
Georgien
Sarajevo
Aserbaidschan
onte-
negro
Pristina
Sofia
Armenien
Jerewan
Kosovo
Skopje
Täbris
dgorica
Tirana
Nordmaz.
İstanbul
Teheran
Albanien
Ankara
T ü r k e i
I r a n
5
Griechenland
İzmir
Mossul
Athen
Adana
Isfahan
Aleppo
30°
S c h w a r z e s   M e e r
Syrien
Bagdad
Rhodos
Nikosia
I r a k
Zypern
Libanon
Kreta
Beirut
Damaskus
Basra
6
20° G 30° H 40° J K
e   e   r
Israel
Jordanien
Kuwait
Kuwait-Stadt

175

Erde – physische Karte

Landhöhen
(in Meter)

Berghöhe 8848
Gletscher
5000 3000 1500 1000 500 200 100 0
Depression

20° Ost K 40° L 60° M 80° N 100° O 120° P 140° Q 160° Ost R 180° S 160° West
2KXb © Westermann
1
80° Nord
2
66,5°
60°
3
40°
4
23,5°
20° Nord
5
6
20° Süd
23,5°
7
40°
8
60°
66,5°
9
80°
10
Maßstab am Äquator 1:86 000 000
0 500 1000 1500 2000 2500 km

Franz-Josef-Land
Spitzbergen
Nowaja Semlja
Nordkap
Barentssee
Skandinavien
Kola
Ladogasee
Ostsee
Berlin
Moskau
EUROPA
Donau
Schwarzes Meer
Kaspische Senke
Kaukasus
5642 Elbrus
Kaspisches Meer
Mittelmeer
Westpotamien
Kairo
Nil
Rotes Meer
Arabien
Große Arabische Wüste
Tibesti
sandeschwelle
Kongobecken
Kinshasa
Victoriasee
Ras Daschan 4533
Hochland von Äthiopien
Kap Guardafui
Mount Kenia 5199
Kilimandscharo 5895
Seychellen
Daressalam
Komoren
Lundaschwelle
Sambesi
Namib
Kalaharibecken
Johannesburg
Drakensberge
Kapstadt
Kap der guten Hoffnung
Str. v. Mosambik
Madagaskar
Maskarenen
Chagos-Archipel
Kokosinseln
Kerguelen
Saint-Paul
Karasee
Taimyr-Halbinsel
Kap Tscheljuskin
Laptewsee
Ostsibirische See
Ural
Salechard
Ob
Sibirien
Jenissei
Irtysch
Lena
Werchojansk
Werchojansker Gebirge
Stanowoigebirge
Jablonowygebirge
Amur
Kamtschatka
Ochotskisches Meer
Bering-Str.
Kap Deschnew
Beringmeer
Aleuten
Nowosibirsk
Baikalsee
Altai
ASIEN
Turan
Pik Pobedy 7439
Tian Shan
K2 8611
Hindukusch
Hochland von Iran
Kunlun Shan
Tarimbecken
Hochland von Tibet
Himalaya
Mount Everest 8848
Indus
Thar
Delhi
Ganges
Indien
Gobi
Huang He
Peking
Mandschurei
Korea
Japanisches Meer
Ostchinesisches Meer
Honshu
Tokio
Jangtsekiang
Südchinesisches Bergland
Guangzhou
Mumbai
Arabisches Meer
Golf von Bengalen
Andamanen
Nikobaren
Sri Lanka
Malediven
Äquator
Kap Kōmorin
Bangkok
Mekong
Südchinesisches Meer
Philippinen
Malaiischer Archipel
Sumatra
Borneo
Java
Neuguinea
Salomon-Inseln
Darwin
Kap York
Great Barrier Reef
Korallensee
AUSTRALIEN
Große Sandwüste
Große Victoriawüste
Australisches Tiefland
Darling
Perth
Große Australische Bucht
Mt. Kosciuszko 2228
Sydney
Tasmansee
Tasmanien
Neuseeland
Chatham-Inseln
Auckland-Inseln
Marianen
Mikronesien
Karolinen
Marshall-Inseln
Kiribati
Tuvalu
Fidschi
Neukaledonien
Melanesien
Pazifischer Ozean
Indischer Ozean
Rossmeer
Transantarktisches Gebirge
ANTARKTIKA
Pazifischer Ozean

Gewässer
Fluss
Kanal
See
periodischer See
Siedlungen
Ort

177

Erde – politische Karte

Staaten

——	Staatsgrenze
- - -	umstrittene Grenze
•	Hauptstadt
Bermuda [VK]	Außengebiet mit innerer Autonomie
Osterinsel [Chile]	abhängiges Gebiet, Außenbesitzung

Maßstab am Äquator
1 : 86 000 000

0 500 1000 1500 2000 2500 km

Abkürzungen

A	= Österreich	**EST**	= Estland
B	= Belgien	**H**	= Ungarn
CH	= Schweiz	**LT**	= Litauen
CZ	= Tschechien	**LV**	= Lettland
D	= Deutschland	**NL**	= Niederlande
DK	= Dänemark	**SRB**	= Serbien

[Fr.] = Frankreich
[Port.] = Portugal
[Span.] = Spanien
[VK.] = Vereinigtes Königreich

179

|123RF.com, Hong Kong: kavram 61.2; siim 94.2. |akg-images GmbH, Berlin: 80.1. |Alamy Stock Photo, Abingdon/ Oxfordshire: agefotostock 108.1; Avalon.red 22.1; Blanding, Melanie 35.3; Dylan Garcia Travel Images 29.5; FBI Photo 108.3; Gibbons, Bob 56.1; Godong 35.4; GRANGER - Historical Picture Archive 144.2; Hopkins, Cindy 147.2; Lyell, Jake 35.5; Pictura Collectus 87.2; RBM Vintage Images 128.2; RGB Ventures / SuperStock 31.4; SOPA Images Limited 76.1; Sue Cunningham Photographic 26.1; ton koene 151.1, 151.2, 151.3, 151.4; World History Archive 144.3; WorldFoto 149.1; Zoonar GmbH 24.1. |Alamy Stock Photo (RMB), Abingdon/Oxfordshire: Bill Bachman 122.4; Boethling, Joerg 53.2, 55.2; Doering, Ulrich 46.1; Grant Heilman Photography 111.1; Michael Sparrow 122.1; Parker, Edward 30.1; PJF Military Collection 113.2; Prisma by Dukas Presseagentur GmbH 74.1; Renckhoff, Dirk 77.2; Robert Haasmann 143.1; Schmeling, Michael 80.2; Terry Whittaker Wildlife 126.3; TheImage 51.1; Van Zandbergen, Ariadne 46.4; Westend61 GmbH 97.2. |Alfred-Wegener-Institut (AWI), Bremerhaven: Trautmann, Michael 146.1. |Association La Voûte Nubienne - AVN, Ganges: 55.1. |Baaske Cartoons, Müllheim: Plaßmann, Thomas 31.3. |Braune, Finja, Braunschweig: 66.3. |CartoonStock. com, Bath: Stan Eales 40.1. |Colditz, Margit, Halle: 16.2. |Dietz, Joachim, Böllenborn: 116.2, 116.3, 162.1. |EPA Images, Frankfurt am Main: NIC BOTHMA 54.4. |Fairtrade Deutschland e.V., Köln: 37.1; Kaliszewski, Jakub 36.1. |fotolia.com, New York: Alexmar 61.3; Amat, Aaron 104.2; Favreau, Julie 16.5; Gentoo Multimedia 156.4; Kneschke, Robert 119.2; Silver 159.2; Weiss, Konrad 90.7. |Fürstenberg, Stephanie, Speyer: 117.1, 117.2, 117.3. |Getty Images, München: AFP PHOTO / HIROSHI KAWAHARA / JIJI PRESS 87.1; Gabriel Bouys/AFP 156.5. |Getty Images (RF), München: Stone RF/Madison, David 41.1. |Goessel, Hannes von, Erding: 90.4, 90.6, 91.2, 91.5, 91.10. |Google Earth: 31.1, 31.2; Aufnahmedatum: 31.12.2020, © Google – Image Landsat/Copernicus 135.1, 135.2, 135.3. |Güttler, Peter - Freier Redaktions-Dienst (GEO), Berlin: 22.2, 26.4, 28.1, 48.3, 50.1, 57.1, 60.1, 81.1, 81.2, 81.3, 81.4, 81.5, 93.1, 108.2, 154.1, 156.2. |Imago Creative, Berlin: Environmental Images 26.3; Panthermedia/michal812 91.9; Zoonar/Pilsa, Walter J. 79.1. |Imago Editorial, Berlin: Dalmasso, Monica 26.2; Panthermedia 91.1; YAY Images 125.1; ZUMA Wire 82.6. |Interfoto, München: Sammlung Rauch 150.2. |iStockphoto.com, Calgary: adlaphotography 74.4; Alexey_Seafarer 13.2; alsem 134.1; amixstudio 134.4; around-theworld.photography 56.2; AZaytsev 156.3; Baoshan 75.1; Brian McEntire 119.1; Camerano, Marzia 15.2; carstenbrandt 24.2; CCeliaPhoto 48.1; cinoby 62.1; dszc 129.2; Edith65 11.1; FiN85 18.1; fotoVoyager 82.2; FrankRamspott 70.1; guenterguni 16.1, 147.3; hadynyah 58.4, 63.1; hlsnow 75.4; Hugo TORRES 142.1; icarmen13 5.2, 140.1; IHervas 18.3; J Brarymi 27.1; Jacobsen, June 143.3; Jakovo 122.2; JordiStock 82.4; Juanmonino 112.2; jxfzsy 13.3; Katiekk2 136.1; Kong Ding Chek 125.4; m-kojot 127.2; Martin, Gilberto 77.1; micheldenijs 150.4; migin 40.2; Mik122 130.2, 131.2; neil bowman 132.3; Nuttaya99 63.2; OkorokovaNatalya 139.1; OMeidl 24.3; Paralaxis 3.2, 20.1, 29.1, 29.3; Pavliha 54.1; peeterv 34.1; Photographer, artist 139.2; pius99 61.1; PointImages 19.1; raclro 91.3; Robert_Ford 54.3; RUBEN RAMOS 150.1; rviard 132.4; Schmidt, Oliver 18.4; Schnaider, Tarcisio 29.4; sculpies 68.5; SolStock 112.1; Starke, Tim 4.2, 100.1; Steve Debenport 125.3; Stígur Már Karlsson 124.1, 179.2; sumos 95.1; Szafranski, Keith 142.2; Tikhonova, Vera 159.1; tobiasjo Titel; Tomic, Stefan Titel; Travel Faery 39.1; Ukususha 13.4, 154.2; VittoriaChe 152.2; Wodniack, Jef 159.3; yusnizam 29.6; zoranm 125.2; ZU_09 145.1, 145.2. |Karto-Grafik Heidolph, Dachau: 17.1, 24.4, 25.1, 41.2, 51.4, 57.2, 59.1, 61.4, 61.5, 62.2, 63.3, 82.1, 83.1, 83.2, 83.3, 83.4, 83.5, 83.6, 84.3, 85.1, 90.1, 90.8, 91.7, 91.8, 91.12, 91.13, 92.1, 93.2, 94.3, 94.4, 98.2, 98.3, 98.4, 98.5, 99.1, 99.2, 115.1, 124.2, 142.3, 156.6, 156.7, 157.1, 171.1, 179.1. |laif, Köln: REA/Garcia, Alberto 4.1, 72.1. |LIO Design GmbH, Braunschweig: 2.1. |mauritius images GmbH, Mittenwald: CuboImages 15.5. |Mithoff, Stephanie, Egestorf: 66.1, 66.2, 66.4, 67.1, 87.3. |NASA, Washington: 13.1, 15.1, 55.4, 69.1, 134.2, 139.3. |NASA Worldview, Washington: „We acknowledge the use of imagery from the NASA Worldview application (https://worldview.earthdata. nasa.gov), part of the NASA Earth Observing System Data and Information System (EOSDIS)." 139.4. |NASA/GSFC, Houston/Texas: 82.7. |NASA/JPL: 109.1, 109.2, 109.3, 109.4, 109.5. |Nehberg, Annette, Rausdorf: 27.2. |Ochsenwadel, Brigitte, Möckmühl: 88.1, 88.2, 89.1, 89.2, 89.3, 89.4, 162.2. |OKAPIA KG - Michael Grzimek & Co., Frankfurt/M.: image-BROKER/Strigl, Egmont 15.3. |PantherMedia GmbH (panthermedia.net), München: siimsepp 91.4. |Picture-Alliance GmbH, Frankfurt a.M.: AA/Aytac Unal-Orhan Pehlul 84.1; Arco Images/K. Kreder 122.3; Arco Images/Wittek, R. 67.2; Avalon/Fady El Baradie 68.3; DB Awi/dpa 98.1; Design Pics/Welsh, Ken 144.4; dieKLEINERT.de / Schwarwel 42.1, 42.2; dpa/epa BP Handout 156.1; dpa/Grotjans, Daniel 106.1; dpa/Panasia 85.2; dpa/Paragon Space Development - Alan Eustace, Google senior Vice-President during a test flight on a helium ballon somewhere in New Mexico, USA 102.1; dpa/Paragon Space Development video grabbed picture taken from a video released by Atomic Entertainment and Paragon Space Development Corporation on 24 October 2014 102.2; dpa/Photo EF/Afrimages/Maxppp 55.3; imageBRO-KER/Gerhard Zwerger-Schoner 82.3; Maxppp/Kyodo 86.1; picture alliance/dpa/Puchner, Stefan 36.2; W. Braun/Arco Images GmbH 157.2; Wildlife/Muller, S. 147.1. |Rock, Tammo, Darmstadt: 103.1, 103.2. |Schobel, Ingrid, Hannover: 49.1, 49.2, 107.1. |Schwarzstein, Yaroslav, Hannover: 8.1, 8.2. |Science Photo Library, München: Alean, Dr. Juerg 148.1. |Shutterstock.com, New York: abriendomundo 132.2; AlexAnton 68.1; AlivePhoto 107.2; beboy 74.3; Bezgodov, Sergey 131.3; BOULENGER Xavier 51.2; Chatt, Michael 91.11; Claudiovidri 51.3; Dikbakan, Oguz 64.1; Fakrul, Jamil 32.1; Fotos593 94.1; freedomnaruk 35.6; goodluz 132.1; HM Shahidul Islam 113.4; Homo Cosmicos 68.2; Imfoto 153.3; jaiman taip 33.1; Jamo Images 152.3; kadetfoto 13.5; Karavaev, Vlad 35.2; Kirakosyan, Andranik 90.5; kzww 38.1; lourencolf 136.2; Lukasz Janyst 3.3, 44.1; M-Production 97.1; Maher Mhl 38.3; Maks Narodenko 78.1; marcobrivio.photography 112.3; Maria Elisa Rol 133.1; Maximum Exposure PR 134.3; Mehendra_art 131.1; Mopic 116.1; NadyGinzburg 111.3; Pixel-Shot 34.2; Polina Valentina 104.3; Prestia, Luca 54.2; Pursche, Torsten 52.1; purwanto lim 126.1; Roger de la Harpe 48.2; Schnaider, Tarcisio 29.2; Shustov, Sergey 91.6; Smalltyrant 148.3; spatuletail 126.2; Stepanov, Andrei 153.1; SweetRiver 137.1; timquo 38.4; titoOnz 3.1, 6.1; tolga ildun 84.2; Tong_stocker 113.1; tony Franzwa 5.1, 120.1; Tretyakov, Vladimir 137.2; UbjsP 16.3; velirina 139.5; Viktollio 68.4; Vinten, Paul 68.6; Vlada Photo 148.2; Wirestock Creators 130.1; Wojciech Dziadosz 152.1; Znamenskiy, Oleg 16.4. |stock.adobe.com, Dublin: 25ehaag6 46.3; alexpolo 143.2; andreanita 153.2; Animaflora PicsStock 114.1; Boyes, Tyler 90.2; Codegoni Daniele 46.5; Czekajewski, Maciej 15.4; Dreger, Thomas 13.6; emily_m_wilson 19.3; Fouquin, Christophe 76.2; Gelman, Benjamin 59.2; Gleb Tarassenko 82.5; hecke71 46.2; helivideo 74.2; Heru 33.2; hpbfotos 75.2; ilyaska 11.3; Jung, Christian 18.2; K Davis/peopleimages.com 127.1; KajzrPho-tography.com 58.1; Kent 128.1; lesniewski 58.5; Martin Zwick / Danita Delimont 19.2; Masnovo, Alberto 58.2; Media Lens King 35.1; michal812 90.3; Mieszko9 58.3; nikitamaykov 155.1; Oleg 129.1; Otte, Claudia 111.2; Paire, Gilles 53.1; Picturellarious 75.3; pmac 113.3; Rico Löb 111.4; RossRastede 129.3; sakura28 38.2; Savour_of_day 11.2; Simon 11.4; studio023 104.1; Svetlana 118.1; Wefers, Renate 52.2; Wurditsch, Alexander 59.3. |Trebels, Rüdiger, Düsseldorf: 150.3. |ullstein bild, Berlin: Granger Collection 144.1.

Klimadaten der Erde

kalte Zone		J	F	M	A	M	J	J	A	S	O	N	D	Jahr
Orcadas (Süd-orkney-Inseln), 8 m	°C	1	1	0	−2	−5	−7	−9	−8	−6	−3	−1	1	-3
	mm	104	109	125	106	85	84	70	79	64	83	73	83	1065
Amundsen-Scott-Station (Antarktis), 2835 m	°C	−28	−41	−54	−57	−58	−58	−60	−60	−59	−51	−37	−27	−49
	mm	0	0	0	0	0	0	0	0	0	0	0	0	0
Werchojansk (Russland), 136 m	°C	−45	−42	−29	−11	4	14	17	12	3	−13	−34	−44	−14
	mm	6	5	5	4	15	30	34	29	22	13	11	6	180
Point Barrow (Alaska, USA), 12 m	°C	−24	−24	−24	−15	−5	2	6	4	1	−6	−15	−21	−10
	mm	5	6	6	5	7	11	24	27	20	14	10	7	142

gemäßigte Zone		J	F	M	A	M	J	J	A	S	O	N	D	Jahr
Uralsk (Kasachstan), 37 m	°C	−10	−10	−3	8	16	21	23	21	15	7	−2	−8	7
	mm	25	21	25	24	31	32	39	22	27	37	27	27	337
Seattle (USA), 137 m	°C	6	6	8	10	14	16	19	19	17	12	8	5	12
	mm	147	96	106	81	48	37	15	25	41	99	159	147	1001
Punta Arenas (Chile), 43 m	°C	11	10	9	6	4	2	1	2	4	6	8	10	6
	mm	37	31	42	45	36	31	30	29	24	26	23	33	385
Campbell-Inseln (Neuseeland), 15 m	°C	9	9	9	8	6	5	5	5	6	6	7	9	7
	mm	128	96	122	123	134	113	115	101	112	114	119	116	1393

subtropische Zone		J	F	M	A	M	J	J	A	S	O	N	D	Jahr
Marsa Matruh (Ägypten), 30 m	°C	14	14	16	18	21	24	26	27	26	23	19	15	20
	mm	34	20	9	3	1	0	0	0	1	8	22	30	128
New Orleans (USA), 9 m	°C	12	14	18	21	25	28	29	29	27	22	17	14	21
	mm	132	104	111	132	142	194	169	180	128	94	98	122	1606
Shanghai (China), 9 m	°C	5	7	10	16	21	24	29	29	25	20	14	8	17
	mm	71	61	79	77	92	198	147	211	117	71	59	48	1231
Kapstadt (Südafrika), 42 m	°C	22	22	20	18	15	13	13	13	14	17	18	21	17
	mm	10	10	13	40	60	96	87	72	45	29	25	13	500

tropische Zone		J	F	M	A	M	J	J	A	S	O	N	D	Jahr
Ouesso (Kongo), 351 m	°C	25	26	26	26	26	25	25	25	25	25	25	25	25
	mm	57	65	116	128	172	149	117	165	229	228	140	68	1634
Mumbai (Indien), 11 m	°C	25	25	27	29	31	29	28	28	29	29	29	27	28
	mm	1	1	1	0	17	517	822	483	349	86	10	6	2293
Surabaya (Indonesien), 3 m	°C	27	27	28	28	28	28	27	27	28	29	29	28	28
	mm	395	384	320	235	151	80	40	37	10	54	139	280	2125
Ouagadougou (Burkina Faso), 306 m	°C	25	28	32	33	32	30	28	27	28	29	28	26	29
	mm	0	1	4	24	62	84	200	224	143	32	1	0	775